米国を戦争に導く

二人の魔女

フロノイとヌーランド

成澤宗男 著

緑風出版

ミシェル・フロノイ
（オバマ政権元国防次官）（上）

ヴィクトリア・ヌーランド
（バイデン政権前国務次官）（下）

第五章　クーデターの闇の中で……181

第六章　拡大し続ける利益相反の世界……237

第七章　ウクライナ戦争の勃発と辞職の真相

序章

本書は、冷戦終結後のワシントンの軍事外交政策とその軌跡を、二人の女性を通じて描くのを意図している。彼女らの名前を日本のマスメディアが報じる機会は多くないと思われ、おそらく米国内でも一般的には存在の大きさの割にそれほどの知名度はないかもしれない。だが二人は現在までの軍事・外交政策とその展開に深く関与したのみならず、冷戦終結以降の米国の歩みは両者の経歴と重なる部分が大きい。

その一人はバラク・オバマ政権の元国防次官のミシェル・フロノイであり、もう一人はジョー・バイデン政権の前国務次官ヴィクトリア・ヌーランドに他ならない。共に違った個性で、異なった足跡を残しながらも、一九六〇年一二月一四日生まれのフロノイと一九六一年七月一日生まれのヌーランドは同世代であり、冷戦崩壊を目撃後、共に米国の新たな世界戦略の再編とその実施に携わる公職に就いていた。今も第一線にいる現役で、そうした経験を回想できる者はワシントンで徐々に少なくなっている。

いずれも名門のアイビーリーグを卒業したエリートで、夫もそれぞれ政府機関での勤務経験があるやはりアイビーリーグ出身のエリートだ。家庭ではフロノイは三人、ヌーランドは二人の子供がそれぞれいる母親でもある。同時にフロノイは国防総省、ヌーランドは国務省という共に圧倒的な男性優位の二大政府機関で異例にも序列三番目の次官まで上り詰めた。

加えてクリントン、オバマの両民主党政権で共に勤務し、かつ毀誉褒貶《きよほうへん》が激しいという共通点の他に、フロノイは「リベラル介入主義」、ヌーランドはネオコンサーヴァティズム（ネオコン）と呼ばれるいずれもタカ派・最強硬派の系譜に属する。その舌鋒鋭い矛先をフロノイは主に中国に、ヌーランドはロシアに向け、米国の二大敵国に対する使命をそれぞれ分担する双璧であるかのようだ。

このため左派やリベラル派からは、この二人が米国の軍事外交政策で長年指摘されている問題を体現しているという声が絶えない。すなわちフロノイは「軍産複合体」と呼ばれる機構に固有の国防総省と企業の利益相反の具体例としてしばしば引き合いに出され、ヌーランドは米国の「例外主義」による世界一極支配に偏執する姿勢がとかく議論となりがちだ。

現在フロノイは国防総省を離れてかつての能吏というよりは、シンクタンクやコンサルティングの業界の「やり手」というイメージを強くしている。ヌーランドは、国家安全保障担当大統領補佐官のジェイク・サリバンと国務長官のアントニー・ブリンケンと共に「外交チーム」の一員として、大統領のジョー・バイデンを支える政権の中枢にいながら、野に下った。彼女たちの直接の接点は共にアフガニスタン戦争に関わり、後にフロノイが共同創立者となって立ち上げたシンクタンク、新米国安全保障センター（Center for a New American Security, CNAS）のＣＥＯにヌーランドが短期間就任していた以外、さして見当たらない。

またフロノイがワシントンでは主流派内で手堅い人格的評価を得ているが、ヌーランドは官僚として型破りの印象を与え、批判者ならずとも眉をひそめる行為に及んだケースがある。互いの個人的関係は深くはないが、この二人を通じて、米国の軍事外交政策の本質が見えてくる。

封印されていた父親の記録

フロノイの出生地は、ロサアンゼルス。父親のジョージ・フロノイはフランス系とされ、テレビで人気を博した一九五〇年代のホームコメディ「アイラブ ルーシー」や一九七〇年代の「おかしな二人」といった作品を手掛けた撮影監督だった。フロノイは子供時代、こうした番組のセットで時間を過ごすことがあったというが、フロノイが一四歳のときに父親は重度の心臓発作で突然死している。

ジョージ・フロノイは第二次世界大戦で、爆撃機の搭乗員として従軍経験がある。以下は、『ワシントン・ポスト』二〇一一年一一月六日付のフロノイのインタビューを交えた記事からの引用だ。

「フロノイの叔父は、かつて彼女の父親が第二次大戦の英雄だったと、たまたま語った。(フロノイによれば)『でも父は、そのことについて決して話しませんでした』」

「陸軍少佐で、現在ホワイトハウスのフェローのシャロン・ウォートンは、『彼女(フロノイ)が父親に関する(軍の)記録がないのを、いつも気になっていたこととして何気なく話していました』と語った。『私は……(フロノイの)父親のオリジナルの記録のコピーを入手することができました』。

ウォートンは、ドイツに対し夜間の空爆が実施された際、操縦士と副操縦士が負傷した後、フロノイの父親が飛行経験はなかったにもかかわらず、無線で指示されながら爆撃機を安全に着陸させて搭乗員全員を救ったことを発見した。父親は、殊勲飛行十字章を受章していた。
ウォートンは、二〇〇八年に家族が出席したサプライズ式典で、フロノイの父親のすべての賞が入った箱をプレゼントした。非常に冷静で、めったに感情を出さないことで知られるフロノイは、『ついに大泣きした』と語った。『これには、本当に驚きました。（自分の）子どもたちへの素晴らしい贈り物です(注1)』」

また母親は女優兼歌手で、ニューヨークの伝統的なナイトクラブであるコパカバーナに出演し、ミュージカル「オクラホマ！」で往年の人気女優だった「ヴィヴィアン・ブレインの代役を務めた(注2)」というから、それなりに成功していたようだ。だが夫の死後、「家族は彼なしでは経済的に苦労した。……母親は『高齢者向けの仕事や銀行で多くの仕事をした』とフロノイは語る。しかし母親は、意図的に家族でビバリーヒルズの学区内にある質素なツーベッドルームのアパートに引っ越した(注3)」という。「いつもフロノイをとても誇りに思っていた(注4)」母親は、娘をカリフォルニア州屈指の有名校・ビバリーヒルズ高校に入学させたかったようだ。

高校時代は建築家志望で、実際に建築の授業も受けている。夏になると浜辺でビーチボールに興じる平凡な生徒の一面もあったが、ベルギーへの交換留学生を志願してフランス語を学び、「世界に目を向けた(注5)」という。さらに高校卒業後はハーバード大学に進学し、「国際関係と国家安全保障を発見した(注6)」。そこでの夏休みには、アルバイトで『タイム』誌の記者となり、「ジェラードの流行や独身者向けのヘルスクラブの流行等の裏特集を取材していた(注7)」こともあったという。この経験はフロノイにジャーナリストを志望させ、後に国防総省に入るまで進路の選択肢の一つとして残っていた。

ハーバードから国防総省へ

さらにハーバードで社会学の学士号を取得した後は、米国のエリートがたどるコースである英国留学に進む。学んだのはオックスフォード大学を構成する名門のベリオールカレッジで、国際関係学の修士号を取得した。

この留学中に大統領のロナルド・レーガンが一九八三年一〇月二五日にグレナダ侵攻作戦に踏み切り、

（注1）Emily Wax　November 6, 2011「Michele Flournoy, Pentagon's highest-ranking woman, is making her mark on foreign policy」（URL https://www.washingtonpost.com/lifestyle/style/michele-flournoy-pentagons-highest-ranking-woman-is-making-her-mark-on-foreign-policy/2011/10/27/gIQAh6nbtM_story.html）

（注2）Elisabeth Bumiller July 4, 2009「A Pentagon Trailblazer, Rethinking U.S. Defense」（URL https://www.nytimes.com/2009/07/04/us/04flournoy.html）

（注3）（注1）と同。

（注4）（注1）と同。

（注5）Sep 9, 2020「How I Got Here: Michèle Flournoy　A conversation with Michèle Flournoy」（URL https://web.archive.org/web/20201115043555/https://careers.foreignaffairs.com/article-details/15/how-i-got-here-michele-flournoy/）

（注6）（注5）と同。

（注7）（注1）と同。

フロノイはその翌朝の体験を以下のように回想している。

「大学院生寮の朝食室で私を待っていたのは、ミニ国連でした。英国人だけでなく、ドイツ人、メキシコ人、チリ人、ロシア人、中国人、そして日本人の学生もいた。みんな『一体何をやっているんだ?』って言う。私は何が起こったのかを知り、それについてどう思うかを考え、他国の人々のために米国の外交政策を解説しなければなりませんでした。オックスフォードではまた、国際関係の理論と実践について素晴らしい基礎を与えてくれました[注8]」

帰国後は当初、核兵器の問題に取り組みたいという希望からワシントンで有給のインターンシップを探していそうなシンクタンクに応募の手紙を出したが、今は存在しない国防情報センター(the Center for Defense Information)だけが見つかった。本人の弁によれば、そこは「最左派で、自分にとってはあまり快適ではなかった」、「私は彼らよりも穏健派であることにすぐ気付いた[注9]」という。

その後、機関誌『アームズ・コントロール・トゥデイ(Arms Control Today)』で名高いシンクタンク「軍備管理協会(Arms Control Association)」に上級研究員として勤務。さらに一九八九年、母校ハーバード大学の公共政策大学院「ハーバード・ケネディスクール」の軍備管理と核の脅威軽減に関する分析を手掛ける「ベルファー科学国際問題センター」の核兵器政策研究員として、当時の最高レベルの学者から薫陶を受けた。

そうしたなかに、米国で最も影響力がある国際政治学者の一人として知られ、一九九三年に発足したビル・クリントン政権の国防次官補(国家安全保障担当)になるジョセフ・ナイや、やはり同時期に国防次官補(政策・計画担当)となり、米国の国家安全保障に関する代表的なアナリストで著書『定められた戦争（Destined for War）』で「トゥキディデスの罠」という用語を初めて考案したグレアム・アリソン、さらには一九七〇年代初期の旧ソ連との戦略兵器制限交渉（ＳＡＬＴ Ⅰ）の米国代表団の一員で、核軍縮の専門家であるアルバート・カーネセールらがいた。

フロノイが「信じられないほど多くのことを学んだ」（注10）と回想するのも無理はない。さらにフロノイにとって幸いしたのは、ナイやアリソンらハーバードの学者人脈が新たに誕生した民主党政権と関係が深かったこと。そのコネクションの存在が、国防総省への入省と無縁ではなかったようだ。フロノイは当時、自身を「超党派」「インデペンデント」と称しており、ビル・クリントンの選挙運動とも無縁だったが、フロノイは現在まで「民主党系」と見なされている。

フロノイはすでに一九八〇年代後半から「専門家になりたい」という意欲が強く、当時の米国にとって最重要課題だった「ＩＮＦ（中距離核戦力）やＳＡＬＴ Ⅱの構想、軍備管理の将来についてどうあるべきかを考え、議論していた。人生の一〇年計画なんてなかった」（注11）と述べている。当然、同省の職員に「軍備管理から防衛戦略全般に至る」仕事をオッファーされたのは、願ったりであったろう。フロノイが国防総省に入るのは一九九三年で、遅まきながら三三歳で官僚になり、二年後には次官補に就任している。

（注8）（注5）と同。
（注9）（注5）と同。
（注10）（注5）と同。
（注11）（注5）と同。

ハーバードのあるボストンに戻ったのはフロノイにとって大きな転機となったが、「個人的理由」もあったようで、「将来の夫がボストンにいたからだ(注12)」とか。フロノイは一九九〇年に結婚しているが、その前年には交際していたのだろう。

全国的な関心を集めた夫婦

相手は、米国海軍に予備役も含めて二六年間勤務した退役大尉のウィリアム・スコット・グールド。知り合ったきっかけは、現国務副長官のカート・キャンベルの紹介であった。キャンベルはフロノイと留学先のオックスフォードで出会い、後にCNASの共同創立者となった。海軍士官として海軍作戦特別情報部長等の経験があるキャンベルと、その妻で現国家経済会議議長のラエル・ブレイナードは、フロノイの三人の子どもたちの名付け親だ。フロノイ夫妻もキャンベル夫妻の三人の子どもたちの名付け親になっており、互いに家族ぐるみの付き合いという。

グールドはフロノイより三歳上でコーネル大学を卒業した後、ロチェスター大学でMBAを取得しているが、その後海軍に入隊。駆逐艦での勤務も経験している。フロノイは国防政策に興味を持った一つの理由として、グールドとの結婚を挙げている。だが、亡父の軍人としての経歴から何らかの影響を受けた形跡はない。

グールドは一九九三年から二〇〇一年まで米国輸出入銀行や財務省、商務省等で働いた後、二〇〇二年から二〇〇九年までIBMなど民間の三社に幹部として勤務。二〇〇九年から二〇一三年まで、退役軍人省の副長官を務めた。このため、政治専門のインターネットサイト「POLITICO」で、二〇〇九年度の一五組の「パワーカップル」に選出されている。[注13] 無論、その筆頭はバラク・オバマとミシェル・オバマだった。なおフロノイは国防次官時代、「一緒に仕事をする人たちからミシェル・オバマ大統領夫人にちなみ、愛情をこめて『もう一人のミシェル』として知られている」[注14]というエピソードを残している。

ちなみにフロノイのカップルは、一時期全国的な注目を集めたことがある。フロノイは次官当時、三人の母親ながらすさまじい激務を強いられた。

「午前七時から約一二時間、『ほぼ休みなく』働いた。その後、フロノイは家で家族と二時間ほど過ごしてから、午後九時頃に再び（家で）仕事に就いた。フロノイはそれを、三年間続けた。その間、フロノイも夫も政府の上級職に就いていた（夫のウィリアム・スコット・グールドは退役軍人省副長官）」

「『上の子たちが十代に差し掛かった頃、本当に親がもっと必要だと感じた時期』があり……そこで夫と何度も話し合いをした結果、どちらかが辞める時期が来たと判断した、とフロノイは言う」[注15]。

フロノイの「苦渋の決断」による辞職は同僚を驚かせたが、一方で「彼女の決断は全米の女性の共感を呼び、母親が男性と同じように簡単に米国の政府や企業の最高レベルに到達できるかどうかについて

（注12）（注5）と同。
（注13）「15 D.C. power couples」（URL https://www.politico.com/story/2009/06/15-dc-power-couples-023647）
（注14）（注1）と同。
（注15）December23, 2012「When There's A Baby Between You And The Glass Ceiling」（URL https://www.npr.org/2012/12/23/167923727/when-the-glass-ceiling-is-a-baby-working-through-motherhood）

の、新たな国民的議論を引き起こした(注16)」という。

それでも国防総省に採用されたことは、フロノイの人生の本格的スタートとなった。以降、フロノイのかつての部下の元副次官補で、フロノイを尊敬するキャスリーン・ヒックスが二〇二一年二月に国防副長官に就任するまでフロノイは国防総省では女性としての最高位を極め、「ワシントンの熾烈な国家安全保障の世界で、これほど上昇気流に乗った者はほとんど存在しない(注17)」という評価があるほど、圧倒的に女性が少ないこの職場で傑出した逸材として頭角を現すことになる。

ワシントンで溢れる讃辞

しかも現在まで、国防次官の経験者でフロノイほど省内外、あるいはワシントンのエスタブリッシュメントの世界で評価を維持し続けている人物は稀なはずだ。しかもその評価は仕事面のみならず、人格面も含まれている。

フロノイは二〇二一年、シンクタンクの外交問題評議会が主催した対談の席上、相手を務めたこのシンクタンクの研究員から「プロとしてのキャリアを持ちながら」、どうやって「とても穏やかで……素晴らしく普通の人間でいられるのか」と質問された。

それに対してフロノイは「いつも冷静ではないし、あまり詳しく触れないが」としながら、若い頃に親を亡くすなど「人生でいろいろな出来事が起きて」、「サバイバルと困難からの回復を学び、避難とサバイバルのメカニズムとして自分の道を切り開くのを学びました。それが学校で良い成績を収めた理由の一つです』と返答している。ハーバード大学卒業のエリートながら、本人は「サバイバル」と口にするほどそれなりに苦労を重ねてきたと自覚しているのかもしれない。

いずれにせよ、フロノイへの讃辞が数多く寄せられているのは事実だ。以下、その例をいくつか記そう。

「元国防副長官で、戦略国際問題研究センター（Center for Strategic and International Studies, CSIS）の所長を務める元上司のジョン・ハムレは言う。『彼女は鋭敏な知性の持ち主です。そして、神がこの世にお与えになった人の中で最も素敵な人の一人です』

クリントン政権でフロノイと仕事をした元海軍長官のリチャード・ダンジグは、彼女を〝非常に頭がよく、非常にエネルギッシュで、非常に熟練した人物〟と呼んでいる（注19）」

「『ミシェルは並外れたリーダーであり、思想家であり、ひとかどの人物です。彼女は危機の際にも動じず、常に非常に思慮深く、慎重な評価とアドバイスをくだす』と、イラク戦争とアフガニスタン戦争の両方の増派作戦時に指揮を執った退役陸軍大将のデビッド・ペトレイアスは語った。『彼女は他人に

（注16）（注15）と同。

（注17）Alex Ward November 23, 2020 by「Michèle Flournoy is ready for the spotlight」（URL https://www.vox.com/authors/alex-ward）

（注18）June 10, 2021「Life Lessons Learned with Michèle Flournoy」（URL https://www.cfr.org/event/life-lessons-learned-michele-flournoy）

（注19）Spencer Ackerman January 31, 2011「The Making of Michèle Flournoy」（URL https://www.washingtonian.com/2011/01/31/the-making-of-michele-flournoy/）

耳を傾けますが、その瞬間が来ると決断を下すことを躊躇しません』」

「『ミシェル・フロノイほど、次期国防長官になるために熱心に準備し、訓練し、装備を整えてきた人はいない』と、オバマ時代の国務次官補でフロノイとCNASを共同設立したカート・キャンベルは語る。『予算、運営、戦略など今後の課題は膨大であり、ミケーレはそれらすべてに取り組むのに最適な立場にあります』」

「保守系シンクタンクであるアメリカン・エンタープライズ研究所（American Enterprise Institute）の国防専門家コリ・シェイクも、キャンベルのフロノイに対する高い評価に共感する。『ミシェルは確実な選択であり、国防総省内で人気のある人物です。彼女は国防総省の現在の課題に適したリーダーシップ、政策、商業的経験をもたらしてくれるでしょう』と彼女は語った[(注20)]」

「（スコークロフト戦略安全保障センター副所長のバリー・パヴェルによれば）米国の歴史上、この危険な時期に国防長官に指名される候補者を評価する第一の基準は、その候補者が歴史上最も強力な軍隊とそれを支える広範な国防組織を監督する経験、能力、堅実さを備えているかどうかである。明らかに、私自身を含め誰の目から見ても、フロノイに関するこれらの質問に対する答えは〝イエス〟である。

ミシェル・フロノイの国防総省職員としての経験と実績、そして国防総省を辞めてからの数々の職務は、非の打ち所がない。私は、私たち二人が国防総省の職員として在職し始めた一九九三年以来、彼女が省の公式な職務で米国の防衛政策と戦略に何百もの貢献をしたこと、そして彼女が大統領や国防長官に幅広い問題にわたって提言を行ったことを直接目撃した。彼女の約二七年にわたる仕事ぶりは、他の軍人や文官とのコンセンサスを構築することによって策定された、理路整然とした、厳格で慎重かつ健全な政策を反映している[注21]」

「元海兵隊中将のグレッグ・ニューボルドは、彼女が国防総省の下っ端だった一九九四年に、ソマリアでの米国の失敗の分析を書いていた時に初めてフロノイに会った。『テディ・ルーズベルトというよりはジェファソニアン的な、世界における米国の役割についての伝統的な考え方を持っていると思う』

さらに珍しいことに、熾烈な競争とエゴの塊のような首都で、物腰の柔らかいフロノイは広く好かれている。彼女はインターンの名前を覚え、軍事基地を訪れれば昔の同僚を訪ね、ペンタゴンにいたときには、職員（彼女がスカウトした数多くの女性も含む）が家族と過ごす時間を増やせるよう、フレックス制を導入した。……彼女の思慮深く控えめな物腰は、鉄の意志を隠している。『ミシェルにはカリスマ性がある。大将や提督たちとテーブルを囲み、彼女が話すと、誰もが振り返って耳を傾ける。彼女には一種の威厳がある。彼女は叫んだり怒鳴ったりする必要がない[注22]』」

（注20）Spencer Ackerman November 13, 2020「She Helped Escalate an Endless War. Will She End It?」（URL https://www.thedailybeast.com/michele-flournoy-helped-escalate-an-endless-war-in-afghanistan-will-she-end-it-as-bidens-defense-secretary）

（注21）Barry Pavel December 3, 2020「There should be no doubt about Michele Flournoy for defense secretary」（URL https://www.defensenews.com/opinion/commentary/2020/12/03/there-should-be-no-doubt-about-michele-flournoy-for-defense-secretary/）

（注22）Shashank Bengali Matea Gold January 4, 2013「Policy ace Michele Flournoy could be first female Defense chief」（URL http://www.latimes.com/news/nationworld/nation/la-na-flournoy-profile-20130104,0,7163092.full.story#tugs_story_display）

五回も国防長官候補となった稀有な記録

しかもフロノイに対する好評価は、従来の「超党派」の枠には収まらない広さに及んでいる。バイデンが大統領選挙に勝利した後の二〇二〇年一一月二五日、バイデン宛に「ミシェル・フロノイが次期国防長官になることを支持する公開書簡」が提出された。そこには三〇人の署名があり、国防総省や国務省の元高官に加え、核廃絶論者やリベラル派、民主党左派のバーニー・サンダーズの側近らも加わっていた。

書簡では冒頭、「私たちはミシェル・フロノイと知り合いであり、場合によっては数十年も一緒に仕事をしてきました。彼女は核兵器政策と予算を深く理解しており、核兵器調達、抑止政策、核リスクと軍備削減という複雑かつ重要な問題に関して国防総省を率いるのに十分な資格を持っています」とあり、次のような理由でフロノイを称賛している。

「ミシェル・フルノイは、バイデン政権の最優先課題が、核リスク削減を含むさまざまな問題で米国のリーダーシップを回復することでなければならないことを承知しています。彼女はロシアとの核管理協定新START の延長に対する強い支持を頻繁に表明してきました。彼女は、現在の原子力近代化計画の必要性と手頃な価格について重要な疑問を提起しました。そして彼女は、トランプ政権が核使用の敷居を下げたと批判しています(注23)」

こうした個人的評価が集まるのは、それだけフロノイの信奉者が幅広いからだろう。しかしながらフ

国防次官辞職に伴う国防総省の送別式典に出席し、当時の長官レオン・パネッタのスピーチに微笑むフロノイ。（2012年1月30日。国防総省のHPより）

ロノイがこうした圧倒的な名声を博していても、これまで実に五回も「初の女性国防長官就任」の予測・期待が生まれながら一度たりとも実現していないという、稀な事実がある。

オバマ政権では、ロバート・ゲイツ（前政権～二〇一一年七月一日）とレオン・パネッタ（二〇一一年七月一日～二〇一三年二月二七日）、チャック・ヘーゲル（二〇一三年二月二七日～二〇一五年二月一七日）の三人の国防長官が退任した際にいずれも後任としてノミネートされ、右派を筆頭に共和党からも就任を望む声が大きかった。

二〇一六年の大統領選挙では、ヒラリー・クリントンが勝利した場合の新長官として最有力候補にのぼり、さらにバイデンが二〇二〇年の

（注23）「Open Letter on Our Support for Michèle Flournoy to be the Next Secretary of Defense」（URL https://jonbwolfsthal.medium.com/november-25th-2020-16ee8a0f2590）

大統領選挙に勝利してからしばらくの間、多くの人々はフロノイの長官就任を信じて疑わなかった。なお、共和党のドナルド・トランプ政権の最初の国防長官で、海兵隊出身のジェームズ・マティスも、フロノイの国防副長官就任を強く希望した。結局断ったが、これについてフロノイは次のように述べている。

「私はとても深い義務感を持っています。私はジム・マティスを最大限に尊敬しており、両足で飛び込んで彼を助けずにはいられませんでした。しかし、私が認識していたのは、非常に多くの問題でトランプ候補や当時のトランプ大統領と自分がどれほど異なっているかということでした[注24]」

フロノイはトランプが就任直後、イスラム教徒が多数を占める国からの渡航を制限する大統領令を出した際に「私はこの仕事に参加することはできない」、「自分の核となる価値観と相反するものに参加することはできない[注25]」と改めて思ったという。

そして後述するように、バイデンの大統領選挙勝利後、フロノイへの称賛とは別に一部から予想された国防長官指名への強い拒絶感が表明され、結局、陸軍参謀本部次長や中央軍司令官等を歴任したロイド・オースチンが指名される一因にもなったという。だが当時、同じように批判が少なからず飛び交いながらも、ヴィクトリア・ヌーランドの国務次官就任は妨げられることがなかった。

国務省官僚としての激動の日々

ワシントン界隈では「トリア」と呼ばれているヴィクトリア・ヌーランドの存在感は現職時代、フロノイに劣らず大きかった。戦後の国務省のキャリア官僚で女性としてヌーランドほど高位にまで上り詰め、良くも悪くも話題になった例は乏しいはずだ。

「ヌーランドは、多くの米国外交官の羨望の的となるキャリアを築いてきた。彼女は二〇〇五年から初の女性のＮＡＴＯ大使を務め、二〇一三年にはヨーロッパ及びユーラシア問題担当の国務次官補に就任した。彼女の同僚のほとんどは大使になれることはなく、ましてや次官補になれることもない[注26]」という指摘があったが、次官補どころか次官にまで昇進した。

『ニューヨーク・タイムズ』も二〇一四年六月一五日付の記事で、ヌーランドを「米国で最もタフで、最も経験に富んだ外交官の一人[注27]」と評しているが、ヌーランドが誇った「共和党と民主党の両政権から五人の大統領と九人の国務長官に仕えた[注28]」「経験」は、波乱にも富んでいる。

（注24）Anna Gawel March 31, 2020「Michèle Flournoy Hopes U.S. Takes Pragmatic Path to Navigate National Security Challenges」（URL https://washdiplomat.com/michele-flournoy-hopes-u-s-takes-pragmatic-path-to-navigate-national-security-challenges/）
（注25）（注24）と同。
（注26）Nicholas Kralev February 14, 2021「The Unconventional Diplomatic Career of Victoria Nuland」（URL https://diplomaticacademy.us/2021/02/14/victoria-nuland-state-department/）
（注27）Jason Horowitz June 15, 2014「Events in Iraq Open Door in Interventionist Revival, Historian Says」（URL https://www.nytimes.com/2014/06/16/us/politics/historians-critique-of-obama-foreign-policy-is-brought-alive-by-events-in-iraq.html）

オバマ政権時代の二〇一三年五月にヌーランドが国務次官補に指名された際には、上院議員の故ジョン・マケインとリンゼー・グラムの共和党最右派コンビから「ヴィクトリア・ヌーランドは、共和党政権と民主党政権の両方で我が国に対する長く傑出した貢献を行ってきました。彼女は主要な外交政策問題について知識が豊富で精通しており、両党の外交専門家からも尊敬されています。……私たちは、今後の米国上院での彼女の承認公聴会を楽しみにしています(注29)」との声明が出されている。

二〇一三年九月一八日に開催されたヌーランドの国務次官補宣誓式には、ヌーランドの家族・親族も加わり、当時の国務長官ジョン・ケリーのみならずマケインや議会関係者、ヨーロッパの高官ら多数が出席。おそらくヌーランドにとって生涯で最も晴れがましい日の一つとなっただろうが、ケリーは「トリアと時間を過ごしたことのある人なら誰でも、あなたがここにいる理由だと思いますが、あなたがすぐにファンになることを理解していると思います(注30)」と賛辞を贈った。

続いてケリーはアフガニスタン戦争に関連して「二〇〇一年九月に（集団防衛を定めたNATOの）第五条が発動された非常に重要で不確実な時期にNATOを導くのを助け、後に北大西洋理事会で唯一の女性代表として活躍しました。彼女の存在は非常に大きく、彼女の知性は非常に強力だったので、他の常任代表はそれを白雪姫と（当時のNATO加盟国代表の）二七人の小人と呼ぶようになりました(注31)」と笑いをとっている。

またケリーは、当時国務省報道官の職を離れたヌーランド抜きで二〇一三年五月にモスクワへ飛んだ際、おそらくヌーランドを米国人として最も嫌うロシアの外相のセルゲイ・ラブロフから「ジョン、あなたは遂にあのヴィクトリア・ヌーランドを解雇したのですね」と言われ、「いいえ、彼女を昇進させたのは私です[注32]」と返答したというエピソードも披露している。

その場でヌーランドは高揚した様子であいさつに立つが、そこで以下のように自身の軌跡を回想している。

「ベルリンの壁の崩壊、血なまぐさいボスニアとコソボの戦争、ユーロの誕生、ＮＡＴＯとＥＵの拡大、二〇〇一年九月一二日の（ＮＡＴＯの）条約第五条の発動、イラクとアフガニスタンとリビアに関する大西洋を越えた挑戦、そして大西洋両岸における金融危機など、大西洋を横断するコミュニティの浮き沈みが私の職業人生を形作ってきました。この道のりの一歩一歩が、米国には強いヨーロッパが必要であり、ヨーロッパには強い米国が必要だという私の信念を強めました。

しかし、一九九一年八月、モスクワの若い政治担当の官僚として、ロシアのホワイトハウスの周りに

（注28）April 15, 2021「Statement of Victoria Nuland Nominee for Under Secretary of State for Political Affairs Senate Foreign Relations Committee」（URL https://www.foreign.senate.gov/imo/media/doc/041521_Nuland_Testimony.pdf）

（注29）Meredith Shiner May 24, 2013「Graham, McCain Praise Obama's Pick of Nuland」（URL https://rollcall.com/2013/05/24/graham-mccain-praise-obamas-pick-of-nuland/）

（注30）September 18, 2013「Secretary Kerry Hosts a Swearing-in Ceremony for Victoria Nuland as Assistant Secretary of State for European and Eurasian Affairs」（URL https://2009-2017.state.gov/secretary/remarks/2013/09/214397.htm）

（注31）（注30）と同。

（注32）（注30）と同。

集まった二五万人のロシア人の群衆の中に雨に濡れながら、彼らを暗黒の日々に連れ戻そうとするクーデター計画者にノーと言い、より多くの自由を約束した指導者たちにイエスと言ったときほど、私にとって自己形成を促した経験はありませんでした(注33)」

「ぶっきらぼうで、時には辛辣な言葉遣い」

確かに「経験に富んだ」足跡ではあるが、一方でケリーの言に反し、前出のようなフロノイへの「神がこの世にお与えになった人の中で最も素敵な人」といった最大級の讃辞は、あまり聞こえない。少なくとも直接ヌーランドを知る人々の間で、ほぼ無条件にその人柄を褒めるような声は乏しいようだ。

そうした事情は、ヌーランドが国務副長官代理に昇進した際のエピソードから漏れ伝えられている。二〇二三年五月の副長官ウェンディ・シャーマンの引退発表に伴い、大統領のバイデンはヌーランドを七月二四日に副長官代理に指名した。だが数々の歴史的スクープで名高いジャーナリストのセイモア・ハーシュによると、シャーマンの引退が報じられた途端に「多くの人たちが、後任に選ばれるのではないかと懸念された人物のヌーランドに関して、省内でパニックに近い状態を引き起こした(注34)」とされる。それでもバイデンは、「国務省内の多くの激しい反対を押し切って(注35)」副長官代理に昇格させたという。

結局、一一月一日になって副長官に正式に指名されたのは、フロノイの盟友で国家安全保障会議（NSC）のインド太平洋調整官兼大統領副補佐官（当時）の任にあったキャンベルだった。ハーシュの記事が事実なら、「パニックに近い状態」や「多くの激しい反対」は、ヌーランドの省内の評判がいかほど

国連安保理のハイレベルの国際テロリズムに関する討議で発言するヌーランド。（2022年12月15日。国務省提供）

であったかを容易に想像させる。

また、「ヌーランドはプライベートではぶっきらぼうで、時には辛辣な言葉遣いをすることで知られている」（注36）とされ、そのあたりがフロノイと対照的に「激しい反発」を招く要因となっているのかもしれない。

さらに国務省外でも、ヌーランドの評判は必ずしもケリーの誉めそやすような人物像と一致してはいないようだ。『フォーリン・ポリシー』誌の二〇一五年六月一八日付に掲載された「非外交的な外交官」と題した記事は、次のようにヌーランドを描写している。

（注33）（注30）と同。
（注34）June 15, 2023「PARTNERS IN DOOMSDAY」（URL https://seymourhersh.substack.com/p/partners-in-doomsday）
（注35）（注34）と同。
（注36）Arshad Mohammed February 8, 2014「Despite coarse comment, Nuland no stranger to power of words」（URL https://jp.reuters.com/article/idUSBREA161YI/）

「弊誌のインタビューで、ヌーランドの欧州の同僚たちは彼女を『生意気』、『率直』、『ぶっきらぼう』、そして『非外交的』と表現した。しかし彼らは、政策の違いが彼女に対する彼らの不満を説明していると強調した。……『彼女は大半の外交官のようには関与しない』と欧州の当局者は述べた。『彼女はどちらかというとイデオロギー的だ』」

「ヌーランドの外交スタイルに対する欧州の不満は本物であり、いたるところにあるが」、「例えば（二〇一五年）三月初旬、イタリアのマッテオ・レンツィ首相（注＝当時）が、ロシアがクリミアを併合して以来、欧州の主要指導者による初のモスクワ公式訪問でプーチンと会談した後に、ヌーランドはローマを訪問した。イタリアは、プーチンを孤立させるという欧米の政策に逆らった。……ある外交筋によると、ローマでのヌーランドの叱責の激しさに、イタリアの対話者は気分を害して怒ったという」(注37)

この辺は、フロノイについて国防次官時代に「物腰は柔らかく控えめで、同僚からは騒がしいというよりは知的であると評される。ゆっくりと話し、よく考えるために話を止めることも多い。彼女の慎重な話し方は、ジョージ・W・ブッシュ政権時代に彼女の職を務め、イラク侵攻のための政権側主張の形成に一役買ったことで非難を浴びた（同じ国防次官だった）ダグラス・ファイスとは大きく異なる」(注38)と、『ワシントン・ポスト』が報じた評価とは、ヌーランドは対照的かもしれない。

周知のようにヌーランドの名を一気に高めることになったのは、後述するウクライナのクーデターがあった二〇一四年の二月四日に流出した、駐ウクライナ米国大使（当時）ジェフリー・パイアットとの間の電話での会話における「Fuck the EU!」というおよそ外交官らしからぬ下品な罵声であった。確かに、周りから反発を買うような言動があるのかもしれない。

愛憎半ばするロシアへの感情

そのヌーランドの出生地は、ニューヨーク市。父親のシャーウィン・ヌーランド（二〇一四年死亡）はイェール大学医学部で医学と生命倫理、医学史を教えていた高名な外科医で、三〇年間で一万人以上の患者を治療したとされる。全世界で五〇万部売れ、ノンフィクション部門で一九九四年に全米図書賞を受賞した『いかに死ぬのか（How We Die: Reflections on Life's Final Chapter）』等の著書がある作家でもあった。

シャーウィン・ヌーランドは、ウクライナの西端に位置しオデッサに近いベッサラビア出身の正統派ユダヤ教徒の父親マイヤー・ヌーデルマンと、母親のベラルーシ系ユダヤ人のヴィチェ・ルツキーの移民の両親と共に、ニューヨーク市サウス・ブロンクスの小さなアパートで育った。本名はシェプセル・ヌーデルマンで、ユダヤ人への差別を恐れニューヨーク大学の入学前にシャーウィン・ヌーランドに改名している。

ヴィクトリア・ヌーランドが「私の人生で初めてのヨーロッパ人」と呼ぶ母親のローナ・マッカーン

（注37） John Hudson「The Undiplomatic Diplomat」（URL https://foreignpolicy.com/2015/06/18/the-undiplomatic-diplomat/）

（注38）（注1）と同。

はキリスト教徒で、英国出身だったが、父親と一九七七年に離婚。父親の再婚相手の女優サラ・ピーターソンの間に生まれた異母の弟と妹がいる。ヌーランドは子供時代の個人的なエピソードは披露していないが、フロノイと異なり外科医として成功した父親がいたことで、より恵まれた生活を送っていたと思われる。

ヌーランドは一九七九年に、ジョン・F・ケネディも学んだ全米で最も権威のある私立の寄宿高校チョート・ローズマリー・ホールを卒業後、一九八三年にブラウン大学で歴史学の学士号を取得。在学時代は「トルストイやドストエフスキーを愛読しており、どうしてこのような作家を生み出しながら、ロシア人がその下で生きている残忍な共産主義体制を発展させることができたのか不思議に思っていた」（注39）という。

そうした問題意識から、ブラウン大学ではソ連・ロシア史研究で名高い故アボット・グリーソンを指導教官としてロシア文学や政治学、歴史を学んだ。グリーソンはハーバードの学生時代に公民権運動に参加したリベラル派で、黒人のために設立されたミシシッピ州のトゥガルー大学で教鞭を執っていた経験もある。ソ連の体制には批判的だったが、ロシアの国民や文化には尊敬の念を抱いていた。

こうしたグリーソンの姿勢が、国務省きっての対ロシア強硬派とされ、ロシア語を話しながら「ロシア嫌い」（Russophobia）と指摘する声もあるほど激しいロシア批判を隠さないヌーランドにどこまで影響を与えたのか不明だ。

海兵隊出身で、軍事アナリストのスコット・リッターは、バイデン政権の「機能不全」の原因として、対ロシア政策で「イデオロギーに根ざしたアプローチ」をとったヌーランドと、同じ外交官出身ながら

「安全保障に重点を置いた」「リアルポリティック」を重視するＣＩＡ長官のウィリアム・バーンズの「衝突」(注40)にあると見なしている。

だが、ヌーランドのロシアに対する感情が愛憎半ばしているような印象も否めない。その辺の事情は、『ニューヨーク・タイムズ』が二〇一八年五月八日付で掲載した「米国とロシアの混乱の背後にいる静かな米国人たち」と題する、冷戦終結後の米国のロシア担当者の内幕を追った長文の記事で次のように紹介されている。

「イェール大学の外科医で生命倫理学者のシャーウィン・ヌーランドの娘であるヌーランドは、一二歳でチェーホフの演劇『三人姉妹』を観て、ロシアの文化に恋をした。ヌーランドはブラウン大学でロシアの歴史と政治を学び、ソビエトの子どもたちのキャンプで働き、その後にモスクワの米国大使館員として働いた。それから冒険と本当のロシア人の生活に触れることを求めてソビエトの漁船に乗り込んだ（一カ月ではなく七カ月も）。そうした経験は、ヌーランドに計画経済に関して何かを教えた。二五日間飲酒とカードゲームに興じた後、船員たちは自分たちの月間ノルマをこなすために五日間懸命に働くのだ。ヌーランドは『ウォッカを一〇杯あおって自分の船室に戻り、（誰も入れないように）ドアノブの下に

（注39）Beth Schwartzapfel　March 8, 2013「ALUMS IN THE STATE DEPT: No Praying from the Podium」（URL https://www.brownalumnimagazine.com/articles/2013-03-08/alums-in-the-state-dept-no-praying-from-the-podium）

（注40）Scott Ritter　November 16, 2021「US' Russian Policy: A Tale of Two Diplomats」（URL https://www.energyintel.com/0000017d-29b7-dd2b-affd-3fffa62d0000）

椅子を置く方法を学んだ。若い連中が酔っ払うと、物事が少し危うくなることがあった』と語る」

「歴代政権で対ロシア強硬派として知られるヌーランドだが、ロシアを憎悪しているのかと聞かれれば、愛する『ロシアの文化とロシアの人々』と、そうではないプーチンのロシアに見出せるソビエト連邦的な傾向と区別している。『歴代のモスクワの政権は、嘆かわしい。ソビエトからロシアまで国民に対して権力を乱用し、食い物にし、選択を強要して、自分たちの失政を隠すために米国を敵扱いしている』と述べる」(注41)

珍しい旧ソビエト連邦体験

この「ソビエトの子どもたちのキャンプ」とは、約一〇歳から一五歳を対象とした「ピオネール（共産主義少年団）」が開催した夏季キャンプ「ピオネールキャンプ」のこと。「一九六〇年代から一九七〇年代にかけて、千万人の子供たちがソ連全土の四万カ所の開拓者キャンプで過ごしたと推定され」、「中には外国人の子どもたちもいた」(注42)という。ヌーランドはおそらく学生時代に、オデッサ近郊で開催されたキャンプに参加したようだ。

ロシアの作家であるインナ・メテルスカヤ＝シェレメチェワによれば、一九八二年にそのオデッサのキャンプでヌーランドに出会ったとされ、当時の決して愉快ではないはずの記憶を披露している。

「一九八二年、私はオデッサの青少年サマーキャンプ〝ヤングガード〟で働いた。そこで、交換プログラムのカウンセラーだった米国人の女の子と血みどろの喧嘩をした。彼女は、ウクライナの子供たちが汚れたヒマワリの種を拾って食べるのを眺めながら、種をゴミの中に投げて笑って面白がっていました。私はこの闘いのためにキャンプから追い出され、コムソモール（共産主義青年組織）から正式に叱責されました。私は彼女の名前〝ヴィッキー〟を一生覚えている（注43）」

シェレメチェワはこの「ヴィッキー」がヴィクトリア・ヌーランドだと後に知って、ヌーランドが「ソ連について非常に否定的な印象を持ち続けていた」と指摘している。恐らくシェレメチェワの記憶は正しいのだろうが、ヌーランドのソ連、あるいはロシアに対する感情は、単純なものではなさそうだ。

前出の『ニューヨーク・タイムズ』の記事でも、ヌーランドが「ロシア嫌い」になったのは、このソビエト時代の漁船での経験からだというロシアの内部の声を紹介しているが、本人は否定している。ヌーランドは二〇一八年にロシアの反体制ジャーナリストであるジャンナ・ネムツォワによるドイツの国際放送局ドイチェ・ヴェレ（ＤＷ）のインタビューに応じ、当時の事情について説明しているが、録画がyoutubeで現在残っていない。このため、ロシア紙『プラウダ』のＨＰに掲載されたインタビュー記事の抜粋を紹介したい。

（注41）Keith Gessen「The Quiet Americans Behind the U.S.-Russia Imbroglio」（URL https://www.nytimes.com/2018/05/08/magazine/the-quiet-americans-behind-the-us-russia-imbroglio.html）
（注42）Carl Bromwich Maeve Shearlaw July 3, 2014「My summer in a Soviet pioneer camp」（URL https://www.theguardian.com/world/2014/jul/03/soviet-pioneer-camp-communism-scouts-belarus）
（注43）April 20, 2015「Victoria Nuland was beaten up in a Soviet summer camp "Young Guard"」（URL https://freeukrainenow.org/2015/05/16/as-a-young-woman-victoria-nuland-showed-her-contempt-for-ukrainians/）

それによるとヌーランドは「一九八四年にソ連のトロール船で暮らしていたことを認め」、「八〇人のロシア人船員との生活は、ロシア文化をいわば根源から直接学ぶことができたので、彼女にとって非常に興味深い経験だった」、「ロシア文化をよりよく理解できるようになったと語った」という。

またヌーランドによれば、当時「米ソ共同事業により、米国の船員が二〇マイル水域で魚をとり、その海域での漁業が許可されていなかったソ連の船員に漁獲物を届けることが認められ」ており、「甲板への魚の配達を確実にするため、水産加工船と米国側との間の無線通信を担当していた」とされる。また「希少魚種の捕獲を防ぐためにすべてのソ連漁船にアメリカ人の監視員がいた」時代であったともいう。(注44)

ともかく「ピオネールキャンプ」にせよ漁船にせよ、冷戦時代にここまでソ連内部の生活を密着して経験した米国人は珍しかったのは疑いない。それだけソ連あるいはロシアに対する関心が高かったのだろうが、現在のヌーランドの「イデオロギー」的と見なされるようなロシアへの姿勢は、おそらくヌーランドが一九八七年に結婚したロバート・ケーガンの存在を抜きに語れないだろう。いまやネオコンを代表する理論家であり、その批判者からは「イラクからウクライナに至るまで、ケイガンは米国が現代に生み出した外交政策知識人の中で最も有害な影響力を持つ人物の一人(注45)」と指摘されているが、それだけ政治への強い発言力を誰もが認めるケーガンは、ヌーランドと一心同体の存在として目されがちだ。

「ケーガンファミリー」の一員として

ケーガンはイェール大学で歴史学の学士号、「ハーバード・ケネディスクール」で公共政策の修士号、アメリカン大学で米国史の博士号をそれぞれ取得。その後、一九八四年から一九八六年までロナルド・レーガン政権で国務長官ジョージ・シュルツのスピーチライターを務めていた際に、中国デスクにいたヌーランドと「国務省の冷たい地下室」で初めて出会った。

『ニューヨーク・タイムズ』は二〇一四年六月一五日付で、二人が「キューバ料理レストランで民主主義と世界における米国の役割について語りながら恋におちた（注46）」というエピソードを披露している。同記事でヌーランドは「彼は彼、自分は自分」だと言うが、一方でケーガンは「我々はおよそ三〇年間、この世界に生きてきた。二人の間に大きな（考え方の）ギャップがあるとは思っていない（注47）」とコメントしている。これが事実なら、官僚としてのヌーランドの、ロシアに対する「イデオロギーに根ざしたアプローチ」という懸念は的外れではないのかもしれない。

実際、英紙『ファイナンシャル・タイムズ』は二〇一四年八月一日付の記事でヌーランドを次のように報じている。

「オバマ政権の国務省の元同僚は、『彼女が家族との夕食に着くと、そのテーブルで最大級のネオコン

（注44）February 21, 2018「Victoria Nuland speaks about her experience of living with 80 Russian fishermen on one boat」（URL https://english.pravda.ru/news/world/140136-nuland_russian_fishermen/）
（注45）Samuel Moyn　February 14, 2023「Robert Kagan and Interventionism's Big Reboot」（URL https://newrepublic.com/article/170213/robert-kagan-interventionisms-big-reboot）
（注46）（注26）と同。
（注47）（注26）と同。

であることに疑いの余地はない』と語る。『しかし、彼女は私が政府で一緒に働いてきた中で最も才能のある人物の一人ではあるが(注48)』」

このため、誰しもヌーランドの言動にケーガンの「影」を意識しがちとなるが、夫婦は良く知られた「ネオコンのファミリー」を構成している。ケーガンの父親の故ドナルド・ケーガンは一九三二年にリトアニアのユダヤ人家庭に生まれ、二歳になる前に父親が亡くなった後、母親と共に米国に移民してニューヨーク市ブルックリンのユダヤ人街で育った。

地元のニューヨーク市立大学卒業後、ヌーランドの母校のブラウン大学で古典学の修士号を取得。さらに、オハイオ州立大学で古代史の博士号を取得し、一九六〇年からコーネル大学、一九六九年からはイェール大学で古代ギリシャ史を講義した。ヌーランドの父親のシャーウィン・ヌーランドとは面識があったようで、同じニューヨーク市のユダヤ人街の出身、勤務先がイェール大学という接点があったからだろう。

この分野で多くの業績と名声を残したドナルド・ケーガンの歴史家以外のもう一つの顔は、民主党のリベラル派から転向してベトナム戦争やイラク戦争を支持した初期のネオコンの論客だ。息子のロバートと共にネオコンが一つの政治潮流として形成されるまでの理論構築に関わり、戦争への支持は「愛国的義務」であると唱えていた。

二〇二一年に八九歳で亡くなったが、「ネオコンのファミリー」には次男でケーガンの実弟のフレデリック・ケーガンとその妻キンバリー・ケーガンが加わっている。軍事評論家のフレデリックは兄と同じくイェール大学で学び、現在はシンクタンクのアメリカン・エンタープライズ研究所に籍を置きながら、キンバリーが設立し、ウクライナ戦争でたびたびその分析が主流派メディアで取り上げられた戦争研究所（ＩＳＷ）の記事を執筆している。

ただヌーランド自身は、ネオコンと政治的に関わった形跡を残してはいない。本人も「POLITICO」の長時間インタビューで、同サイトの国際問題コラムニストのスーザン・グレイサーは、ヌーランドがブッシュ（子）政権で副大統領のディック・チェイニー、オバマ政権で国務長官のヒラリー・クリントンという一見あり得ないような組み合わせの各上司と「緊密に協力し、両者とも仲良くした唯一の例では」と指摘。それでも民主党員から「ほら、彼女はチェイニーと同じネオコンだ」と言われるのではないか、と質問した。

これに対しヌーランドは、「私は長い間、私の個人的な政治的見解を誰も知らなかったという事実を誇りに思っており、今後もそれを維持するつもりです(注49)」と答えている。それでもケーガンの「ファミリー」の一員ということだけではなく、その対ロシア強硬派としての言動からネオコンの潮流に属しているという見方が圧倒的だ。

ただ、現在のワシントンの国家安全保障をめぐる政策、理念の議論においては、ネオコンはもはやフ

（注48）Geoff Dye「US diplomat Victoria Nuland faces questions over strategy」（URL https://www.ft.com/content/a4f13052-18ca-11e4-80da-00144feabdc0）

（注49）Susan B. Glasser February 05, 2018「Victoria Nuland: The Full Transcript」（URL https://www.politico.com/magazine/story/2018/02/05/victoria-nuland-the-full-transcript-216936/）

ロノイの「リベラル介入主義」と混然一体となりながら、主流を形成するに至っている。ヌーランドのみならずフロノイにしても、特定のどの潮流に帰属するかという問い自身がもはや意味を失っている感が強い。問題は、この両者が象徴する現代の米国の本質像にある。

第一章　ネオコンが台頭した時代

一九九〇年代前半に国防総省に採用されたミシェル・フロノイは、「戦略・脅威削減担当」と「戦略担当」の国防次官補を兼務した。さらに、「国防長官室の戦略、要求・計画・核拡散対策、ロシア・ウクライナ・ユーラシア問題の、三つの政策室を統括した[注1]」とされる。

そして次官補時代に取り組んだ最も大きな仕事は、一九九七年五月に発表された『四年ごとの国防計画見直し（Quadrennial Defense Review, QDR1997）[注2]』の主要執筆者として作成に加わったことにあったろう。

QDRは二〇一八年に『国家防衛戦略』に名称が変更されるまで五回刊行されたが、その最初がQDR１９９７であった。議会が国防総省に指示した戦略と計画、脅威、予算等の全般的な見直しの結果を報告する内容で、米国の軍事方針の基本が示されていた。

（注1） The Women's Media Center「MICHÈLE FLOURNOY」（URL https://womensmediacenter.com/shesource/expert/michele-flournoy）

（注2） （URL https://history.defense.gov/Portals/70/Documents/quadrennial/QDR1997.pdf?ver=2014-06-25-110930-527）

こうした重要文書が第一子を妊娠中だったという三〇代のフロノイに託されたという事実は、それだけ早くからフロノイが逸材として国防総省内で頭角を現していたことを意味するだろう。そして冷戦終結後、国防総省が米軍の規模・形態を定式化した一九九三年の「ボトムアップ・レビュー」、一九九四年のホワイトハウスの『国家安全保障戦略』に続き、最も包括的に米国の冷戦後の軍事戦略を構想したこのQDR1997は、フロノイ自身の今日までに至る理論的基盤をも形成しているように思える。

発表された際には、「ボトムアップ・レビュー」でも示されている「同時に二つの場所で戦う能力の保持」という内容がマスメディアの注目を集めたが、特に見逃せないのは第三章の「国防戦略」だ。

そこでは、「唯一の超大国」である米国は「国際社会における強力なリーダーシップを発揮し続ける」と宣言。さらに「国際的な安全保障環境を米国の利益に有利な形で形成する」とか「米国は自国の権益を一方的に保護する能力を保持する」、あるいは「軍事的優位性を維持することが不可欠である。そのような優位性がなければ、グローバルな優位性を発揮し、国家目標の達成に資する国際情勢を作り出す能力は疑わしいものとなる」といった表現に見られるように、軍事力による世界一極支配の意図が示されている（傍線引用者。以下同）。

そして全体的には「核・生物・化学兵器」や「テロリズム」、「米軍と米国内外の利害に攻撃を加える非対称的手段」等々、思いつく限りのあらゆる「脅威」を並べて、「抑止」を名目にそれらに備えた万全の軍事力強化を促している。そうしないと「現在の、そして将来のライバルを圧倒する軍事的優越性」や「世界で唯一の超大国の地位」が脅かされかねないからだが、「平和の配当」が論議された冷戦終結直後の時代の雰囲気は大方払拭されている。

さらに「一方的な軍事力の行使」も排除せずに守るべき死活的な「国益」として、以下を列挙する。

「・米国の主権と領土、国民を防衛し、核・生物・化学兵器やテロによるものも含む本土への脅威の阻止と抑止。

・敵対的な地域の連合勢力やヘゲモニーの出現の阻止。

・海洋の自由とシーレーンや空路、宇宙の安全確保。

・市場やエネルギー供給源、戦略的資源への何者にも抑制されないアクセスの確保。

・米国の同盟諸国に対する攻撃の抑止と、撃退」

このように、もはや米国は卓越した軍事的優越性の確保とそれによる何者からの制約も受けない軍事力の行使という意図を隠さなくなった。

その骨子は現在も基本的に変更はなく、フロノイが果たした歴史的役割は大きかった。米国に敵対的な「ヘゲモニー」を「阻止」するための「軍事的優越性」を至上の使命とする発想も、今日に至るまで米国、そしてフロノイの軍事理論家としての核を形成している。

ＤＰＧ１９９２の衝撃と継承

あまり議論はされていないが、ＱＤＲ１９９７は重要な伏線があった。それはジョージ・ブッシュ（父）政権時代の一九九二年に『ニューヨーク・タイムズ』が三月七日付でスクープした、「国防計画指針案」（Draft Defense Planning Guidance, DPG 1992）（注3）」に他ならない。

DPG1992については同紙のスクープ直後、激しい批判にさらされた経過がよく知られている。「民主党の上院議員ジョー・バイデンは『米国による平和(Pax Americana)』だ、『米国が世界の警察官だという古い考えだ』と批判した。民主党の上院議員のロバート・バードも、ペンタゴンの戦略を『近視眼的で浅薄で、失望させられる』と述べた(注4)」という具合だった。

ホワイトハウスもあまりの批判の多さに、公式の撤回に追い込まれた。当時DPG1992は国防長官のディック・チェイニーの指示のもと、国防次官のポール・ウォルフォウィッツが、国防次官補のザルメイ・ハリルザドや、チェイニーの腹心で国防次官補だったルイス・リビーらネオコンと見なされているメンバーと共に作成した。そのためDPG1992は「ウォルフォウィッツ・ドクトリン」とも呼ばれているが、現在公開されている原文は黒塗り部分が少なくない。

内容的に目につくのは、このDPG1992が五年後のQDR1997と、軍事力による優越性の維持という内容で酷似している点だ。第一章「目標と目的」におけるB項「国防戦略の目的」では、次のように記述されている。

「米国の第一の目的は、旧ソビエト連邦が以前及ぼしていたような(世界の)秩序への脅威を有する、新たなライバルの再出現を阻止することにある。このことは、新しい地域防衛戦略の根底にある主要に考慮すべき事項であり、統合されたコントロールの下でグローバルパワーを出現させるのに十分な資源を持つ地域を、敵対する国が支配するのを防ぐよう努力することが要求される。これらの地域は、西ヨーロッパと東アジア、旧ソ連圏、そして南西アジアが含まれる」

「米国は、競争相手がより広い地域的あるいは世界的な役割を望むのを抑止するメカニズムを維持する必要がある。効果的な軍事再編能力は重要であり、それは潜在的なライバル国が世界で優越的な軍事態勢を素早くあるいは容易に獲得するのを望むことはできないということを意味している」

「米国は、すべての悪を正す責任を引き受ける世界の『警察官』にはなれないが、米国のみならず同盟諸国の利益を脅かしたり、国際関係を深刻に不安定化させるような悪を是正する卓越した責任を保持するであろう。米国の利益の様々なタイプは、以下のような例を含む。主要には（敵対国による）湾岸諸国のような不可欠な天然資源地帯へのアクセス、大量破壊兵器と弾頭ミサイルの拡散、テロや地域紛争による米国市民への脅威、麻薬売買による米国社会への脅威——の阻止である」

だが冷戦終結直後の当時の政権内で、国務長官のジェイムス・ベーカーや国家安全保障担当大統領補佐官のブレント・スコウクロフト、統合参謀本部議長のコーリン・パウエル、さらに大統領のブッシュ（父）自身を始めとする共和党主流派の「リアリスト」にとっては、DPG1992に盛り込まれたような「国防費の大幅な増加、唯一の超大国の地位の主張、地域の競争相手の出現の阻止、予防的または先制的な武力の行使、多国間主義の放棄（注5）」といった主張は、まだ受け入れられなかった。

（注3）（URL https://www.archives.gov/files/declassification/iscap/pdf/2008-003-docs1-12.pdf）
（注4）Oliver Stone Peter Kuznic『The Untold History of the United States』
（注5）February 20, 2020「1992 Draft Defense Planning Guidance」（URL https://militarist-monitor.org/profile/1992_draft_defense_planning_guidance/）

冷戦終結当時の「平和」の気運を壊したクリントン

前年の一九九一年七月にワルシャワ条約機構が解体し一二月にソ連が崩壊していたこの時期、米国内に「平和の配当」が現実化するような政治的雰囲気が広がっていたのも見逃せない。そこでは「パクス・アメリカーナ」を前面に掲げた路線が時代錯誤に映ったとしても、不思議ではなかったはずだ。

にもかかわらずいったん米国の公式的な軍事外交政策から撤退を余儀なくされたDPG1992と異なり、五年後に登場するそれと類似したはずのフロノイのQDR1997が、今度はさほどの反発も起きないまま公式化されるに至った。QDR1997はDPG1992同様に、重要な「地域」における米国に対抗可能な別のパワーの「出現」を警戒するなど、本質的に変化はない。しかもその「地域」では、資源地帯での米国の意図に反した動きが阻止の対象と見なされている点でも一致しているにもかかわらずだ。それを説明する背景として、一九九三年の民主党のビル・クリントン政権誕生が挙げられるだろう。

ただ、クリントン政権が発足からすぐにDPG1992で示されていた戦略に回帰したのではない。国防総省の一九九三年の「ボトム・アップ・レビュー」(注6)では、主要な関心がソ連崩壊に伴う核を始めとした大量破壊兵器の拡散への対処と管理に集中していた。「ほぼ同時に発生する二つの地域紛争で侵略を撃退するのに十分な」戦力の保持をうたいながらも、「米国の最も基本的な目標」として「国内外の米国人の生命と安全を守る」「米国の価値観と制度、領土をそのままにして、米国の政治的自由と独立を維持する」という主要な二点を掲げ、「優越性」は強調されてはいない。

こうした傾向は、一九九四年の『国家安全保障戦略』(注7)でも、さしたる変化はなかった。「米国は、自国をはるかに超えた大規模かつ効果的な軍事作戦を実施できる唯一の国である」とする一方で、「我々が世界の警察官になれないのは明らかだ」と自認。さらに「脅威」の存在を認めながらも、「集団的意思決定への参加」が強調され、自国の世界における単独での行動を強調するような表現は控えられている。のみならず、自国が許容できないような「ヘゲモニー」や「ライバル」の出現、あるいは他国による「資源へのアクセス」といった動向への警戒心も比較的薄い。

それでも、冷戦終結直後の混乱期が遠ざかるにつれ、クリントン政権の姿勢も変化していく。

「一九九四年の中間選挙で、共和党は四〇年の歴史で初めて上下両院の支配を獲得した。そして民主党も共和党も、より右旋回を遂げていった。……米国は敵対的な諸国からの明白な危機に直面はしていなかったものの、クリントン政権は一連の軍事支出の増加で、平和の配当を無駄にしてしまった(注8)」という歴史的変化があった。

さらにそうした変化を象徴するものとして、「サダム・フセインが率いる政権をイラクの権力から排除する努力を支援することは米国の政策であるべきである」とした、「イラク解放法」が挙げられる。

(注6)(URL https://history.defense.gov/Portals/70/Documents/dod_reforms/Bottom-upReview.pdf)
(注7)(URL https://nssarchive.us/wp-content/uploads/2020/04/1994.pdf)
(注8)(注4)と同。

次期ブッシュ政権のイラク戦争に直結するこの法案は、上下院両院で圧倒的多数（上院は全会一致）で可決された後、大統領のクリントンが一九九八年一〇月三一日に署名している。

加えてクリントン政権は北大西洋条約機構（NATO）を率いて、一九九五年八月に旧ユーゴスラビアのボスニア・ヘルツェゴビナ、一九九九年三月にはセルビア対し、国連安保理の決議もないまま大規模な無差別空爆を加えた。戦後の欧州における初めての本格的な軍事行動となった一連の経緯は、「平和の配当」が論議される時代がもはや過ぎ去り、バイデンが一笑に付したはずの「パクス・アメリカーナ」こそが米国のコンセンサスとなった変化の訪れを示していただろう。

フロノイのメンターの肖像

一九九八年の二月一九日には国務長官だったマデレーン・オルブライトが、「われわれが武力を行使するとすれば、それはわれわれが米国だからだ。米国は、世界にとって欠くべからざる国だ。他のいかなる国よりも高みに立って、はるか遠い将来まで見通している」という、「米国例外主義」を象徴する名高い発言をオハイオ州で残している。フロノイのQDR1997は、こうした「例外主義」も、そして軍事力による世界支配の意図も、何の疑問もなく受け入れる時代の到来を象徴していたのみならず、将来をそうした方向にけん引する役割もあったのは疑いない。だが主要執筆者であっても、フロノイの個人的見解でQDR1997が誕生したはずはない。あくまで国防総省という官僚機構が政権内、あるいは政権を取り巻く環境の変化を反映させたという面が強いはずだ。

米国の「軍産複合体の頭脳」と呼ばれ、数あるシンクタンクのなかでも予算、人員の面で群を抜くＲＡＮＤ研究所は二〇一四年五月一三日、『米国の国家安全保障政策への挑戦（Challenges in U.S. National Security Policy）』（注9）と銘打った、以前同研究所や国防総省等に勤務していたエドワード・ワーナーについての記念論文集を刊行した。ワーナーは奇しくも刊行から半年後の一一月一四日に七三歳で病死しているが、フロノイもそこに寄稿した一六人のうちの一人に加わっていた。この論文集は、外からはなかなかうかがい知れない巨大組織の内部の一端を垣間見せてくれる。

論文集に収められている「テッド・ワーナーの生涯と仕事」と題された第一章によると、ワーナーはクリントン政権で、国防次官補として「ボトム・アップ・レビュー」の作成に取り組み、『国家安全保障戦略』の「起草を監督」し、さらにＱＤＲ１９９７作成にも「重大な役割を果たした」とされる。

フロノイにとって上司にあたり、何よりもメンター（指導者）であったワーナーは、論文集の最終章を担当したフロノイによると「自分がスポットライトを浴びたり手柄を立てるのではなく、部下を前面に出して上司に仕事を報告するという、ある種の無私の精神」があったという。実際ワーナーは、国防長官や統合参謀本部議長、陸海空と海兵隊の四軍の最高幹部らを前にしたＱＤＲ１９９７の最終ブリーフィングという光栄な場を、あえて部下のフロノイに譲った。おそらくＱＤＲ１９９７に盛り込まれたＤＰＧ１９９２と重複するような箇所も、主要執筆者のフロノイに、ワーナーやその背後に控えた国防

（注9）『Challenges in U.S. National Security Policy　A Festschrift Honoring Edward L. (Ted) Warner』（URL https://www.rand.org/pubs/corporate_pubs/CP765.html）

総省上部の何らかの「意思」を反映させた結果であると考えられる。

ワーナーはもともと空軍の情報将校出身で、冷戦期にモスクワ大使館武官補佐官や国防総省の空軍参謀スタッフ、RANDの上級アナリスト等を歴任。冷戦終結後はオバマ政権でロシアとの戦略兵器削減条約（START）交渉の米国副団長も務めたが、何よりも「ポスト冷戦に向けた米国の国防戦略、戦力、作戦計画を再構築する取り組みを主導した」(注10)キーパーソンであった。おそらくワーナーなくして、今日のフロノイの存在もなかったかもしれない。

QDR1997作成の内幕

ちなみにこの論文集のあとがきでは、フロノイとワーナーの出会いが以下のように記述されている。

「ミシェルがテッド（注＝ワーナーのこと）に初めて会ったのは、彼女が軍備管理協会で働いていた時代に、彼が突然電話をかけてきたときからだった。彼は彼女が『アームズ・コントロール・トゥデイ』に書いた、間もなく成立する第二次戦略兵器制限交渉が米国の戦略態勢に与える影響についての記事を読んでいた。彼は自己紹介をして、彼女の分析に感銘を受けたと伝えた。そして彼女をRAND研究所に招き、昼食を共にした。その最初の出会いの直後から、ミシェルには国際会議での講演や、他の出版物への寄稿の依頼が舞い込むようになった。テッドが宣伝してくれた努力のおかげだった」

前述の「テッド・ワーナーの生涯と仕事」では、ワーナーが「国防次官補としての約八年間に、テッドが監督するさまざまなオフィスで共に働く多くの非常に優秀な人材に対して、厳しいが非常に効果的な指導者であるという評判を得た」とある。そしてワーナーが育成した文官の例としてフロノイの名前と共に、現国防副長官のヒックスや現陸軍長官のクリスティン・ウォーマス、元国防次官のジェームス・ミラーらそうそうたる人材の名前を列挙しているが、多くの文官のメンターになったワーナーの指導力は伝説的ですらあるらしい。

国防次官時代のフロノイ自身も、その後継者だったミラーから「彼女の下で働いたことのある人々は、彼女がこれまでの上司の中で最高か、あるいは最高のうちの一人だと言う。彼女のサポート、指導、そのすべてが非常に意味のあるものだった(注11)」と称賛されている。フロノイのそうした一面は、ワーナーの薫陶の賜物かもしれない。

また別のインタビューでフロノイは国防総省に入省して、戦略室(office of strategy)で働くようになった経緯を語っている。

「ワーナーは『軍備管理から防衛戦略全般に至るまでの学習曲線(learning curve)は険しいが、私はあなたなら必ずできると確信している。あなたがより多くの成果を上げ、貢献するほどより多くの仕事を与えるつもりだ。ここに来れば、そのうち複数の仕事に就くことができるだろう』と語りました。私は仕事より上司を選びましたが、それは正しい選択でした」

(注10)「Edward L. Warner」(URL https://www.elementalnw.com/2014/11/19/edward-l-warner-iii/ III)
(注11) Alex Ward November 23, 2020「Michèle Flournoy is ready for the spotlight」(URL https://www.vox.com/21573433/michele-flournoy-secretary-of-defense-joe-biden-profile)

「私たちはボトムアップ・レビューを作成し、その後のQDRの推進役となりました。私たちは省の計画やプログラミング、予算ガイダンスを導く長官の国防戦略を執筆することになります。私たちは長官や副長官のための、省内のシンクタンクのような存在として機能していました[注12]」。

だが、どのような経過でQDR1997が生まれたかとは別に、それが冷戦終結後の「米国の国防戦略」としていかに評価されるべきかという課題は残るだろう。しかも、フロノイのQDR1997によって復活した形のDPG1992に関しても、「当初は広く非難されたが、この文書で提案されたアイデアの多くは今日まで存続している[注13]」のは間違いない。

ネオコンが総結集したPNACの意義

米国が覇権国家の道に進んだ歴史的プロセスを解明した『明日、世界は（Tomorrow, the World: The Birth of US Global Supremacy）』の著者で、カーネギー国際平和基金アメリカン・ステートクラフト・プログラムの上級研究員のステファン・ヴェルトハイムは、DPG1992とQDR1997に共通しており、歴代政権が踏襲している「米国の外交政策の永続的目標としての武力による覇権」こそが、「何十年も続く」「大惨事」の根源であると見なす。

つまり「永続的な武力優位性」の追求と、オルブライトに象徴される「例外主義」のみならず、「世界を取り締まる物質的・道徳的特権を維持することに責任がある[注14]」との自負が、冷戦終結後も米国による「終わりのない戦争」をもたらしているとヴェルトハイムは説く。

こうした指摘が妥当であるならば、フロノイあるいはネオコンも「終わりのない戦争」の責任と無縁ではなくなるだろう。しかもフロノイの軌跡は、ネオコンの勃興と歩調を合わせていたような印象が否めない。

フロノイが初めて歴史に名を記した一九九七年は、六月に奇しくも政権の外で「永続的な武力優位性」をエネルギッシュに推進する、有力な政治勢力が結成されている。DPG1992の作成にあたった集団も合流したネオコンのシンクタンクである、アメリカ新世紀プロジェクト（Project for the New American Century, PNAC）に他ならない。つまりDPG1992が改めてQDR1997として公的に復権した年に、DPG1992、及びQDR1997の内容を実現するための試みも政府外で同時に開始されたのだ。

PNACはヴィクトリア・ヌーランドの夫のロバート・ケーガンと、その盟友でネオコンのオピニオン誌『ウィークリー・スタンダード』（二〇一八年に廃刊）の編集長だったウィリアム・クリストルによって創立された。ネオコンについては、米国の最も高名な経済学者の一人で、コロンビア大学地球研究所長と国連ミレニアムプロジェクトのディレクターを兼務しているジェフェリー・サックスが以下のよう

（注12）序章（注5）と同。
（注13）（注5）と同。
（注14）Stephen Wertheim　March 22, 2019「How to End Endless War」（URL https://newrepublic.com/article/153239/end-endless-war-case-against-american-military-supremacy）

に解説している。

「ネオコンの主なメッセージは、米国は世界のあらゆる地域において軍事力で優位に立たなければならず、いつか米国の世界的または地域的支配に挑戦する可能性がある台頭する地域大国、特に重要なのはロシアと中国と対峙しなければならないということだ。この目的のために米軍は世界中に何百もの軍事基地を事前に配備すべきであり、米国は必要に応じて選択した戦争を主導する準備ができているべきである。国連は、米国の目的に役立つ場合にのみ米国によって使用されるべきである。このようなアプローチは、一九九二年に国防総省向けに書かれた国防政策ガイダンス（DPG）草案の中でポール・ウォルフォウィッツによって最初に詳しく述べられた（注15）」

こうしたネオコン、あるいはネオコン的思考では往々にして「力の限界」に考慮が及ばず、むやみに軍事力の行使を求める傾向がある。しかしPNACは、結果的に冷戦終結後の米国外交を一時期けん引する役割を果たした。当初は無名だったが、その強みは何といってもワシントンでの影響力を残したブッシュ（父）政権の要人が加わっており、さらに二〇〇一年に発足したブッシュ（子）共和党政権の主要閣僚を掌握するに至ったことにあっただろう。

共和党政権経験者の流入

PNACが創立時に発表した綱領としての「諸原則の声明」は、「レーガン政権の成功」に倣い、「現在と将来の両方の課題に対応できる強力で準備万端の軍隊、大胆かつ目的意識をもって米国の原則を海外に推進する外交政策、そして米国のグローバルな責任を受け入れる国家指導力」を要求。さらに「国防支出の大幅増大」や、「米国の利益と価値観に敵対する政権への挑戦(注16)」等が盛り込まれていた。

これは、冷戦最盛期に最大規模の軍事支出を強行したレーガンの手法を、「敵」が消滅したはずの冷戦終結後に再び復活せよと要求しているのに等しかった。かつ、内容的にDPG1992が「諸原則の声明」の「テンプレートとして機能した(注17)」という指摘もある。

この「声明」に賛同を表明した二五人の署名者には、以下のようにレーガン・ブッシュ（父）両共和党政権時代の元閣僚・関係者らが少なからず含まれていた。このことは、ワシントンにおけるPNACの政治的重量感を否応にも増したに違いない（注＝他の肩書がある場合は割愛。○はレーガン政権）。

エリオット・エイブラムス（国務次官補）○
ゲイリー・バウアー（政策立案担当大統領補佐官）○
ウィリアム・ベネット（教育長官）○

(注15) June 27, 2022「Ukraine Is the Latest Neocon Disaster」(URL https://www.jeffsachs.org/newspaper-articles/m6rb2a5tskpcxzesjk8hzf96zh7w7)
(注16)「PNAC-Statement of Principles」(URL https://www.rrojasdatabank.info/pfpc/PNAC--statement%20of%20principles.pdf)
(注17) September 4, 2016「Paul Wolfowitz」(URL https://militarist-monitor.org/profile/paul-wolfowitz/)

ディック・チェイニー（国防長官）
エリオット・コーエン（国防政策立案スタッフ）
ポーラ・ドブリアンスキー（米国情報局政策計画局次官補）
フランシス・フクヤマ（国務省政策企画本部スタッフ）○
ザルメイ・ハリルザド（国防次官補）
ルイス・ルビー（国防次官補）
ダン・クエール（副大統領）
ピーター・ロッドマン（国家安全保障担当大統領特別補佐官）
ステファン・ローゼン（国家安全保障会議スタッフ）○
ヘンリー・ローウェン（国防次官補）
ドナルド・ラムズフェルド（中東特使）○
ポール・ウォルフォウィッツ（国防次官）

上記以外にも、ネオコンの歴史を語る上で欠かせない誕生初期の理論的指導者であるロバート・ケーガンの父の前述したロナルド・ケーガンやノーマン・ポドレッツが加わっている。後に大統領となるブッシュ（子）の弟のジェフ・ブッシュの名もある。ケーガンと共にＰＮＡＣの共同設立者であるクリストルは、ブッシュ（父）政権で副大統領主席補佐官を経験していた。

そしてＤＰＧ１９９２の内容に反発や抵抗感を示したような社会の姿勢が大きく変化していった時代

の動きを象徴するかのように、大統領選挙がすでに過熱し始めていた二〇〇〇年の五月、統合参謀本部は二一世紀を展望した戦略文書とされる『統合ビジョン２０２０（Joint Vision 2020）』[注18]を発表した。フロノイは作成に関与していないと思われるが、そこではＱＤＲ１９９７に登場していた「全領域にわたる兵力」（Full-Spectrum Force）、あるいは「全領域にわたる作戦」（full spectrum of military operations）という用語が「全領域支配」（Full-Spectrum Dominance）に発展し、全編に登場する。

「全領域支配」の野望

なお、ＱＤＲ１９９７が発表された前年の一九九六年に統合参謀本部が発表した『統合ビジョン２０１０（Joint Vision 2010）』[注19]にも「全領域支配」という用語が何カ所か使用されているが、「我々が軍に求めた21世紀における重要な特徴」という以上の解説はない。また『統合ビジョン２０１０』には「全領域支配を達成するのを可能にする」という記述があるが、そこでは「改善されたテクノロジーや活力にあふれ革新的な人材の活用」といった戦術レベルの理想像を羅列しているだけの傾向が否めない。

だが『統合ビジョン２０２０』になると、「米国は、全領域にわたる支配を達成するため、海外における軍事力の拠点と、全世界に緊急に軍事力を展開する能力を維持しなければならない」とか、「米国

（注18）（URL https://web.archive.org/web/20011104150814/http://www.dtic.mil/jv2020/jvpub2.htm）
（注19）（URL https://apps.dtic.mil/sti/pdfs/ADA311168.pdf）

のビジョンは、軍が全領域にわたる支配を可能にする統合された戦力でなければならないという見解に基づいている」といったように、明らかに具体的な戦略レベルの獲得目標として展開されている。

ちなみに、国防総省が二〇二一年一一月に刊行した『軍事及び関連用語辞典』には、なぜか「Full-Spectrum Dominance」という用語は見当たらない。代わって「Full-Spectrum Superiority」（全領域優越性）があり、「空、陸、海、宇宙領域、電磁スペクトル、情報環境（サイバースペースを含む）における支配力の累積効果であり、効果的な反対や禁止的な妨害なしに共同作戦を実施することを可能にする」[注20]と説明されている。

「全領域支配」も「全領域優越性」も同じ意味だろうが、要するに人間の行為が及ぶ地表や大気圏・大気圏外の空間、電子等の「全領域」に、相手の「反対」が無力化される圧倒的な「優越性」を確立することを意図している。軍もＤＰＧ１９９２やＱＤＲ１９９７で示された一極支配を実現するという意図を、ここで公表しているのに等しい。

さらに「統合ビジョン２０２０」が発表された四カ月後の二〇〇〇年九月、ＰＮＡＣはその主張を集大成した著名な提言文書『米国防衛の再構築　新世紀に向けた戦略、兵力、資源（Rebuilding America's Defenses: Strategy, Forces and Resources for a New Century）』[注21]を発表した。

主要執筆者はネオコン有数の軍事理論家で一九九〇年代に下院軍事委員会の職員だったトーマス・ドネリーで、ロバート・ケーガンとＰＮＡＣの事務局長だったゲイリー・シュミットが刊行の共同議長となっていた。さらに作成にあたってのミーティングに一回以上参加した者の名前が二七人記されているが、そこにはＤＰＧ１９９２作成に関わったウォルフォウィッツやリビーが登場していた。

序文では、ＰＮＡＣが「一九九八年春に米国の国防計画と必要資源を検討するプロジェクトを開始した」と紹介した上で、ＤＰＧ１９９２を「米国の優位性を維持し、大国の台頭を防ぎ、米国の原則と利益に沿った国際安全保障秩序を形成するための青写真」と評価。それを基に、自身の「プロジェクト」を「構築した」と説明している。

さらに「世界的なライバルに直面していない」という「有利な立場を可能な限り将来にわたって維持し、拡大することを目指す」としながら、「グローバルな安全保障秩序の擁護者としての役割」に必要な「世界的に卓越した軍事力」が、国防予算の横ばい、減少傾向によって損なわれていると批判している。

官と民の両側の動きから「ブッシュ・ドクトリン」へ

当然ながら『米国防衛の再構築』はＤＰＧ１９９２と類似しており、「民主主義的平和を確保して拡大し、新たな競争相手となる大国の勃興を抑止し、欧州・東アジア・東欧という死活的に重要な地域を防衛する」といった諸目的を列挙。それを裏付けるものとして、従来の予算レベルを超えた大軍拡と陸海空・海兵隊の四軍の軍事力強化、そしてサイバー空間と宇宙空間での圧倒的なテクノロジーによる制

（注20）「DOD Dictionary of Military and Associated Terms」（URL https://irp.fas.org/doddir/dod/dictionary.pdf）
（注21）（URL http://web.archive.org/web/20070808162833/http://newamericancentury.org/RebuildingAmericasDefenses.pdf）

覇を、細かい予算見積もりを伴って提起している。

後になってPNACのこの文書が、『統合ビジョン2020』で示された「全領域にわたる支配」を理論的に裏付けたものという評価を与えられるに至ったのも当然だろう。

振り返れば、DPG1992を作成した勢力がネオコンのPNACとして再編された一九九七年に、DPG1992の再登場といえるフロノイのQDRが公表された。次に統合参謀本部が「全領域にわたる支配」を内容とする「統合ビジョン2020」を発表した二〇〇〇年に、PNACが同じように「全領域にわたる支配」を軍事政策として発表した『米国防衛の再構築』を刊行したことになる。

冷戦終結後の米国の戦略を先取りするものとしてまずDPG1992があり、それが公的にQDR1997―「統合ビジョン2020」へと発展した。同時に並行して民間ではDPG1992の理念がPNACの「諸原則の声明」―『米国防衛の再構築』に引き継がれ、二〇〇一年になってネオコンが主要閣僚を占めたブッシュ（子）政権の発足によって、それぞれの流れが一体化したという構図だろう。そして最終的にDPG1992は「九・一一事件」以降、「ブッシュ・ドクトリン」として完成を見ることになる。

この時代、米国は「対テロ戦争」と称して一気に中央アジアや中東で攻勢的な軍事行動を展開し、冷戦終結直後の「平和の配当」が語られた時代の残滓を最終的に消滅させる。こうした一九九〇年代から二一世紀へと向かう米国の戦略再編の動きを、フロノイとネオコンはそれぞれ異なる場で担っていたといえよう。

ネオコンの関連人物の情報と文書、資料に関しインターネットサイトで最大の分量を誇る「The

Militarist Monitor」でも、次のように解説されている。

「二〇〇一年の九・一一事件後に、かつてDPG1992の内容を推進しようとし、今や国防総省と副大統領府で勤務する人々によって、このDPG1992は息を吹き返した。とりわけブッシュ政権が二〇〇二年に公開版の『国家安全保障戦略』を発表した際には、DPG1992と新たに出現した〝ブッシュ・ドクトリン〟との多くの類似点に人々は気付かされた。とりわけ、先制攻撃を呼びかけた点であった(注22)」

二〇〇二年九月二〇日に発表されたブッシュ政権の「国家安全保障戦略」では、「米国の敵による敵対的な行為を未然に防ぎ、阻止するためには、必要ならば先制的に行動するだろう」と宣言されている。この記述は、DPG1992に登場する「(国際的に)共同の行動がまとまって取れないのなら、米国は独立して行動する態勢を取るべきである」という表現と酷似していよう。また、「国益を守るためならあらゆる手段を行使するし、必要があれば一方的な軍事力行使も含む」と明記したQDR1997にも通ずる。

ネオコンとの差別化が困難なフロノイ

二〇〇三年のイラク戦争を正当化する口実にもされたこの「先制攻撃」論は、米国内外で少なからぬ

(注22)(注5)と同。

批判を巻き起こしたが、民主党系と目された論客で早くから賛同の意思を表明したうちの一人がフロノイであったのは偶然ではない。フロノイは国防総省を辞してCSISの上級顧問となっていた二〇〇二年に、『ワシントン・ポスト』六月一〇日付の記事で、次のように報じられている。

「現在CSISにいる元国防総省の核拡散問題専門家のミシェル・フロノイは、米国が効果的であるためには敵の武器庫を破壊する目的で、危機が勃発する前に先制的に攻撃する必要があると語った。さもないと敵対国は、それらの兵器を守るための防衛を構築することもできるし、単にばら撒くこともできると言う。

そしてフロノイは、テロリストを支援する国々の間で化学・生物・核兵器が拡散していることを考えると、先制攻撃のドクトリンに移行することに賛成であると述べた。彼女は、この政策は一連の悪い選択肢の中で最良のものを提供するかもしれない、と述べた。『ある場合においては、敵対国の（大量破壊兵器を）保有する能力に対する先制攻撃は、米国に対する破滅的攻撃を回避するための最良の、あるいは唯一のオプションかもしれない』と語った[注23]」

こうした主張には、当時のブッシュ（子）政権、あるいはネオコンのそれと比べていかなる違いも見出せない。その一方で、フロノイが国防次官補時代にPNACあるいはネオコンと接点を有していた形跡は乏しい。

ただフロノイがCSISの上級顧問だった二〇〇五年六月二八日に、PNACが上下両院の民主・共和党の主要議員と下院議長に提出した「地上兵力の増強に関する議会への書簡」の賛同者にフロノイの名前がある。そこには他のネオコンを中心にした三三人と共に、アフガニスタン・イラク両戦争での停滞した戦況を反映して、陸軍と海兵隊計二万五〇〇〇人の毎年の増員を要求していた。

またフロノイは二〇一四年九月、『ワシントン・ポスト』に国務省のキャリア官僚出身ながらネオコンと目されているタカ派のエリック・エーデルマンと共著で、一〇年間で裁量的経費の歳出上限額を設定した「二〇一一年予算管理法」による軍事費削減が「国防戦略を達成できなくなる高いリスク」をもたらしていると批判するオピニオン記事を掲載した。(注24) そこでは「強固で即応性のある軍隊の確保」と並んで「米国の継続的な軍事的優位性を守る重要な能力への投資」を、強く求めていた。

エーデルマンはブッシュ（子）政権最後の国防次官で、オバマ政権発足で国防次官となったフロノイの前任者にあたる。PNACが解体に追い込まれた後、ケーガンやクリストルらが二〇〇九年に再び立ち上げたシンクタンクの外交政策イニシアチブ（Foreign Policy Initiative, FPI）の創立時の理事であった。そのようなエーデルマンと連名で軍事費の増大を要求したことは、フロノイとネオコンとの親和性、あるいは一体性を象徴していたかもしれない。

（注23） Thomas E.Ricks Vernon Loeb「Bush Developing Military Policy Of Striking First」（URL https://www.washingtonpost.com/archive/politics/2002/06/10/bush-developing-military-policy-of-striking-first/53c4dd6d-7c82-4fc5-b345-4b0b53e59afd/）

（注24） September 19, 2014「Cuts to defense spending are hurting our national security」（URL https://www.washingtonpost.com/opinions/cuts-to-us-military-spending-are-hurting-our-national-security/2014/09/18/6db9600c-3abf-11e4-9c9f-ebb47272e40e_story.html）

際立つ「慎重さや自制」の欠如

言い換えれば過去も現在も、フロノイとネオコンの間に思想的、政策的な一線を画するのは困難だ。一部ではフロノイについて「強力な防衛を主張するが、(米軍の)対外活動についてはそれほど攻撃的ではない中道派」(注25)などと評したり、フロノイの「国家安全保障に対するアプローチを特徴付けている」のは「プラグマティズム」(注26)などと記す論者もいるが、これとは異なる見解もある。

米国の主流派の政治専門インターネットサイト「THE HILL」では、「フロノイの外交政策の歴史は、慎重さや自制の証拠をほとんど示していない。彼女のリーダーシップは米国の軍事介入を長引かせ、中国との壊滅的な紛争に我々を近づける可能性が高い」(注27)と指摘されている。「慎重さや自制」の欠如はネオコンにとって批判を免れない特徴でもあるが、フロノイがそれと無縁であると断定するのは困難ではないか。

フロノイは、ヒラリー・クリントンに代表される民主党系の「リベラル介入主義」に位置づけられることもあるが、ネオコンとの差別化は難しいだろう。著名な国際政治学者で「ハーバード・ケネディスクール」教授のスティーブン・ウォルトは、「ネオコンとリベラル介入主義の知的な違い」について、「唯一重要なのは、ネオコンは国際機関(彼らは米国のパワーを制約するものと考えている)を軽蔑し、後者は国際機関を米国の支配を正当化する有用な手段と見なしていることだ」と指摘。さらに両者は「米国の力、とりわけ軍事力は国家運営の非常に効果的な手段になりうると信じている」(注28)点で共通していると述べている。フロノイがネオコンか、あるいは「リベラル介入主義か」を論じても、意味は薄いはずだ。

当然ながら、フロノイはイラク戦争も基本的に支持する立場であった。一九八九年に創立された民主党右派系のシンクタンクで、ＰＮＡＣと主張が重なる部分が多い進歩的政策研究所（Progressive Policy Institute）が二〇一三年一〇月に発表した戦略提言書『進歩的国際主義　民主的国家安全保障戦略（PROGRESSIVE INTERNATIONALISM　A Democratic National Security Strategy）』に、フロノイはキャンベルら計一五人の著者の一人として登場。そこではブッシュ（子）政権を「軍事力を主要な外交政策手段としてあまりに重きを置き過ぎた」と批判しながら、次のようにアフガニスタン戦争に加えイラク戦争への支持が表明されている。

「我々は、イラクにおけるサダム・フセインの有害な政権の追い出しという目的を支持する。なぜならば（イラクを）封じ込めるという過去の政策は失敗し、フセインが国内の残忍な目にあっていた国民と同様に米国にとっても脅威であり、フセインの露骨な一〇年以上にわたる国連安全保障理事会決議へ

（注25）序章（注2）と同。
（注26）序章（注19）と同。
（注27）Bonnie Kristian November 30,2020「Michèle Flournoy would undermine Biden's best plans for defense」（URL https://thehill.com/opinion/national-security/528019-michele-flournoy-would-undermine-bidens-best-plans-for-defense/）
（注28）March 21,2011「What intervention in Libya tells us about the neocon-liberal alliance」（URL https://foreignpolicy.com/2011/03/21/what-intervention-in-libya-tells-us-about-the-neocon-liberal-alliance/）

の反抗は、集団安全保障と国際法の両方を損なっていたからだ(注29)」

ちなみに進歩的政策研究所の所長のウィル・マーシャルは、長年民主党内のタカ派として影響力を発揮し続けている。二〇〇二年一一月にロバート・ケーガンらPNACの主要メンバーが立ち上げ、イラク戦争を最初から支持し、推進した「イラク解放委員会(Committee for the Liberation of Iraq)」のメンバーでもあった。同「委員会」は「超党派」を標榜し、民主党上院議員(当時)の故ジョセフ・リーバーマンら民主党の他のタカ派も加わっていた。マーシャルやリーバーマンの主張・政策はネオコンと区別するのが困難で、その意味ではネオコンは常に「超党派」的性格を有している。

「九・一一事件」の予兆

民主党内にはイラク戦争に関して進歩的政策研究所の主張に同意しない人々も少なくないだろうが、いずれにせよブッシュ(子)政権が誕生する前年までに、「米国の原則と利益に沿った国際安全保障秩序を形成する」ための政策的、あるいは理念的な転換に向けた基盤は、すでに準備されていたように思える。客観的に見て、フロノイがケーガンらネオコンと共にそうした準備の一端を担う役割を担っていたのは疑いない。もしフロノイが「中道派」や「プラグマティズム」の体現者であったら、そうした役割とは無関係だったのではないか。

なおフロノイは二〇〇〇年にいったん国防総省を退職してCSISに移っているが、経歴ではその前におそらく出向を命じられて「国防大学(National Defense University, NDU)」の国家戦略研究所で著名なリサーチ・プロフェッサーを務め、同大学で新たな四年ごとの国防見直し（QDR）作業部会を設立し、それを率いた（注30）」とされている。

これはQDR2001のことで、NDUの出版部が二〇〇一年四月にフロノイの編集で同作業部会の報告書である『QDR2001 米国の国家安全保障に向けた戦略主導の選択（QDR2001 STRATEGY-DRIVEN CHOICES FOR AMERICA'S SECURITY）（注31）』を刊行している。同書ではCSISの上級顧問という肩書になっているフロノイの解説によると、「国防総省の外部にある小グループが、独立した公平な機関として問題点を特定し、選択肢を開発する」という趣旨で、一九九九年九月から二〇〇〇年一二月まで作業が実施されたという。

計三八八ページに及ぶ長大な文量で、一三章あるうちフロノイが共著で三章、単著で三章の計六章を執筆しており、フロノイの力の入れ方がうかがわれる。当然ながら米国の安全保障環境を激変させた「九・一一事件」には一切触れられておらず、「対テロ」に関しての言及も乏しいが、フロノイが執筆した第一章「序文」には、「米国の世界における特殊な地位や一部の地域における反米感情の高まり、そして米国本土を脅かしかねない非対称的脅威の出現は、米国が国土の安全を当然視できないことを意味

（注29）（URL http://web.archive.org/web/20120501125721/http://www.dlc.org/documents/Progressive_Internationalism_1003.pdf）
（注30）（URL https://womensmediacenter.com/shesource/expert/michele-flournoy）
（注31）（URL https://apps.dtic.mil/sti/citations/ADA430963）

する」と、この事件を予期していたかのような記述があるのには驚かされる。

さらに、「国土の安全保障は近年、防衛議論の片隅から中心的な舞台へと移ってきた」と強調。今後の課題として「国土に対する攻撃を抑止し、防ぎ、対応するため、軍事作戦・活動として国土防衛の軍事的任務を定義し」、「本土ミサイル防衛（NMD）や重要施設の防御、対テロ活動」等の統合を課題として挙げている。「九・一一事件」の教訓から二〇〇二年一一月に新たに創立された国土安全保障省の構想が、すでに提示されているかのようだ。

この箇所からフロノイが、二一世紀の開始時期に何かの米国本土に対する攻撃を予期していたかのような印象を持たれるかもしれない。しかもPNACの二〇〇〇年の『米国防衛の再構築』にも、以下のように破局的事態を予期したような記述がある。

「（現状の不十分な軍事態勢是正のための）変革のプロセスは、たとえ革命的な変化をもたらすとしても、新たな真珠湾攻撃のような壊滅的で触媒的な出来事（some catastrophic and catalyzing event）がない限り、長いものになる可能性が高い」

この箇所を、「九・一一事件」と関連があるかのように読み取る論者も珍しくない。少なくとも、DPG1992で示されたような安全保障国家像を現実に近づけようと試みる勢力にとって、何かの「ショック療法」的な出来事の発生は、深層心理における願望として存在していたのかもしれない。そしてそれは願望に終わることはなく、二一世紀に入った直後に再び「戦争の世紀」と呼ばれた前世紀の延長に等しい時代を到来させることになる。

第二章　シンクタンクCNASの内幕

フロノイは国防大学を退職した後、大統領選挙で民主党のアル・ゴアが共和党のブッシュ（子）に敗れた二〇〇〇年にCSISに転職し、数年間上級顧問を務めた。なぜ民間の世界に移ったかについて本人は詳しく語っていないが、シンクタンクの存在に意義を見い出したようだ。

フロノイによれば、それは「（国防総省の）内部で行うのが困難」で、「地平線を見渡し」、「今から一年後、五年後、一〇年後にやってくるが、我々が十分な注意を払っていない、または準備していない」出来事に関する「長期的視点」を提供する機能もあるとする。(注1)

CSISでは、二〇〇〇年の三月三一日までクリントン政権の国防副長官だった「ジョン・ハムレの下で働いた(注2)」という。前出のハムレは二〇〇〇年一月にCSISの社長兼CEOに就任しており、国防総省での在職期間と重複するが、フロノイはハムレの引きでCSISに移ったのかもしれない。そこに

（注1）　序章（注5）と同。
（注2）　序章（注5）と同。

在職したのは「素晴らしい経験だった」ようだが、フロノイはさらに次のステップアップを用意していた。CSISの対外交流部門である「ヘンリー・キッシンジャー・チェア」には、フロノイの盟友のカート・キャンベルが当時勤務していた。フロノイは「ワシントンにはさらに別のシンクタンクが必要だという クレージーな考えを（キャンベルと）思いつきました。ほとんどの人たちが私たちの頭がおかしいと考え、やる気をなくそうとしましたが、私たちは粘り強く取り組み、その結果がCNASでした（注3）」と回想している。

CNASは二〇〇七年にフロノイとキャンベルを共同創立者として誕生するが、二人はそれを「二年以内にワシントンで最も影響力のある国防シンクタンクに変えた（注4）」という評価を受けることになる。お株を取られた形のCSISのハムレは、「彼らは献身的な民主党員で、選挙が近づく中、もっと積極的な役割を果たしたいと考えていた。そしてこの新しい場で、それができると考えていた（注5）」と証言している。

翌二〇〇八年はブッシュ（子）政権の八年間が終わる大統領選挙があり、ネオコンが支援した故ジョン・マケインを破ってバラク・オバマが勝利した。そして創立からわずか「二年」後のオバマ政権発足時にCNASは「超党派」（bipartisan）を標榜しながらも、国防次官となったフロノイや国務次官補（アジア・太平洋問題担当）となったキャンベルら一四人もの関係者を新政権に送り込み、ワシントンの住民を驚かせた。

ちなみに、現バイデン政権が二〇二一年一月に発足した時点で、閣僚・スタッフに移ったCNASの関係者は過去の在籍者を含め一六人に及び、この人数は他のシンクタンクの追随を許さない。そして民

ワシントンのシンクタンク・CNASのスタッフら。(CNASのHPより)

主党政権との一体性が、現在もCNASの影響力と知名度に貢献している。

CNASは創立当初から、クリントン政権の残影が濃かったのは否めない。理事には民主党外交関係者の大御所である元国務長官のオルブライトや元国防長官のウィリアム・ペリー、元大統領首席補佐官のジョン・ポデスタらがいた。そして二〇〇七年六月二七日に開催されたCNASの第一回フォーラムで基調講演に立ったのは、当時オバマと民主党内で大統領候補の指名を争っていたヒラリー・クリントンだった。

必要とされた民主党系シンクタンク

このため『ニューヨーク・タイムズ』は、CNASについて「極度にヒラリー・クリントンの大統領キャンペーンに向けた影の政策

(注3) 序章(注5)と同。
(注4) 序章(注5)と同。
(注5) 序章(注1)と同。

機関のように見える」(注6)と報じている。実際、ポデスタは二〇一六年の大統領選挙におけるヒラリー陣営の最高責任者となるほどヒラリーの側近中の側近として知られ、オルブライトもヒラリーの師匠筋にあたる。ただCNAS側は「超党派」の建前から『ニューヨーク・タイムズ』の報道に対し、共和党のブッシュ（子）政権の国務副長官だったリチャード・アーミテージも理事にいると反論している。

CNASが「超党派」かどうかは別にして、それが民主党内の事情から誕生した経過がある。そこで動いたのは、ポデスタであった。オバマ第一期政権の内幕を追ったジャーナリストのジェームス・マンの秀作『ジ・オバミアンズ（The Obamians: The Struggle Inside the White House to Redefine American Power）』（二〇一三年刊）によると、ポデスタは民主党にとって共和党系のヘリテージ財団やネオコンの影響力が強いアメリカン・エンタープライズ研究所に匹敵するような軍事・外交政策に寄与するシンクタンクの必要性を痛感。二〇〇三年に、自身が社長兼CEOとなって米国進歩センター（Center for American Progress, CAP）という現存するシンクタンクを立ち上げた。だがCAPは当初、軍を軽視したり不信感を隠さない民主党内の左派寄りの姿勢を代表していたため、ポデスタは失望するようになる。以下、『ジ・オバミアンズ』からの抜粋だ。

「ブッシュ政権の一期目に、フロノイとキャンベルは規模が大きく防衛政策の主流派であるワシントンのシンクタンクのCSISにいた。CSISは政府を最近退職した元官僚にとっては天国であり、将来政府で働きたいと希望する者にとっては出発点でもあった。だがCSISはそこで働く者に対し、政治的活動への厳しい制限を課した。フロノイとキャンベルはこうした制限をじれったく感じ、ポデスタに何か新しいことをしようと話した。

ポデスタは後年に、『国の方向をめぐるバトルと思えたが、二人はＣＳＩＳ内で消耗していた』と語る。『彼らは、民主党の政策担当者や大統領候補者に採用されるような議論の手助けになるプログラムを作り出すことができなかった』。ポデスタは国防総省出身で、主流派の防衛エキスパートのフロノイとキャンベルに、民主党が安全保障問題に弱いという繰り返される批判を撃ち破るために支援するよう求めた」

「ポデスタは当初、フロノイとキャンベルに自身が創立したＣＡＰに来てくれるよう頼んだ。しかし二人はそれとは別のシンクタンクを運営したいと望み、ポデスタも折れた。……ポデスタの励ましと指導のもとに、フロノイとキャンベルは軍事・安全保障問題に特化したＣＮＡＳを設立した。ＣＮＡＳは軍隊の体験者や国防総省での勤務経験者、そしてその分野の用語に長け、研究や内部の運営に詳しい者を採用した。……フロノイとキャンベルの指導の下、ＣＮＡＳは次期民主党政権のための政策作成と人材養成に専念した」

民主党内の左派、反戦派の封じ込め役

なお軍事ジャーナリストのネイサン・ホッジは、ＣＮＡＳが設立されるにあたって慈善基金団体の

（注６） Patrick Healy「New Center Has Lots of Clinton Ties」（URL https://archive.nytimes.com/thecaucus.blogs.nytimes.com/2007/06/27/new-center-has-lots-of-clinton-ties/）

「マッカーサー基金（MacArthur Foundation）」とコンピューターのヒューレット・パッカード社の創立者の名を冠した助成財団「ヒューレット財団（The William and Flora Hewlett Foundation）」、さらに「核兵器の拡散・使用の防止」を掲げた「プラウシェアズ基金（Plowshares Fund）」から支援を受けたとしているが、同時に最初から軍事関連の企業との関係が密であった事実も明らかにしている。

「CNASは軍事産業からも多大な支援を受けた。寄付者のリストにはボーイング、ロッキード・マーティン、ゼネラル・ダイナミクス、レイセオン、BAEシステムズなどの大手兵器メーカーが含まれていた。また、イージス・ディフェンス・サービスのような民間警備会社や、イラクとアフガニスタンでのサービスに対して国防総省に高額な請求をしたことで悪名高い後方支援請負業者であるKBRからも寄付を受けていた(注7)」

誕生後にCNASは、「民主党の軍事と防衛問題に関する有力なアイデア工房となった(注8)」と評価されるようになり、オバマ政権内の影響力も強めていく。だがフロノイは、大統領となるオバマとは親和性を有してはいなかった。もともとフロノイはCSISの仕事の傍ら、「ヒラリー・クリントンのための影の国家安全保障会議（NSC）を設立するのを期待してCNASを立ち上げた(注9)」という。

当時の民主党は、「対テロ戦争」を引き起こしたブッシュ政権に代わる新たな外交政策を打ち出す必要性があったが、内部には対立が生じていた。クリントン政権時代の副大統領アル・ゴアのシニアスピーチライターで、二〇〇九年から二〇一二年までオバマ政権の行政管理予算局の広報・戦略計画担当アソシエイトディレクター及び上級顧問を務めたケネス・ベアは、それは「世界において米国が果たすべき役割が拡大されるべきか、あるいは限定的な役割にすべきか」という「大きな分かれ目(注10)」であったと解説する。

前者を主張したのが言うまでもなくフロノイやヒラリー・クリントンで、後者を選んだのが民主党内のイラク戦争に反対した「草の根」の運動参加者を始めとする左派であり、彼らが支持したオバマは不鮮明ながらも後者に属すると見られた。

結局ヒラリーは二〇〇八年の民主党の大統領候補指名争いで、タカ派色がより薄いオバマに敗れた。それでもフロノイやCNASは、オバマ支持とは一線を画していた。それを強く感じさせるのが、CNASが旗揚げした同じ日の二〇〇七年六月二七日に、フロノイとキャンベルが共同執筆して発表したこのシンクタンクの宣言文とも言える「遺産と進むべき道（The Inheritance and the Way Forward）[注11]」に他ならない。

（注7） March 17, 2010「The Nation: Who Drives The Think Tanks?」（URL https://www.npr.org/templates/story/story.php?storyId=124760902）

（注8） Maha Hamdan November 27, 2014「Meet The Influential Woman Who Could Lead The Pentagon」（URL https://www.linkedin.com/pulse/20141126170709-72008449-meet-the-influential-woman-who-could-lead-the-pentagon/）

（注9） Kelley Beaucar Vlahos July 7, 2020「Michele Flournoy: Queen of the Blob」（URL https://www.theamericanconservative.com/michele-flournoy-queen-of-the-blob/）

（注10） Jason Horowitz August 15, 2007「Hot Policy Wonks For The Democrats」（URL https://observer.com/2007/08/hot-policy-wonks-for-the-democrats-the-new-realists/）

（注11） （URL https://www.cnas.org/publications/reports/the-inheritance-and-the-way-forward）

内容は大統領選挙を翌年に控え、二期目が終わりに近づいていたブッシュ（子）政権を「イスラム原理主義者によって及ぼされる脅威の長期的な性格について、正しく注目した」と評価しながら、民主党政権の登場を念頭にしつつ次のように提唱している。

「次期大統領は、より賢明でより厳選された関与を受け入れるため、イラク戦争後に感じるかもしれない新孤立主義の唱道を拒否するよう、国民と議会の代表者を説得せねばならない。国民の歴史とパワー（経済的、軍事的、文化的な）は、この国に世界で唯一の役割をもたらした。米国は国際社会で傑出したリーダーであったし、これからもそうだろうが、グローバル化した世界でもしこの役割を果たさなければ、我々の利害を防衛し、促進することはできなくなる」

つまりこの文書は、アフガン・イラク両戦争の膠着化による国民の厭戦気運が増大しつつあった時期に、「イラク戦争後に軍事力を行使することへの国内外での懐疑論が、次期大統領に米軍投入を極度に困難にさせる」(注12)のを回避するのみならず、米軍そのものの「再強化」を促すのが主眼になっている。CNASは出発点から対外介入の強化を打ち出しており、「遺産と進むべき道」は当然ながらオバマと比較して「リベラル介入主義」の傾向が強烈なヒラリーの選挙運動と、その後の大統領就任を念頭に置いていた。

シンクタンクと軍事企業からの献金

このため、前出の「ハーバード・ケネディスクール」教授のウォルトは、米国主流派の安全保障観を批判した著書『善意の地獄（The Hell of Good Intentions: America's Foreign Policy Elite and the Decline of U.S. Primacy）』で、CNASは「民主党が国家安全保障問題で〝軟弱〟（soft）だという認識に対抗する目的で、外交・軍事政策ではより筋肉質で親軍隊的であるという評価をもたらすために」結成されたと記述している。

おそらく二〇〇八年の大統領選挙でのオバマの勝利に、ブッシュ（子）政権の「対テロ戦争」に反対した民主党内の「草の根」の市民や左派が貢献したのは疑いない。だがCNASは、「遺産と進むべき道」が示したように党内で「国家安全保障問題で〝軟弱〟」な勢力が伸長するのを阻止する役割を発揮した。言い換えれば、CNASは「オバマを大統領選挙戦で掲げた反戦の立場から遠ざけることに貢献した」（注13）という見方もできたであろう。

フロノイは国防次官に就任した二〇〇九年二月にいったんCNASから離れるが、ウォルトは、同書で結成後のCNASを「ロッキード・マーチンといった国防総省と契約している巨大軍事企業から献金を受けながら、国防総省のかつてのそして将来の高官と軍の退職幹部に率いられ、米国の対外介入を強力に推進することに尽力している」と酷評。そして「米国の世界的役割へのいかなる重要な修正にも遠慮なく反対している」と、その「リベラル介入主義」としての本質を強調した。

（注12）（注11）と同。
（注13）Branko Marcetic October 7, 2019「Meet the Hawkish Liberal Think Tank Powering the Kamala Harris Campaign」（URL https://inthesetimes.com/article/Center-New-American-Security-CNAS-Kamala-Harris-foreign-policy-2020）

実際に「リベラル介入主義」が、「巨大軍事企業から」の「献金」と結びついているのは否定できない。米国でシンクタンクを論じる上で欠かせない軍事企業との癒着という問題は、CNASにおいても顕著だ。

近年の主流派のシンクタンクの研究で優れた成果を誇る軍事企業からの献金を受けないシンクタンク・国際政策センター（CIP）は二〇二〇年一〇月に、報告書『米国政府とトップから五〇の国防総省契約企業がシンクタンクに献金している（U.S. GOVERNMENT AND DEFENSE CONTRACTOR FUNDING OF AMERICA'S TOP 50 THINK TANKS）（注14）』を刊行した。それによると、主要なシンクタンクは以下のように利益相反という問題が常につきまとっている。

「政府と国防総省の契約企業からの少なくとも一〇億ドルの献金が米国のシンクタンクに流入している。……米国政府で最も多く献金しているのは、国防総省と空軍、陸軍、国土安全保障省、そして国務省だ」

「国防総省の契約企業のうち最も多くシンクタンクに献金しているのは、ノースロップ・グラマン、レイセオン・テクノロジーズ（注＝現ＲＴＸコーポレーション）、ボーイング、ロッキード・マーチン、そしてエアバスである」

国防総省であれ軍であれ、あるいはそれと契約している軍事企業にせよ、自分たちの意思や利害に反するような「国家安全保障政策を展開する」組織に、これだけの額を献金しなければならない理由はない。つまりシンクタンクが、自分たちの思惑・利益に貢献してくれるがゆえの献金であるはずだ。

「シンクタンクは長い間、米国の公共政策を形成する上で決定的な役割を果たしてきた。ワシントンの事情に疎い大半の国民は、シンクタンクとは何であり、何をしているかについてほとんど理解してはいない。シンクタンクは公共的政策について深い次元でリサーチを主導し、法律の作成に助力し、議会で証言し、日々の政治的問題に関するメディアの有力な情報源となっており、将来の政府高官になるための踏み切り台としても機能し、元政府高官に自身の見解を表明する伝達手段を提供している」

「直接公共の政策を作り、選挙結果に影響を与えるのと同様に、シンクタンクは政府の政策に対する国民世論を形成する上で広範な役割を演じている。CNNやフォックス・ニュースといったテレビでその日の最も差し迫った政治的問題を論じる専門家の多くは、シンクタンクに勤務している。『ニューヨーク・タイムズ』や『ワシントン・ポスト』のオピニオン・ページは、シンクタンクの専門家たちの思索で溢れている。……要するにシンクタンクは、公共の政策に関する公的議論を導く上でのエンジンなのだ（注15）」

目立つCNASへの献金額の多さ

そのため、シンクタンクの影響力にある種の危うさがつきまとうのも確かだろう。ジャーナリスト

（注14）（URL https://3ba8a190-62da-4c98-86d2-893079d87083.usrfiles.com/ugd/3ba8a1_318530ca605142e68e653d93b5ad698f.pdf）
（注15）（注13）と同。

で、ニューヨーク市立大学クレイグ・ニューマーク・ジャーナリズム大学院教授（ジャーナリズム学）のピーター・ベイナートが強調するように「米国のメディアはしばしば（シンクタンクの）外交専門家に対し、彼らの見解によって利益を得る企業や政府からの献金を公開するのを求めないまま、そうした見解を表明する場を提供している。献金の問題を公開しないままでは、軍産複合体が見えない形で政治的影響力を振るえるようにし、進歩派勢力がそれに対抗するのを困難にしてしまう」(注16)からだ。

それゆえ、シンクタンクの「専門家」は、透明性が十分に確保されているとは言い難い資金を提供する側の意図を、発言する内容に反映させているのではないかという疑念を常に生む。特にCNASに関しては、資金力を誇るがゆえになおさらだ。

CIPの報告書によれば、二〇一四年から二〇一九年にかけて各シンクタンクが国防総省を始めとする政府機関や国防関連企業から集めたとされる資金額で見ると、以下の順番になる。（ ）内は創立年。

- RAND研究所（一九四六年）　一二億九一一〇万ドル
- CNAS（二〇〇七年）　八九四万六〇〇〇ドル
- 大西洋評議会（一九六一年）　八六九万七〇〇〇ドル
- 新米国研究機構（一九九九年）　七二八万三八二八ドル
- ジャーマン・マーシャル財団（一九七二年）　六五九万九九九九ドル
- CSIS（一九六二年）　五〇四万ドル
- 外交問題評議会（一九二一年）　二五九万ドル

・ブルッキングス研究所（一九一六年）　二四八万五〇〇〇ドル
・ヘリテージ財団（一九七三年）　一三七万五〇〇〇ドル
・スティムソン・センター（一九八九年）　一三四万三七五三ドル

一見してRAND研究所が並外れているが、同研究所は、空軍として分離する前の米国陸軍の航空部門が創立した経緯から国家の関係が密接で、資金の大半が政府機関から寄せられる。例えば国防総省や他の政府機関（三億九一七二万ドル）、空軍（二億八一四〇万ドル）、陸軍（二億四五八八万ドル）、国土安全保障省（一億一一〇〇万ドル）といった具合で、同じシンクタンクといっても別格と見なされよう。

つまりRAND研究所を除けば、主要シンクタンクで唯一の二一世紀に創立された新参者で、比較的小規模なCNASが、外交問題評議会やブルッキングス研究所といった「老舗」を凌駕する献金額の多さを誇る。それは、ワシントンでの影響力の賜物かもしれない。しかも、特定の軍事企業の依存の高さが目立つ。

「CNASへの献金者のトップはノースロップ・グラマン（一三六万ドル）で、次がボーイング（九六万ドル）、国防総省（六〇万ドル）の順だ。大半の献金は政府と国防総省契約企業から寄せられているが、二〇一九年に限るとうち半分の収入が、ロッキード・マーチン、ボーイング、ゼネラル・ダイナミクス、

（注16） Peter Beinart November 1, 2021「What the Media Doesn't Tell You about American Foreign Policy」（URL https://peterbeinart.substack.com/p/what-the-media-doesnt-tell-you-about）

ノースロップ・グラマン、レイセオン・テクノロジーズという軍事企業のトップ五社によるものだ。

ＣＮＡＳは、国防総省契約企業からの献金額の多さ（他のあらゆるシンクタンクよりそこからの献金が多い）と、二十数社という献金を受けたこれらの企業の幅の広さの両方で有名である」（注17）

ＣＮＡＳの「説明責任の重大な欠如」

軍産複合体の民間分析機関として名高い「回転ドア・プロジェクト（REVOLING DOOR PROJECT）」が二〇二一年二月、ＣＮＡＳに特化して発表した報告書『軍産シンクタンク複合体　ＣＮＡＳの利益相反（The Military-Industrial-Think Tank Complex　Conflicts of Interest at the Center for a New American Security）』（注18）は、その実態を様々の角度から分析して「ＣＮＡＳが多岐にわたる倫理上の問題を引き起こしているワシントンのシンクタンクの中で特別の存在ではない」としながらも、「政治的腐敗の深刻な懸念を際立たせている」と、以下のように結論付けている。

「もしＣＮＡＳがうまく政策決定者に影響を与えることができれば、ＣＮＡＳは効果的に軍事産業と関連業者に対する新たな需要を呼び起こす。その結果、ＣＮＡＳへの献金者を富ませ、ＣＮＡＳのようなシンクタンク産業に資金を投入する追加の財源を与えることになり、かくして軍事優先主義の資金の循環が生み出される」

「キャンベルやフロノイらＣＮＡＳの幹部は、『顕著な国家安全保障と防衛のための支出増大』を要求している。彼らがそのような主張をするのは、単に国防総省の契約企業からカネがもらえるからだという見方は違うのかもしれないが、そのような可能性と、国防総省の契約企業はキャンベルやフロノイらがそう主張しているからカネを支払っているにすぎないという別の可能性とを区別するのは、困難だ」

「二〇年以上にわたるCNASの行動は、よく言っても説明責任の重大な欠如を示唆している。最悪の場合、それは CNASがスポンサーの利益を促進するという、システム的に腐敗した取り決めを示唆している。CNASは、純粋に公共の利益のために活動していると主張しながらも、組織的に献金者の利益を促進するという腐敗したやり方を示している」

まさに「軍産複合体」ならぬ「軍産シンクタンク複合体」というネーミングにふさわしいが、フロノイやCNASがいかに国家安全保障の議論を重ねようが、それは巨大な利益相反の疑念を生み続ける。CIAの諜報員出身ながら、米国の外交政策への辛辣な批判で知られているコラムニストのフィリップ・ジェラルディも「シンクタンクが軍事支出を増やす理由を考え出し、実際に政策を推進・実行する政府関係者に『専門家』の支援を提供している」と強調。「一方で国防総省契約業者は、巨額の恩恵を受けてシンクタンクに資金をキックバックし、シンクタンクは軍事調達にさらに多くを費やす新たな理由を生み出す」(注19)とその利益相反の構造を指摘しているが、CNASはその典型だろう。

(注17)(注13)と同。

(注18)(URL https://therevolvingdoorproject.org/wp-content/uploads/2021/02/2021-02-CNAS-Heinz-and-Jung.pdf)

(注19)May 19, 2016「Clinton's Hawk-in-Waiting」(URL https://www.theamericanconservative.com/clintons-hawk-in-waiting/)

また、問題は軍事企業だけに留まらない。二〇二〇年に提出された国防総省の予算を一〇パーセント削減するという国防権限法（NDAA）修正案が議会での投票直前の同年七月九日に、CNASはHPで「大国間の競争への投資　二〇二一年度国防予算要求の分析」(注20)と題した報告書を発表した。

内容は①「中国とロシアの接近阻止／領域拒否（A2／AD）能力に対処するために、米国の軍事態勢は分散化され……強化する必要がある」②「統合軍（注＝陸海空軍と海兵隊を一つにした戦闘単位）は戦い方を共同で訓練する必要がある。現在の共同演習は、中国やロシアとの紛争に向けて米軍が備えるべき高度な共同準備を提供するには不十分である可能性が高い」③「基礎研究や人工知能などの先端技術といった未来への投資はいまだ遅れている」――といった「重大な欠陥」をあげ、国防予算の削減ではなく増額を求めていた。

巨額献金者のリスト

これについては、「CNASは国防総省から巨額の資金提供を受けており、たとえば二〇一六年は五〇万ドルであった。したがってCNASには、巨額の国防予算を称賛するかなり強いインセンティブがある」(注21)といった指摘が絶えない。逆に軍縮を主張するようなシンクタンクに、国防総省が資金提供する「インセンティブ」は無きに等しいだろう。

CNASが直近の国防総省及び同省と契約している軍事関連企業からの献金については、自身が公表しているリスト(注22)から知ることができる。以下は、二〇二二年一〇月一日から二〇二三年九月三〇日までの献金者だ。（　）内はリストに掲載された法人、団体、個人等の総数を示す。なお軍事関連企業は、国防総省と契約している上位一〇〇社に限った。

・五〇万ドル以上（四）

ノースロップ・グラマン

国防総省空軍概念・開発管理（SAF／CDM）商業・経済分析室（OCEA）

・二五万ドルから四九万九九九九ドル（六。注＝軍事関連はなし。なお筆頭は在米日本大使館）

・一〇万ドルから二四万九九九九ドル（二九）

ロッキード・マーチン

ゼネラル・アトミックス（注＝会長・CEOのニール・ブルー名義）

（注20）Susanna V. Blume　Molly Parrish「Investing in Great-Power Competition Analysis of the Fiscal Year 2021 Defense Budget Request」（URL https://www.cnas.org/publications/reports/investing-in-great-power-competition）

（注21）Salome Packkoria　Ben Freeman July 30, 2020「How DC think tanks cash in on the ever increasing Pentagon budget」（URL https://responsiblestatecraft.org/2020/07/30/how-dc-think-tanks-cash-in-on-the-ever-increasing-pentagon-budget/）

（注22）「Contributions from October 1, 2022 to September 30, 2023」（URL https://www.cnas.org/support-cnas/cnas-supporters）

RTXコーポレーション（旧レイセオン・テクノロジーズ）
国防総省国防脅威軽減局
国防総省米欧州軍ロシア戦略イニシアティブ（アリオン・アンド・サイエンス・テクノロジー経由）
• 五万ドルから九万九九九九ドル（一一）
BAEシステムズ
ブーズ・アレン・ハミルトン・ホールディング（注＝国防総省のコンサルタント業務）
ボーイング
国防総省国防長官室ネット評価局
国防総省欧州軍ロシア戦略イニシアチブ（ハンティントン・インガルス・インダストリーズ経由）
米国エネルギー省国家安全保障局サバンナリバー国立研究所（ロンジェネッカー・アンド・アソシエーツ経由）
• 二万五〇〇〇ドルから四万九九九九ドル（三八）
ゼネラル・ダイナミックス
L3ハリス・テクノロジーズ

注目すべきはCNASへの献金に占めるノースロップ・グラマンの圧倒的な額だ。前出のCIPの報告書には、二〇一四年から二〇一五年にかけて、各シンクタンクへの献金総額で、上位五社の国防総省契約企業が掲載されている。それによるとここでもノースロップ・グラマン（四五五万一一五二ドル）、レイセオン・テクノロジーズ（一八三万ドル）、ボーイング（一七四万六〇七五ドル）、ロッキード・マーチン

（二六七万ドル）、エアバス（二一四万ドル）の順で、ノースロップ・グラマンが飛び抜けて高額になっていた。そして「一二三六万ドルというノースロップ・グラマンの全献金額の半分以上が、CNASだけに注ぎ込まれている」（注23）という事実は、注目に値しよう。のみならずノースロップ・グラマンとの関係では、CNASの利益相反の証明と見なされるような事例も存在する。

ノースロップ・グラマンとの「特別な関係」

ノースロップ・グラマンは現在、同社のステルス型戦略爆撃機B－2の後継機であるB－21を開発中で、二〇二五年の運用開始を目指している。最先端のテクノロジーが凝縮されたB－21の情報のほとんどは現在も軍事機密扱いだが、CNASのHPに二〇一八年八月、「米国の隙間を埋める　遠距離貫通打撃（FILLING THE SEAMS IN U.S.　LONG-RANGE PENETRATING STRIKE）」（注24）と題した、B－21が登場する長い論文が掲載された。

著者はCNASの元上級研究員で、CNASの「国防戦略と評価プログラム」の責任者だったジェリー・ヘンドリックス。原子力空母の乗務も経験した海軍将校出身で、現在の空母を中核とした海軍戦略に関する代表的な理論家の一人だ。この論文については、前出の「回転ドア・プロジェクト」の『軍

（注23）（注14）と同。
（注24）（URL https://www.cnas.org/publications/reports/filling-the-seams-in-u-s-long-range-penetrating-strike）

産シンクタンク複合体　ＣＮＡＳの利益相反』が以下のような指摘をしている。

「空軍は今のところ、Ｂ－21の一〇〇機購入を計画しているが、ヘンドリックスは『これらの投資では到底十分とは言えない』と論じ、他の兵器を新たに購入することと合わせ、軍が『購入計画を五〇機から七五機追加する』ことから利益を得るだろうと提言した。この論文のどこにも、Ｂ－21の製造メーカーが、当時のＣＮＡＳへの最高献金者であるノースロップ・グラマンである事実は明らかにされてはいないが、実際は、二〇一〇年代の同社のシンクタンクへの献金額の大半がＣＮＡＳに流れた」

「二〇一九年に、空軍はＢ－21の一機当たりのコストが約六億五六〇〇万ドルになるだろうと計画していた。もし空軍がＣＮＡＳの購入にあたり五〇〜七五機を追加するようにとの提言を採用したら、ＣＮＡＳの最大の献金者にとって三二八億ドルから四九二億ドルの増収になるのを意味する。……ＣＮＡＳの報告書が、空軍にＢ－21の買収を少し拡大させるよう説得するのにいささかでも役立つのなら、ノースロップ・グラマンはＣＮＡＳへの献金からうまく利益を得るはずだ」(注25)

同じような指摘は、前出のＣＩＰの報告書にも見られるが、現在まで空軍がＢ－21の購入機数を増大させる計画はない。またヘンドリックスの論文全体から見ると、Ｂ－21の関連記述が占める割合は微々たるものだ。論文の趣旨は、「米国が超大国として留まりたかったら、進化した敵の防衛力を前にして突破と長距離打撃任務を実行する能力の再増強が必要になるだろう」として、空母打撃群を中心とした海・空の戦力増強を提言している。

ヘンドリックスによれば、「冷戦終結後、米軍は望む場所に進軍し、空海陸における支配を確立し、課せられた戦略的任務を遂行できた」という。にもかかわらず、ここ二〇年間、中国やロシア、イランといった「敵」が「国境から米軍を押し戻し、政権打倒を強制して実現する米軍の戦闘力を限定させるのを追求して、接近阻止・領域拒否能力に投資している」ため、「支配を確立」するのが容易ではなくなったとする。そこではB－21の購入増は、「再増強」の一部だけを占めているに過ぎない。

ただ、それでもノースロップ・グラマンの献金額から、CNASの利益相反を考察するのは不正確な試みではないだろう。二〇一一年にノースロップ・グラマンの系列会社を母体に設立された米国最大の軍用艦メーカーであるハンティントン・インガルス・インダストリーズは、ノースロップ・グラマン時代から引き継いだものも含め米海軍の艦艇の七割を建造するという圧倒的シェアを誇り、当然ながらノースロップ・グラマンと資本提携している。

ハンティントン・インガルス・インダストリーズが現在建造しているのは、最新鋭のジェラルド・フォード級空母やアメリカ級強襲揚陸艦、サン・アントニオ級ドック型輸送揚陸艦、バージニア級攻撃型原子力潜水艦等今後の米海軍の中核を担う艦船だが、ノースロップ・グラマンにとっては、ヘンドリックスのような海軍力拡張の主張は何よりも歓迎すべきであるに違いない。また、CNASのサイトに掲示されている二〇二〇年一〇月一日から二〇二一年九月三〇日までの支援者リストには、ハンティントン・インガルス・インダストリーズが、一〇万ドルから二四万九九九九ドルまでの額を献金した計三一の企業や公的機関、個人らの中に含まれている。

（注25）（注18）と同。

誰の利害を反映しているのか

このようなCNASの利益相反については、二〇〇九年に上院議会で問題にされた経過がある。共同設立者のキャンベルがオバマ政権で国務次官補に任命された際の上院外交委員会での承認公聴会で、同委員会議長のジム・ウェッブからCNASが「国防総省と契約企業から多額の献金を受けている」と問われた。これに対しキャンベルは、「（献金を受けた企業の）武器システムは語らない。代わりに我々は、高度なレベルでの安全保障に関連した政策の問題を語っている。……我々は明確な一線を維持している。我々の出版物や公の声明に、これらの企業が手掛けたものについて触れているものはない（注26）」と弁明している。

おそらくキャンベルの証言は、それほど現実から乖離してはいない。CNASが特に個々の兵器やシステムについて、国防関連企業の意に沿う言及をしたり、評価したような事例は乏しいからだ。

だが、それでもCNASがそうした企業から献金を受け、「事実に元づいた分析」だけに留まらない生臭さを漂わせているのは、「フロノイのタカ派的な提言がこの数年間、彼女の活動に献金する多くの国防総省契約企業の何社かを必然的に助けることになる国防総省の支出増額要求と、時として結びついている（注27）」という理由による。かつ、CNASが多くの現・元在籍者を閣僚やスタッフとした政権内に送り込む実績があれば、なおさらであるに違いない。

無論、フロノイにとってもそうした批判を招きかねない点は百も承知のはずだ。フロノイは二〇一四年一〇月一四日に、マサチューセッツ州のタフツ大学のフレッチャー・スクールが主催した「シンクタンクを考える」というテーマのシンポジウムに出席した際、「すべてのシンクタンクへの献金者には、意図があります。彼らは何らかの理由があるから、献金するのです。そして、シンクタンクを運営するにあたり確認しなければならないことは、そうした意図に関連したバイアスが分析に入り込んだり、分析を制約したりしないようにすることです[注28]」と発言している。

だがシンクタンクの大半は学術団体ではなく、恒常的に献金が入らなければ行き詰まる。献金者は自身の「意図」に反するような発表をするシンクタンクに献金はしない以上、シンクタンク側が献金者の「意図」に合わせようとする習性、あるいは作為が、意識的か無意識的にか身に付いていても不思議ではない。

前述の『軍産シンクタンク複合体　CNASの利益相反』の共同執筆者の一人で、米国ではリベラル派に属するシンクタンクである経済政策センター（Center for Economic and Policy Research, CEPR）の研究員だったブレット・ヘインズは、「CNASの立場と、献金者の間の一線は曖昧だ」としながら、「フロノイらのような積極的対外介入主義者の見解は、巨大国防関連企業の利益優先の狙いに心地よく適合し、

（注26）（注18）と同。
（注27）Robert Wright Connor Echols December 1, 2020「Grading candidates for Biden's foreign policy team: Michèle Flournoy」（URL https://nonzero.org/post/grading-michele-flournoy）
（注28）「The Ideas Industry 2014: Thinking About Think Tanks - Keynote and Welcome」（URL https://www.youtube.com/watch?v=Q0pJvGfvR3o）

そうした企業の多くは政府からの契約や、緩やかな規制を実現しようとうまく立ち回っている(注29)」と観察している。

国防総省との公然たる癒着

さらに国際政治学者でウェストポイントを卒業した元陸軍大佐ながら、息子が戦死したイフク戦争を始めとする、米軍の対外行動に批判的なボストン大学フレデリック・S・パルディー・グローバルスタディーズスクール名誉教授のアンドリュー・ベースヴィッチも、同じ見解だ。

ベースヴィッチはフロノイが二〇二〇年に外交誌『フォーリン・アフェアーズ』の六月一八日付に発表した「アジアにおける戦争を防ぐには(How to Prevent a War in Asia)」と題した論文に登場する「米国は曖昧さなしで永久に地上最強の軍事国家であり続けた場合にのみ、安全であるのが可能となる」という記述を「驚くべき主張」だと指摘。さらにフロノイが提案する中国への軍事的優越のための「軍備増強」は「連邦予算の赤字が数兆ドルに達しない限り、実現不可能である」と強調しながら、その反面「国家安全保障に関わるエスタブリッシュメントの上層部や、軍産複合体全体には、彼女の主張は好感をもって受け止められるだろう。兵器製造メーカーも大喜びするに違いない(注30)」と皮肉を込めながら結論付けている。

前述のCNASで執筆したヘンドリックスにも共通することだが、米軍が世界中で「望む場所に進軍し、空海陸における支配を確立し」て、「敵」が自国周辺の「接近阻止・領海拒否」の防衛能力を強化するのさえも許容しないような、ひたすら軍事的優位性を追求することが正当化されたならば、果てしなく軍事費を増加させ続けるしかない。当然、これこそは軍事企業にとって何よりも歓迎すべき事態となるだろう。

無論、こうした事情は前述したように国防総省も同じだ。同省は様々な名目の「研究」の外注という形でいくつかの有力シンクタンクに献金しており、CNASも例外ではない。

政府と利益団体間の資金の流れがどのように公共政策に影響を与えるかについて長年調査を続けているジャーナリストのリー・ファンは、二〇二一年七月二〇日の下院軍事委員会公聴会におけるCNASの上級研究員スタシ・ペティジョンの証言を重視。「（ペティジョンは）戦術兵器の先端により多く予算を投入し、中国との対決に使用される兵器により力を入れるよう迫ったが、少なくとも国防総省からCNASは一一〇万ドルを受領している。CNASの広報官であるシャイ・コーマンはEメールで『当センターは完全な知的独立性を維持しており、ウェッブサイトに政府資金を受け取っているのを明記している』と回答したが、具体的にどのようなCNASの研究プロジェクトが国防総省から資金援助を受けているのかについては、回答しなかった[注31]」と記述している。

（注29） February 22, 2020「American primacy on the menu for big industry donors at CNAS」（URL https://responsiblestatecraft.org/2021/02/22/american-primacy-on-the-menu-for-big-industry-donors-at-cnas/）

（注30） September 15, 2020「The China Conundrum: Deterrence as Dominance」（URL https://prospect.org/world/china-conundrum-deterrence-as-dominance/）

しかも国防関連企業のみならず、自国の政府に加え、ＣＮＡＳは外国の政府との間でも利益相反の問題を引き起こしている。特に注目されたケースは、アラブ首長国連邦（ＵＡＥ）だ。

二〇一七年六月、「Global Leaks」と名乗るハッカー集団が、「ワシントンで最も影響力のある大使」という異名をとるＵＡＥの駐米大使ユセフ・アル・オタイバのＥメールの私信数点を、複数のメディアに送付した。そのうちの一通はフロノイが二〇一六年七月一二日付でＵＡＥ大使館に出した請求書で、軍事用無人機の輸出管理に関連した「ミサイル技術管理レジーム」（Missile Technology Control Regime, MTCR）と呼ばれる法的制度についての論文の代価として、二五万ドルを支払うよう求めている。

ＵＡＥの代理人として何をしたのか

このＭＴＣＲは米英両国や独仏等の先進七カ国が一九八七年、ミサイルと無人機、及びその技術、部品、装置、関連機器等の輸出の自主規制を各国内で実施する取り決めを交わしたもの。現在三五カ国が加わっている。オバマ政権はＭＴＣＲを盾にとってＵＡＥへの攻撃型無人機輸出に消極的であったため、ＭＴＣＲの規制を回避するための方策を記した論文をオタイバはＣＮＡＳに求めた。フロノイはこれを了承し、前述のようにこの請求書をワシントンのＵＡＥ大使館に送った。その後は、以下のような経過をたどった模様だ。

「二〇一七年二月、ゴールデンベルク（注＝ＣＮＡＳの当時の中東安全保障プログラムの責任者で、元上級研究員のイアン・ゴールデンベルク。フロノイの国防次官当時の中東問題担当特別顧問）はＥメールで、ＭＴＣＲについて研究した論文をオタイバに送信した。オタイバは論文をＵＡＥの政府・軍の何人かの高官レベルで回覧させた。五月にオタイバは、論文についてこの湾岸の独裁国家が攻撃型無人機を入手する計画を前に進める上で有益だと称賛するＥメールをフロノイとゴールデンベルクに送り、『感謝する』と書いた。『論文は、問題を解決する正しい方向に進めてくれるだろう。（攻撃型無人機の）メーカー側も、同様の結論を求めているので、このレポートによって彼らの主張が再確認されるかもしれない[注32]』」と書いている。

さらに二〇一七年六月になって、ＣＮＡＳは五人の研究員の連名で、無人機の輸出規制を批判した「無人機の拡散　トランプ政権の政策の選択（DRONE PROLIFERATION Policy Choices for the Trump Administration）」を発表した。趣旨は「米国が無人機の輸出に躊躇しているのは、明らかに国益に反する[注33]」というもので、ＵＡＥにとって好都合であったのは言うまでもない。

「この『無人機の拡散』は、いくつかの国が無人機を手に入れるため、代わって中国に関心を向けつつあると断言している。ＵＡＥは、無人機の売却を拒否された幾つかの国のリストにあり、中国になびいている。この文書の明らかな目的は、トランプ政権に規制に関して圧力を加えようというものであった」

（注31）Lee Fang. September 15 2021「INTELLIGENCE CONTRACT FUNNELED TO PRO-WAR THINK TANK ESTABLISHMENT」（URL https://theintercept.com/2021/09/15/pentagon-funding-think-tanks/）

（注32）Zaid Jilani　Alex Emmons　July 30, 2017「HACKED EMAILS SHOW UAE BUILDING CLOSE RELATIONSHIP WITH D.C. THINK TANKS THAT PUSH ITS AGENDA」（URL https://theintercept.com/2017/07/30/uae-yousef-otaiba-cnas-american-progress-michele-flournoy-drone/）

（注33）（URL http://drones.cnas.org/reports/drone-proliferation/）

「CNASに質問したところ、広報担当のニール・ウルウィッツは、CNASがUAEの高官に個人用の論文を提供して二五万ドル受け取った事実を認めた。ニールは『この研究は、無人機の拡散方針に関するCNASのすでに進行中のプロジェクトを支援するものだ』とも付け加えた。ウルウィッツは、研究員の各自の見解が示されており、オタイバに渡した論文も『無人機の拡散』も、CNASの知的独立と言う方針に従っており、その方針とはCNASの研究員は『知的独立と、寄付金によってすべてあるいは一部賄われた研究成果について完全な管理権を維持する』というものだ(注34)」

ウルウィッツによれば、CNASのサイトにUAEからの献金が表示されているというが、トランプ政権は二〇二〇年八月にUAEへの武器売却への意向を明らかにし、トランプが敗れた大統領選挙の投票が終わって間もない二〇二〇年一一月一〇日、UAEに最新鋭ステルス戦闘機F35と共に一八機の攻撃型無人機MQ－9Bを約二三四億ドルで売却することを決定した。UAEは二〇一五年以降、サウジアラビアと共にイエメンの内戦に介入し、無差別空爆で多数の非戦闘員を殺傷していると批判を浴びており、このため二〇一九年六月に上院、翌七月には下院がUAEとサウジアラビアへの武器売却を禁止する決議案を可決したが、トランプが拒否権を発動して売却に踏み切った。またバイデン政権も、二〇二一年四月に売却を継続する意向示している。

軍事企業の役員が「顧問委員会」に

UAEにとって念願であったMQ－9Bの製造メーカーは、米ジェネラル・アトミックス・エアロノーティカル・システムズだ。同社のＣＥＯ兼会長であるニール・ブルーは、二〇一九年一〇月一日から二〇二〇年九月三〇日までのＣＮＡＳの献金リストで大口に当たる二五万ドルから四九万九九九九ドルの間の献金者に別の三団体と並び、個人として含まれている。

明らかにＣＮＡＳへの献金は無駄にはならなかったはずだが、しかもブルーはＣＮＡＳの「顧問委員会（Board of Advisor）」の一人でもある。

こうした背景のもと、ＵＡＥがＭＱ－９Ｂを購入できるまでＣＮＡＳがどこまで役割を果たしたのか検証の余地はある。しかし少なくともブルーの存在は、ＣＮＡＳが主張する「知的独立」や「完全な管理権」だけで、現在の地位を得たのではないという事実を示唆しているようにも思える。

この「顧問委員会」は、ＣＮＡＳの説明では「研究発展に積極的に貢献し、研究成果を拡大する」役割を担い、「ＣＮＡＳで生み出される知的パワーに定期的に関与する」というメンバーで構成されている。前出の「回転ドア・プロジェクト」の『軍産シンクタンク複合体　ＣＮＡＳの利益相反』によると、メンバーの三八人（注＝二〇二四年三月段階で五一人に増大）の七割以上が「ＣＮＡＳの主要財務スポンサーのいずれかに勤務する者、ＣＮＡＳの複数の寄付者の代表者、及び自身が大口の個人寄付者」だという。

そのうち、ブルーのように軍事企業の業界団体である「全米国防産業協会」の有力加盟社の関係者が、現在は他にもレイセオン・テクノロジーズ（現ＴＲＸコーポレーション）や、ハンティントン・インガ

（注34）（注27）と同。

ルス・インダストリーズ等何人かいるが、あとはハイテクや投資、ベンチャー関連を中心に多様な顔ぶれとなっている。学識者は極端に少ない。「研究発展」よりも、むしろ国防総省とのビジネスに関心がありそうな層を意識的に集めているのを感じさせる。

当然ながら、CNASが抱える利益相反の問題は、それを創設したフロノイ個人と無関係ではないはずだ。フロノイの軍事に関連した主張が仮に理論的整合性を備えているように見えたとしても、その内容が献金者である軍事企業の意向に沿う限り自分自身の利益につながるという意識と、完全に無縁であり得るだろうか。フロノイの「リベラル介入主義」や、米軍の軍事力の絶え間ない優越性確保の要求は予算の拡大をもたらし、国防総省と契約した軍事企業の利益に直結する以上、「見返り」を意識しないとは考えにくい。しかもフロノイはアカデミズムの世界で生きているのではない。

CNASは利益相反という問題を質されると、いつも広報担当から「すべての研究に関して知的独立性のポリシーを厳守している」という常套句が返ってくる。しかし軍事企業や国防総省から「独立」した研究ばかりだと、たちまち献金が期待薄となり、経営的にも好ましくない結果になるだろう。

主流派メディアの「大物記者」を抱える

英『ガーディアン』紙元特派員のジャーナリストで、二〇一五年に進歩派の米誌『カレント・アフェアズ（CURRENT AFFAIRS）』を創刊した米国のネイサン・ロビンソンも、「企業が資金を提供するシンクタンクは独立した存在ではありえない」と指摘。「CNASのスタッフの仕事は巨大兵器産業の財務的利益を損なうような研究をしないことにかかっている」のであり、「軍拡競争が減速しないようにできることは何でもやるつもりで、何でもやるしかない」軍事企業にしてみると、自身の意図に反したシンクタンクに献金しないのは職業上の「義務」でもあると説く。(注35)

ロビンソンの指摘は的外れではないだろうが、CNASのあからさまな利益相反は、メディアで取り上げられる機会が乏しいように思われる。その要因としては、他の主なシンクタンクではあまり例がない有力紙の記者と関係を結ぶ「ライターズ・イン・レジデンス（Writers in Residence）」という制度と無縁ではないだろう。

この制度は、CNASのHPによれば「米国のトップクラスの国家安全保障および国防ジャーナリストに、センターのあらゆるリソースと専門知識の恩恵を受けながら、長編書籍のプロジェクトを完了する機会を提供(注36)」するというもの。在籍しているのは九人で、『ニューヨーク・タイムズ』が四人、『ワシントン・ポスト』が四人で、もう一人は『フォーリン・ポリシー』誌だ。

そこには、共にイラク戦争で「大量破壊兵器」疑惑を煽った『ニューヨーク・タイムズ』のデービッド・サンガーやエリック・シュミットといった、東部マスメディア業界の「顔」ともいえる大物もいる。

（注35） February 12, 2021「The Insidious Influence of the Arms Industry on Foreign Policy」（URL https://www.currentaffairs.org/2021/02/the-insidious-influence-of-the-arms-industry-on-foreign-policy）

（注36） （URL https://www.cnas.org/visiting-fellows/writers-in-residence）

前出の軍事ジャーナリストのネイサン・ホッジによると、これらの記者は書籍又は長文の記事の執筆のために「一人あたり五〇〇〇ドルの旅費とオフィススペース」が与えられるだけだが、「CNASの給与計算表にジャーナリストを組み入れるのは影響力にとって極めて重要であり、CNASが中立的で超党派の機関であるというお墨付きを与えている」（注37）という。

フロノイはこうしたワシントンで最も名高いとされるメディアの大物記者たちと連携することで、「影響力」の増大を狙ったのかもしれない。少なくとも「大手軍事企業やそれと癒着した国防総省からの献金による運営」という、シンクタンク固有の利益相反が問題化されにくくしているという効果はあるだろう。だがそれは、米国政府と軍事企業、メディア、そしてシンクタンクが実質的に一体化した「軍産複合体」以上の影響力を持つ構造を明示している。同時に米国の対外政策に関し、現在の対ロシア、対中国政策に見られるように異論や代替案が出される余地が狭められている現状とも無縁ではないだろう。

だが、フロノイが利益相反という批判に敏感であった形跡は現在まで皆無に近い。それどころかオバマ政権の国防次官を辞職してから、さらに利益相反の疑念が持たれるビジネスに次々と手を染めていくようになる。それは同時に、フロノイの「軍事専門家」としての言説に疑念が持たれる理由ともなるはずだった。

（注37）（注7）と同。

第三章　ロシアとの戦いへの道

ヴィクトリア・ヌーランドは一九八四年に国務省に入省後、東アジア太平洋局に配属され、一九八五年には中国の広州で勤務した。次に結婚した翌年の一九八八年、モンゴルのウランバートルに最初の米国大使館の開設業務で短期間赴任。続いて同年から一九九〇年まで国務省のソ連デスクに戻り、一九九一年から一九九三年までモスクワの米国大使館に勤務し、同年から一九九六年まで国務副長官ストローブ・タルボットの首席補佐官を経験した。

一九九三年一月に大統領に就任したビル・クリントンの盟友として、ソ連崩壊後の米国の対ロシア政策に大きな力をふるったタルボットと仕事を共にしたことは、ヌーランドの対ロシア強硬派としての姿勢に少なからず影響を与えたと思われる。イェール大学でロシア文学を学んだタルボットは以降、ヌーランドの個人的な支援者になるが、その経歴については序章で紹介した『ニューヨーク・タイムズ』の記事で触れられている。

「(留学先の英国オックスフォード大学で) タルボットは気まぐれで社交的なジョージタウン大学の卒業生のビル・クリントンと同室になった。タルボットはロシアへの関心を持ち続け、(ソ連時代の詩人の) マヤコフスキーに関する修士論文を書き、ニキータ・フルシチョフの回想録を翻訳し、その後『タイム』誌の外国特派員、そして最終的にコラムニストになった」

「タルボットは『タイム』誌で軍備管理と緊張緩和の美徳を定期的に称賛していたが、より熱心な冷戦戦士たちからは軽蔑されていた。クリントンが大統領に選出されると、タルボットはクリントンが最も差し迫った外交上の懸案であると信じていた、ロシアをヨーロッパの東端で米国にとって優しい実現可能な民主主義国家に変えることについて、昔のルームメイトにアドバイスするようになった」

「タルボットの在任中、米国は（ソ連が崩壊した）一九九一年以降の時代で最も重要な外交政策の一つを選択した。それはNATOを東方に拡大し、最初は旧ワルシャワ条約機構加盟国に、次に旧ソ連の旧共和国に拡大するという決定だった。……一九九三年と一九九四年当時、国務省と国防総省の大部分は拡大反対の立場をとり、共産主義崩壊後の困難な時期にロシアを不必要に敵視することになり、不当であると主張した。タルボットは最初拡大に抵抗したが、すぐにクリントン大統領と合意に達した(注1)」

以降タルボットは、それまでのリベラル的な立場を変え、急速に反ロシアの「戦士」になっていく。上司としてのタルボットのそうした姿勢に、ヌーランドが感化されなかったとは考えにくい。なお、ヌーランドは二〇一七年のトランプ政権発足に伴って国務省を辞職後、短期間だがタルボットが所長をしていたブルッキングス研究所の非常勤研究員となった。夫のロバート・ケーガンも、現在ブルッキングスの上級研究員だ。

ジャーナリストで、ネオコンの「対テロ戦争」前後の動向を追った三部構成のドキュメンタリーフィルム「とても重いアジェンダ（A Very Heavy Agenda）」のクリエーターであるロビー・マーティンは、ロシアの衛星放送スプートニクの国際版が放映した二〇二一年一〇月一二日のインタビュー番組で、次のように述べている。

「ヴィクトリア・ヌーランドはワシントンの外交政策機構における極めてタカ派で攻撃的な一派を代表しており、その歴史は冷戦戦士ストロボ・タルボットの下で働いていた……最初の任命にまで遡る。彼らは過去二五年間、米国とロシアの緊張を高めることに焦点を当ててきた。クリントン時代のロシア強硬派のこのグループは、ボリス・エリツィンを支援した後、冷戦後のロシアの自治をまったく信じていなかった。彼らの目から見て、米国は常にロシアを『鎖につないで』いる必要があったのだ（注2）」

「史上最強の副大統領」に仕える

ヌーランドはその後、老舗のシンクタンクの外交問題評議会への出向（一九九六年～一九九七年）、国務省の旧ソ連問題担当副局長（一九九七年～一九九九年）、ブリュッセルのNATO本部の米国副常任代表（二〇〇〇年～二〇〇三年）を経て、二〇〇三年七月にブッシュ（子）政権の副大統領ディック・チェイニー

（注1）序章（注38）と同。

（注2）January 8, 2021「Biden's Choice of 'Hawkish' Victoria Nuland for State Department Position is Ominous, Analyst Warns」（URL https://sputnikglobe.com/20210108/bidens-choice-of-hawkish-victoria-nuland-for-state-department-position-is-ominous-analyst-warns-1081699138.html）

の国家安全保障担当首席補佐官に就任。順調にキャリアを重ねていくが、チェイニーの直属となった経歴はその後、夫のケーガンの存在とともにヌーランドが共和党を中心としたネオコンの系列に属すると見なされる主な要因となった。

例えば元大統領バラク・オバマの二期八年を通じ、国家安全保障担当副補佐官（戦略コミュニケーション及びスピーチ・ライティング担当）として仕えたベンジャミン・ローズは、同政権の内情を知る上で貴重な資料価値がある回想録『あるがままの世界（THE WORLD AS IT IS）』を残したが、そこではヌーランドを「タカ派の国務省職員で反ロシア、ディック・チェイニーの利口な元部下」と表現している。

チェイニーは「史上最強の副大統領」のイメージが強く、ブッシュ（子）政権内の主要な人事を制したネオコン勢力の頂点にいたため、一時までヌーランドといえばまず「チェイニーの部下」という記憶が残っていたのも無理はない。

しかもヌーランドが所属していた副大統領室（ＯＶＰ）は、チェイニーの側近中の側近で首席副大統領補佐官等を歴任したルイス・リビーがメンバーを人選して管轄。「前例のない異常な秘密性の高さ」を保ちながら、「チェイニーが集めた（ネオコンの）強硬派の信奉者軍団」が「チェイニーの目や耳として機能するのみならず、彼のイニシアチブに抵抗する官僚機構を監視する」（注3）機能も果たしたとされる。

ただ、ヌーランドが、チェイニーと密な関係性を有していたと見られても当然だろう。

ヌーランドがＯＶＰで具体的に何を手掛けていたのかを示す資料は少ないが、『ワシントン・ポスト』二〇〇七年一月一九日付には以下のような記述がある。

「ブッシュ政権の一期目に、ワシントンでＯＶＰとして知られる場所は、一種の安全保障問題担当のスタッフとして機能していた。そこではルイス・リビーが強力な首席補佐官であり、有能な外交問題のエキスパートをチェイニーの国家安全保障担当副大統領補佐官として採用した。それがエリック・エーデルマンと、ヴィクトリア・ヌーランドの二人だった(注4)」

ヌーランドの前任者のエーデルマンは、前述したように同じく国務省のキャリア外交官。冷戦期にはソ連問題局ソ連部長、モスクワの米国大使館対外政治部門責任者、ソ連・東欧担当国務次官補等の要職を経験したが、明らかにネオコンの潮流に属していた人物として知られる。

チェイニーにも信頼されていたようで、トルコ大使に任命されてOVPを離れた後、二〇〇五年にはイラク戦争前のエーデルマン自身も関与していた情報偽造工作で大きな役割を果たした、有力なネオコンの一員のダグラス・ファイスの後任として国防次官となった。ブッシュ(子)政権の任期切れまで在職したがオバマ政権になってからの後任がミシェル・フロノイであり、エーデルマンは、ポジションは異なってもヌーランドとフロノイの前任者となっている。

一方でこの時代のヌーランドについては、「現在のワシントンと主流派メディアが、過去三〇年間のあらゆる政策の中で最も戦略的に見当違いで、道徳的に不当だと見なしている政策、つまり米国のイラク侵略で重要な役割を演じた。……ヌーランドはチェイニーの腰に釘付けとなり、イラク戦争に関して

(注3) Gary Leupp April 20, 2006「Cheney, the Neocons and China」(URL https://www.counterpunch.org/2006/04/20/cheney-the-neocons-and-china/)
(注4) David Ignatius「Cheney's Enigmatic Influence」(URL https://www.washingtonpost.com/archive/opinions/2007/01/19/cheneys-enigmatic-influence/e58c2f5a-8914-419a-b8e9-b6b26124ad02/)

はチェイニーの重要なアドバイザーだった[注5]」といった記述がしばしば目につく。

イラク戦争に関与した可能性は薄い

だがヌーランドが補佐官に就任した二〇〇三年七月は、すでにその四カ月前からイラク戦争が始まっていた。ジョージ・ブッシュ（子）政権による例の「フセイン政権の大量破壊兵器保持」や「アルカイダとのつながり」といった偽情報の流布を始めとする「イラク戦争の提唱と実行」はとうに時期が過ぎており、「重要な役割を演じた」というのは正確とはいえないだろう。

チェイニー自身も「サダム・フセインが核兵器取得の努力を再開したことを我々は知っている。簡単に言えば、サダム・フセインが大量破壊兵器を保有していることは間違いない[注6]」といった発言を繰り返したが、実際に情報偽造の工作にあたったのは、国防総省の中に国防副長官のウォルフォイッツの発案で設置され、国防次官のファイスが統括していた「特別計画局」、及びその前身の「対テロ対策評価グループ」と称する、ほぼ全員がネオコンで占められた組織だった。ヌーランドが、そこに加わって「イラク戦争の提唱と実行」に動いた形跡は乏しい。

もっとも米国政府のHPによると、ヌーランドはこの時期「イラク、アフガニスタン、ウクライナ、レバノン、より拡大した中東における民主主義と安全保障の促進など、あらゆるグローバルな問題に取り組んだ[注7]」とある。このため、米軍の「侵略後のイラクの統治」や武装勢力の鎮圧作戦等に関与した可能性は否定できない。

ヌーランドはその後、国務省の広報官となった二〇一三年三月一四日の記者会見で、イラク戦争開戦一〇年にあたってのコメントを求められ、次のように答えている。

「今日の米国とイラクの関係への道は明らかに困難でしたが、私たちの継続的な努力を通じて、両国は今、戦略的に重要な二国間関係を築き上げました。それは引き続き私たちにとって最優先事項であり、イラクにとっても最優先事項です」

「サダム時代と比較すると、現在は二国間安全保障協定が結ばれており、深い経済的利益と結びつきがあり、安全保障関係があり、政治的関係もあります。両国は、我が国を現在の地位に到達させ、新たな章を開くために多大な犠牲を払ってきましたが、我々は長期的にイラクに貢献し、イラクの繁栄、統一と誠実さ、この地域における強力な民主主義としての能力に全力で取り組んでいます(注8)」

こうした見解は当時の、そして現政権の公式のものなのだろうが、少なくともイラク戦争の批判者

(注5) Ryan Delarme August 24, 2023「Deep State Spotlight: Victoria Nuland Why the High Priestess of the Security State Transcends Partisan Politics」(URL https://badlands.substack.com/p/deep-state-spotlight-victoria-nuland)

(注6) August 27, 2002「Full text of Dick Cheney's speech」(URL https://www.theguardian.com/world/2002/aug/27/usa.iraq)

(注7)「U.S. MISSION TO THE NORTH ATLANTIC TREATY ORGANIZATION」(URL https://nato.usmission.gov/Bio/Ambassador_Nuland.htm)

(注8) March 14, 2013「Victoria Nuland Spokesperson Daily Press Briefing」(URL https://2009-2017.state.gov/r/pa/prs/dpb/2013/03/206272.htm)

にとっては、戦争に費やしたコストが「今日の米国とイラクの関係」に見合うだけのものなのかどうか、疑問に思うかもしれない。

リアルポリティークの立場からイラク戦争に反対した前出のスティーブン・ウォルトは、『フォーリン・ポリシー』誌の二〇一四年六月二〇日付の「ネオコンであることは決して『ごめんなさい』と言う必要がないことを意味する」という皮肉を込めたタイトルの記事で、「ネオコンの（イラク戦争の）計画は米国に数兆ドルの被害を与え、数千人の米兵が死傷し、イラク等で大惨事と混乱を引き起こした」と批判。ネオコンの主張が無視されていれば「米国人は海外でもっと人気があり、国内ではもっと裕福になっていただろう。何十万人のイラク人も生きているだろうし、中東の情勢は恐らく多少は良くなっていただろう」として、「過去の失敗を考えるとネオコンがいかなる責任も免除されているように見えるのは、どう説明されるのか」（注9）と問うている。

偽情報を流し続けた夫のケーガン

ヌーランドの記者会見での発言は、こうした問いかけに回答できるものではなさそうだ。そして夫のケーガンについても、以下の事実がある。

「一九九八年以来、ケーガンはシリア、イラン、アフガニスタンでの軍事行動や、フセインとその政権を権力から排除する』ことを早くから強く主張してきた。一九九八年のイラク爆撃が発表された後、ケーガンは『イラク爆撃だけでは十分ではない』と述べ、クリントンに対しイラクに地上軍を派遣するよう求めた。二〇〇二年一月、ケーガンとクリストルは『ウィークリー・スタンダード』の記事で、サダム・フセインが『ハイジャック訓練用のボーイング７０７を完備し、非イラク人過激派イスラム教徒で満たされたイラクのテロリスト訓練キャンプの存在』を支持していると誤って主張した。ケーガンとクリストルはさらに九月一一日のハイジャック犯モハメド・アタが、攻撃の数カ月前にイラク情報当局者と面会していたと主張した。この主張は後に虚偽であることが判明した(注10)」

イラク戦争でこうした「虚偽」を流したのは、『ニューヨーク・タイムズ』や『ワシントン・ポスト』の記者らを筆頭に多数いたが、ケーガンについては、米国の高名なジャーナリストであるグレン・グリーンウォルドによる次のような辛辣な批判が向けられた。

「理性的な人間なら、ロバート・ケーガンの言うことなど信じるはずがない。彼はこの四年間、次から次へと虚偽の言葉を吐いてきた。それは彼と、彼の同志であり執筆パートナーでもあるビル・クリストルが米国の国民に売り込むため、他の誰よりもやったことだ(注11)」

またケーガンは、父親のドナルドや弟のフレドリックら他の四〇人のブッシュ（父）政権の関係者も

（注9）June 20, 2014「Being a Neocon Means Never Having to Say You're Sorry」（URL https://foreignpolicy.com/2014/06/20/being-a-neocon-means-never-having-to-say-youre-sorry/）

（注10）J.B. Angell April 24, 2023「Strange Diplomacy: Victoria "F*ck the EU" Nuland She's Lost 20% of Ukraine」（URL https://jamesburrillangell.substack.com/p/strange-diplomacy-victoria-fck-the）

（注11）Philp Weiss May 18, 2011「Bush/Obama: New State Dep't spokesperson has goldplated neocon pedigree」（URL https://mondoweiss.net/2011/05/bushobama-new-state-dept-spokesperson-has-goldplated-neocon-pedigree/）

含むネオコンと共に「九・一一事件」から九日後の二〇〇一年九月二〇日、「たとえイラクをテロと直接結びつける証拠がなかったとしても……サダム・フセインをイラクの権力から排除するための断固とした努力」(注12)として、戦争をブッシュに書簡で求めた。

この『ウィークリー・スタンダード』は、一九九五年から二〇一八年まで刊行されていたネオコンの実質的な機関誌。ケーガンの盟友であり、共同でPNACを一九九七年に創立したクリストルが、編集長を務めていた。ブッシュ（子）政権誕生を前後してワシントンではかなりの影響力を有していたことで知られ、イラク戦争のため捏造された偽情報を数多く流しながらその推進派として論陣を張った。

なお前述のようにPNACは創立時、「グローバルな責任を遂行し、軍備を近代化するためには、国防支出を大幅に増やす必要がある」、「民主的な同盟諸国との結びつきを強化し、米国の利益と価値観に敵対する政権に挑戦する必要がある」(注13)等の趣旨を盛り込んだ「諸原則の声明」を発表。ブッシュ（子）政権内のこれへの署名者にはチェイニーやリビー、ウォルフォウィッツのみならず、国防長官のドナルド・ラムズフェルドらを筆頭に、以下の主な要職を占めたメンバーが含まれていた（注＝政権内で就いた他の役職がある場合は割愛）。

エリオット・エイブラムス（大統領特別補佐官、国家安全保障会議上級部長）
エリオット・コーエン（国務省参事官）
ポーラ・ドブリアンスキー（国務次官）
アーロン・フリードバーグ（副大統領国家安全保障担当副補佐官）

ザルメイ・ハリルザド（国連大使）
ピーター・ロッドマン（国防次官補）

それだけ同政権でいかにネオコンの影響が強かったことを想像できるが、ここには含まれないがファイスら他の要職を占めたネオコンも少なくなかった。ロバート・ケーガンにとっては、念願のイラク戦争を推進するための「同志」が大勢いる政権は望ましい環境であったのは疑いない。ただ政権の中枢にいた妻のヌーランドとの提携があったのかどうかについては、現在までのところ不明だ。

ネオコンの真のロシアに対する意図

しかしヌーランドとチェイニーとの関係でより重視すべきは、ヨーロッパ、あるいは対ロシア政策ではないかと思われる。ヌーランドはイラクでの武装勢力との戦いが激化して米兵の死者が増えていたさなかの二〇〇五年七月に、女性として初のＮＡＴＯ大使（常駐代表）に指名され、チェイニーの前で宣誓式を執り行っている。ＮＡＴＯあるいはヨーロッパは、おそらくＯＶＰにいた時代においてすでに担当していた職務、分野だったのではないか。

（注12）（URL https://web.archive.org/web/20131018052135/http://www.newamericancentury.org/Bushletter.htm）
（注13）第1章（注16）と同。

チェイニーは二〇〇一年の「九・一一事件」後のアフガニスタンとイラクでの「対テロ戦争」で果たした役割が印象的だが、おそらくよりグローバルな視点から米国の一極支配戦略を構想していたのは間違いない。それをうかがわせる文献がある。政権内でチェイニーの最大の盟友だったドナルド・ラムズフェルドが国防長官を辞職し、二〇〇六年一二月にその後を引き継いだロバート・ゲイツは、二〇一五年に発表した回想録『義務（Duty: Memoirs of a Secretary at War）』でチェイニーを「冷静で、穏やかに話す人物」としながら、以下のような逸話を披露している。

「ソビエト連邦が一九九一年後半に崩壊した際、ディックはソビエト連邦やロシア帝国のみならず、ロシアそのものも崩壊するのを望んでいた。それによって、世界の他の国々にとってはもうロシアが脅威でなくなるからだ」

ゲイツはネオコンと違い、軍事力の行使には限界があるという認識を持つ「リアリスト」に属するとされ、異例にも「ソフトパワー」を重視して「国務省と対外援助の予算の大幅増額を求め、ロビー活動を行った最初の国防長官」[注14]であった。チェイニーが実行に移そうとしていたイランの核関連施設への攻撃計画も阻止したといわれ、ブッシュ（子）政権二期目後半のネオコンの凋落の大きな要因になった。そうした姿勢が評価されたのか、民主党の次期オバマ政権に移行した際に主要閣僚としてただ一人留任となった。

またゲイツは同書で、「ジョージアとウクライナをＮＡＴＯに加盟させようとするのは、本当に行き過ぎだった」「ロシア人が自国の重要な国益と考えているものを無謀に無視している」とも語っている。

さらに米国のジャーナリストのダイアナ・ジョンストンは、後にヌーランドの上司となるヒラリー・

NATO大使の任命式に、家族と共に出席したヌーランド。右から2人目が副大統領のチェイニー。ヌーランドの左後ろが、夫のロバート・ケーガン。(2005年7月13日。ホワイトハウス提供)

クリントンの批判的な伝記である著書『カオスの女王(QUEEN of CHAOS)』で、この「ロシア解体」という「チェイニーの意図こそヌーランドと同一」であると指摘。そして両者が共有するこの願望を実現することが、「米国の外交政策における ネオコンの永続的な役割」であると見なしている。ならば対ロシア強硬派としてのヌーランドの動きの背景に「ロシア崩壊」を狙う意図、グランドデザインがあると考えられる。それは「旧ソビエト連邦が以前及ぼしていたような秩序への脅威を有する新たなライバルの再出現を阻止する」と宣言し、チェイニーも関与したDPG1992の影響と無縁ではなかったはずだ。

(注14) Jim Lobe July 6, 2011「The Realist Who Moved Washington Closer to Reality」(URL https://militarist-monitor.org/the_realist_who_moved_washington_closer_to_reality/)

レーガン政権からブッシュ政権に至る期間のネオコンの結集と勃興を追った前出のジェームス・マンの秀作『火の神の勃興（Rise of the Vulcans: The History of Bush's War Cabinet）』には、DPG1992を読んだチェイニーが感銘を受け、執筆者の一人のハリルザドに「あなたは世界における我々の役割についての新たな理論的根拠を発見した」と語る場面が登場する。

チェイニーが「崩壊」を目指す相手とした現実のロシアは、米国には受けが良く御しやすかった大統領のエリツィンによって経済も国民生活も崩壊状態にされた一九九〇年代の姿から、大きく変貌した。プーチンが大統領代行になった一九九九年から二〇〇〇年までの間にロシアのGDPは九四%成長し、一人当たりのGDPは二倍になるなど国力が増大した結果、米国が「阻止」すべき「脅威」と認識し始めたのは疑いない。

ただこのロシアの「崩壊」を目指すという戦略に関しては、DPG1992とチェイニーやネオコンという範疇だけで論じるのは不十分かもしれない。ヌーランドのロシアに対するスタンスも個人的資質に帰せられるのではなく、ある種の「国策」と符合していた可能性がある。

「国家意思」としてのユーラシアの制覇

米国の連邦議会の付属機関で、議員の立法活動を支える「議会調査局」（Congressional Research Service）といえば、あらゆる問題をフォローして毎年七〇〇点以上のレポートを刊行していることで知られている。質的にも評価を得ているようだが、二〇二一年八月一一日に刊行された「防衛入門：地理学、戦略、そして米軍の構想（Defense Primer: Geography, Strategy, and U.S. Force Design）（注15）」と題したそれは、イデオロギー色を排した率直さで米国の「国家戦略」が示されており、興味深い。

そこでは冒頭、「この数十年間、米国の政策立案者は、米国の国家戦略の重要な要素として、ユーラシア大陸における地域覇権の出現を防ぐという目標を掲げてきた」と強調。そしてなぜ「ユーラシア大陸」なのかといえば、「ユーラシアの人口、資源、経済活動を考えると、ユーラシアにおいて（米国以外の）地域的ヘゲモニーが確立されると、米国の死活的な利益を脅かすに十分なほどのパワーがそこに集中することを意味するからである」と解説する。そして、以下のような記述が続く。

「ユーラシア大陸における地域覇権国家の出現を防ぐという目的のため、米軍は（海外に）軍隊を配備しているのであって、それらの部隊が、米国から広大な海・空を経て派兵し、ユーラシア大陸やその周辺海域・空域に到着後、持続的な大規模軍事作戦を展開できるような戦力構成になっている。……（米軍は）欧州とペルシャ湾、インド太平洋に兵力と兵站を前方配備している」

ここではDPG1992やQDR1997で示された覇権国家としての米国の狙いであるユーラシアのヘゲモニー掌握が、議論の余地がないかのように「国家戦略」として定義付けられている。そして周知のようにこの「国家戦略」においてロシアにどう対処すべきかを理論化したのが、ヘンリー・キッシンジャーと並ぶ米国のストラテジストの双璧であったズビグネフ・ブレジンスキーであった。

カーター政権の国家安全保障担当大統領補佐官だったブレジンスキーが、民主党のみならず米国の外

（注15）（URL https://crsreports.congress.gov/product/pdf/IF/IF10485/19）

交人脈に及ぼした絶大な影響力は改めて強調するまでもない。そして特に今日、その著書で注目されるのはQDR1997と同年に刊行された代表作の『巨大なチェスボード：米国にとっての最優先とその地政学的重要性（The Grand Chessboard：American Primacy and Its Geostrategic Imperatives）』だ。

そこでは「世界的優位をめぐる戦いが展開され続けている」ユーラシアの位置付けを「チェスボード」に例えつつ、次のように説いている。

「ウクライナは、ユーラシアというチェスボード上の新しくかつ重要な空間であって、地政学的な中軸（pivot）だが、それは独立国家としてのその存在がロシアの変貌を促すからだ。ウクライナなしでは、ロシアはユーラシアの帝国ではありえない」

「もしロシアが五二〇〇万人の人口と資源、黒海へのアクセスを有するウクライナの支配を奪い返したら、ロシアは自動的に欧州からアジアにかけての強力な帝国となるための必要手段を再度獲得することになる」

つまり米国にとってロシアのユーラシア支配は阻止しなければならない以上、「ロシアからのウクライナの切り離し」こそが最優先課題となる。それだけロシアが「強力な帝国となる」ことへの強烈な警戒感が伝わってこよう。

利益を目的とした「NATOの東方拡大」

さらにブレジンスキーは、一九九七年の『フォーリン・アフェアーズ』誌九月一日付で発表した論文

「ユーラシアにとっての地政戦略」で、「欧州ロシア・シベリア共和国・極東共和国からなる緩やかな連合体ロシア」という名目の、ロシア三分割＝解体の見通しを提示。そして、それによってのみ最終的に「ロシア帝国復活の企てに対し、永続的障害を加える」ことが可能になると主張した。（注16）

このようなロシアの「解体」論は、現在もワシントンでは健在のようだ。それを示唆したのが、米国の上下院のそれぞれ九人の議員等から委員が構成される「ヨーロッパの安全保障と協力に関する委員会」が二〇二二年六月二三日に開催した、「ロシアの脱植民地化：道徳的、戦略的必須条件」と題したビデオによる公聴会（注17）だった。

発言したのは元ウクライナ国会議員やシンクタンクの研究員、海外ＮＧＯの「活動家」らで、チェチェンやタタールスタン、ダゲスタンといった地域がロシアという「帝国主義」によって「植民地化」されていると次々に批判。「脱植民地化」という名目で各地域の分離主義運動を支援するよう求めたが、結局はロシア連邦の解体という狙いに落ち着くのは明らかだった。

この公聴会は、チェイニーが口にした「崩壊」と同義のロシア連邦の「解体」が、米国の歴代政権の公式発表がどうあれ、その深部における政治アジェンダに含まれている可能性を強くうかがわせている。

（注16）September/October 1997「A Geostrategy for Eurasia」（URL https://www.foreignaffairs.com/articles/asia/1997-09-01/geostrategy-eurasia）

（注17）June 23, 2022「DECOLONIZING RUSSIA: A MORAL AND STRATEGIC IMPERATIVE」（URL https://www.csce.gov/briefings/decolonizing-russia-a-moral-and-strategic-imperative/）

問題は、チェイニーが当時、どのような手段を使ってロシアの「崩壊」を実行しようとしたかだ。おそらくその一つが、ブレジンスキーによってロシアが「帝国」として存在するための必須要件と見なされたウクライナのNATO加盟、すなわち米国の勢力圏への取り込みであったと考えられる。

周知のように、NATOの東方拡大を決定したのはビル・クリントン政権だった。同政権の国連大使や国務長官を歴任したオルブライトの回顧録『マダム長官：回想（Madam Secretary: A Memoir）』によれば、「NATOが欧州の安全保障体制の中心に留まらなければならないと信じた」という理由で一九九三年六月にその決定を下したというが、以後、より東方への拡大を求める議会のロビー活動や世論工作を精力的に担った勢力の一つが、ネオコンであった。

特にそのキーパーソンして注目すべきは、一九九六年に「NATOに関する米国委員会（U.S. Committee on NATO）」という名称の団体を創立したブルース・ジャクソンに他ならない。

PNACの役員だったジャクソンは一九七九年から一九九〇年まで情報将校として陸軍に勤務し、同時に一九八六年から一九九〇年までレーガン政権の国防総省で顧問として核戦力や軍備管理等の分野に従事。チェイニーやウォルフォウィッツのみならず、ネオコンの重臣の国防次官補（当時）で、「闇の王子」（Prince of Darkness）と異名をとるほど軍事政策に大きな影響力を有したリチャード・パールらと仕事を共にした。国防総省退職後は旧リーマン・ブラザースを経て、一九九三年に軍事企業のマーティン・マリエッタに入社。同社がロッキードと合併してロッキード・マーチンになると、そこで戦略及び計画担当副社長に上り詰めた（二〇〇二年退社）。

ジャクソンが立ち上げた「NATOに関する米国委員会」には、上院議員（当時）の故マケインを始め、ウォルフォウィッツやパールら前出のPNACのネオコン関係者らが役員として顔をそろえ、標語として「ヨーロッパを安全にしよう」「民主主義の価値観を守ろう」等を掲げていた。だがこれは、建前でしかなかった。

実際は、「(NATOの東方拡大で)ロッキードなどの武器商人にとっても新たな市場が生まれた。NATOへの統合には(米国製が中心の)兵器システムの統合が必要であり、ジェット戦闘機やエレクトロニクス、攻撃ヘリコプター、軍事通信ネットワーク、現代の戦闘部隊に必要なあらゆる機器の数十億ドル規模の市場を創出する(注18)」という事情があったからだ。

「ロシア崩壊」のための黒海という適地

こうした政治工作と利潤追求の一体性はネオコンという集団の一面を物語っているが、さらにジャクソンは、二〇〇五年三月八日に開催された上院外交委員会欧州問題小委員会の公聴会で、「黒海地域における民主主義の将来(注19)」と題した興味深い証言をしている。

(注18) Tom Barry March 18, 2004「The NATO Expansion Lobby」(URL https://militarist-monitor.org/the_nato_expansion_lobby/)

(注19) March 8, 2005「Testimony of Bruce Pitcairn Jackson Before the Committee on Foreign Relations Subcommittee on European Affairs "The Future of Democracy in the Black Sea Region"」(URL https://www.globalsecurity.org/military/library/congress/2005_hr/050308-jackson.pdf)

ジャクソンは冒頭、黒海地域が①トルコを隔てて中東の北部に接している②中央アジアのエネルギーがヨーロッパに送られる中継地点となっている――といった理由を挙げ、「ヨーロッパと米国にとって中心的な戦略的利益である」と強調。さらにロシアを「新しい帝国主義」、ポーランドやチェコら一九九九年にNATOに加盟した東欧の諸国を「新しい民主主義」と呼び、後者が「黒海をユーロ大西洋の一部にできないのなら……ヨーロッパ人二億五〇〇〇万人の命はより悲惨で、短くなる」とし、「米国にとっても重大な結果をもたらす」と警告した。

さらに「黒海地域における民主主義の加速」のため、前年にNATOに加盟したばかりのルーマニアの「黒海に面したコンスタンツァ近郊のルーマニア政府が提供した場所への米・欧州軍基地の再配備」のみならず、非黒海沿岸国がトルコのボスポラス海峡等を経由して黒海に入る際の、軍艦の排水量を規制したモントルー条約の破棄まで提言。米海軍の黒海における展開を著しく阻害するからだろうが、「我々が黒海地域で達成したいと願うことが何であれ……それはロシアと対決する意欲がなければ不可能だ」と断じている。

ここではNATOの東方拡大が「民主主義の拡大」に置き換えられているが、要は黒海が米国の「戦略的利益」である以上、ロシアとの軍事的対決もいとわずその地域を米軍やNATOのヘゲモニー下に置くべきだと主張しているのに等しい。

シンクタンクのRAND研究所も、黒海は「世界の主要な強国の抗争の場」であり、「欧州の未来に向けたロシアと西側との間の主要な対決の場である」と指摘。なぜなら「ロシアはエネルギー、貿易、安全保障、経済的な理由から黒海に依存しており、黒海地域の支配は常に国家の存亡に関わる問題[(注20)]」であるからだ。

つまり黒海の制覇は対ユーラシア・ロシア戦略にとって不可欠であり、ブレジンスキーが見抜いたように地政学的位置からウクライナの掌握の必要性が生まれる。ウクライナはトルコに次ぐ黒海との長い海岸線から「黒海へのアクセスを有する」（ブレジンスキー）位置にあり、のみならずそのクリミア半島にはロシア海軍にとって唯一の暖流の軍港で、黒海艦隊の本拠地であるセヴァストポリが位置しているからだ。黒海艦隊はロシアの唯一の本格的海外基地であるシリアのフメイミム空軍基地とタルトゥース海軍基地を結び、中東や東地中海、北アフリカへのロシアの展開に欠かせない。

しかも当時、セヴァストポリはロシアがウクライナから租借していたが、ウクライナがＮＡＴＯに加盟すればそれも不可能になるのは自明であった。それがロシアにとってどれだけ致命的損失になるかを考えるなら、米国のストラテジストらが黒海に狙いを定めたのは、それだけ「ロシア崩壊」が戦略的に重要な優先事項であったからだろう。

冷戦終結直後から開始された黒海への米軍進出

そして、ジャクソンの指摘を待つまでもなく米軍が冷戦終結後にまず着手したのは、黒海に面した

（注20） 2003「Russia, NATO, and Black Sea Security」（URL https://www.rand.org/pubs/research_reports/RRA357-1.html）

ルーマニアとブルガリアに米空軍と陸軍、海兵隊が利用できる基地と、第六艦隊の艦船が寄港できる軍港を確保する米軍の前方展開のための拠点化であった。しかもこうした動きは、両国がＮＡＴＯに加盟する二〇〇四年以前から開始された。

「ルーマニアとブルガリアの軍隊は、一九九〇年代半ばから米国との交流を着実に拡大することになった。一九九〇年代後半には、各国とも米国やＮＡＴＯ諸国との陸・海・空軍との演習に毎年数回、参加するようになった。……米軍関係者とルーマニア・ブルガリアとの間で、長期的な基地に関する非公式協議が一九九〇年代にはすでに始まっていた(注21)」

ルーマニアは二〇〇五年一二月、米国との間で最大二〇〇〇人規模の米軍の駐留と国内基地の共同使用を認めた「二カ国間軍事協定」を締結。さらに米国はロシアの抗議を無視して二〇一六年五月、「イランのミサイルの阻止」という口実でルーマニア南部にミサイル防衛（ＭＤ）用の地上配備型迎撃ミサイルを設置し、二〇一九年六月にはより高性能のＴＨＡＡＤ（ターミナル高高度地域防衛）を配備した。

またブルガリアも二〇〇六年四月、米国と「二カ国軍事協定」を締結。この結果、今日まで米軍はルーマニアのミハイル・コガルニチャヌ空軍基地やコンスタンツァ海軍基地、ブルガリアのベズマー空軍基地等計八つの基地・演習場を利用できるようになり、以降、後述するようにこれらを拠点とした米軍・ＮＡＴＯの黒海での共同演習が頻繁化していく。

これでウクライナがＮＡＴＯに加盟するか、あるいは米国の同盟国として国内に米軍基地網を受け入れたら米軍のロシア包囲網はほぼ完成し、黒海は「ＮＡＴＯの海」と化してロシアにとり戦略上、致命的な後退を強いられる。

だが米国からすれば、ロシアが「新しい帝国主義」となったことは「脅威となる新たなライバルの再出現」と見なされる以上、ＮＡＴＯの東方拡大の究極目標としてのウクライナの加盟こそ、「脅威となる新たなライバルの再出現の阻止」に向けた最高の手段を提供するはずだ。だからこそチェイニー、そしておそらくヌーランドも、あくまでウクライナのＮＡＴＯ加盟に固執したのだろう。

この路線は、二〇〇五年一月から第二期目に入ったブッシュ（子）政権の外交上の重要課題となった。ブッシュは同年四月四日、訪米した親米派のウクライナ大統領（当時）ヴィクトル・ユシュチェンコとホワイトハウスで会談し、ウクライナのＥＵとＮＡＴＯへの加盟努力を支持すると強調。さらに同日発表された共同声明は、「米国はウクライナのＮＡＴＯ加盟の願望を支持し、ウクライナが目標を達成するため、支援を提供する準備ができている（注22）」と宣言した。こうした路線が本来外交にはまったく疎く、関心も薄い大統領より、チェイニーのイニシアチブによるものであったことは容易に想像がつく。

米国が強く要求したウクライナ及びジョージアのＮＡＴＯ加盟は、同政権の任期で実質的に最後の年となった二〇〇八年の四月二日から四日にかけ、ルーマニアの首都ブカレストで開催されたＮＡＴＯ首脳会議で提示されたが、結局ドイツやフランスの反対により当面実現しない形に終わった。

（注21）September 2009「Joint Task Force East and Shared Military Basing In Romania and Bulgaria」（URL https://www.marshallcenter.org/en/publications/occasional-papers/joint-task-force-east-and-shared-military-basing-romania-and-bulgaria-0）

（注22）April 4, 2005「Joint Statement by President George W. Bush and President Viktor Yushchenko」（URL https://georgewbush-whitehouse.archives.gov/news/releases/2005/04/20050404-1.html）

しかし採択された宣言では「NATOは、ウクライナとジョージアがユーロ大西洋諸国としてNATO加盟を目指すことを歓迎する。我々は本日、これらの国がNATOに加盟することに合意した」との文面が入った。以降ウクライナ加盟問題は、米国・NATOとロシアの関係に大きな緊張をもたらす要因となる。

ヌーランドの行動原理の背景

ブリュッセルに拠点を置くNATOとEUの安全保障問題のシンクタンクである安全保障と防衛のアジェンダ（Security & Defense Agenda）はブカレストでのNATO首脳会議前の二〇〇八年三月一一日に、「ブカレスト前夜（On the eve of Bucharest）」と題したシンポジウムを開催した。出席者はヌーランドとベルギー、ルーマニアの各NATO大使で、テーマは①NATO拡大②エネルギーとサイバーセキュリティ③ミサイル防衛④アフガニスタン等であった。

ヌーランドは、将来的にNATO加盟国となる準備を支援するプログラム「加盟のための行動計画（MAP）」へのウクライナとジョージアの参加が、ブカレストでの首脳会談の「最も重要な決定の一つ」であり、両国に関して「加盟を認めるのか否かではなく、いつ認めるかが問題だ」と強調。さらに、予想されるロシアの反対に関しては「ロシアと国境を接するより民主的でより安定した国が、いかなる意味でもロシアを脅かすことはない」と主張し、「NATOはすでにロシアと強固で豊かな関係を築いている(注23)」とも述べて楽観的な見方を示している。

恐らくこうした発言は公式見解だろうが、後に示すような激しいロシアやプーチンへの敵意は抑制されている。それでもヌーランドの行動原理の基底に、ウクライナのNATO加盟―黒海の軍事的制圧―ロシアの「崩壊」・「解体」―ユーラシアの覇権確立という米国の路線が埋め込まれていたのは、想像に難くない。

米国の「リアリスト」として代表格的な存在であり、空軍将校出身のシカゴ大学教授（政治学）であるジョン・ミアシャイマーは、二〇二三年一一月に収録されたポッドキャスターのレックス・フリードマンのインタビューにおいて、ブカレストでのNATO首脳会議の歴史的な意味について触れている。

ミアシャイマーによれば、そこでフランスと共にドイツがウクライナのNATO加盟に反対したのは、当時のドイツ首相アンゲラ・メルケルが考えていたように「プーチン大統領がこれを宣戦布告と解釈する」と予測されたからだとする。なぜならば「我々がやろうとしていたのは、ウクライナをロシア国境の西側の橋頭堡（a Western bulwark on Russia's border）に変えることであり、一般的なNATOの拡大ではなかった」からであったと言う。

さらにミアシャイマーは、このウクライナの「橋頭堡化」を、NATOを「ロシアの喉に押し込める」ものと表現。当然ロシアがそれを受け入れるはずがなく、だからこそ独仏のみならずクリントン政権の国防長官ウィリアム・ペリーら米国の軍事・外交を担う「あらゆる人々が……ウクライナをNATOに加盟させることを推進し続けることは大惨事につながることを理解していた」（注24）と説いた。

（注23）「On the eve of Bucharest」（URL https://www.files.ethz.ch/isn/50065/SOD_Bucharest_120308.pdf）

それでもチェイニーは、ブカレストの首脳会議後も残り少なくなった自身の任期を惜しむかのように精力的にウクライナのNATO加盟に動く。そこで新たな加盟を正当化する上で利用したのは、同首脳会議から四カ月後に勃発した、ロシアとジョージアの戦争だった。

NATO拡大の口実としてのジョージア紛争

別名「五日間戦争」と呼ばれる短期間に終息したこの戦争は、二〇〇八年八月七日にジョージア軍による国内の分離独立派が実効支配する南オセチアへの大規模攻撃が発端となった。南オセチアに以前から「平和維持軍」を駐留させていたロシア軍はこれに反撃し、ジョージア内に侵攻した結果、ジョージア軍は南オセチアからの撤退を余儀なくされた。

しかし米国や主流派メディアはこの戦争を、大々的に「ロシアの侵略の脅威」の証明として宣伝。さらにチェイニーは同年九月に五日間にわたって「紛争後、米国の同盟国への支援を強化することを目的として南コーカサスと黒海沿岸諸国を巡回」(注25)し、四日にユシュチェンコと会談した際には改めてウクライナのNATO加盟への強い支持を表明した。

チェイニーのウクライナ訪問を報じた『ニューヨーク・タイムズ』二〇〇八年九月五日付の記事は、副大統領に同行した政府高官の「ジョージアの出来事は新たな事態をもたらした」(注26)という談話を紹介して、「NATOはウクライナとジョージアの加盟に消極的な立場を再考するだろう」との政府側の見通しを伝えたが、「ロシアの脅威」をウクライナ及びジョージアのNATO加盟につなげることがチェイニーの狙いであった。チェイニーは同月六日にイタリアを訪問した際、ジョージア戦争に関し「ロシアの行動は文明の基準に対する侮辱であり、まったく容認できない」「ロシアは侵略を正当化する十分な理由を示しておらず、またそうすることもできない」と強く批判しながら、「同盟国が適切と判断する限り、NATOの拡大は継続する」(注27)と宣言した。

だが米国やチェイニーの「ロシアの侵略」批判が、ウクライナやジョージアのNATO加盟の気運を盛り上げた形跡は乏しい。それはおそらく、EUの「ジョージア戦争に関する独立国際事実調査団」が九月三〇日、千ページ以上の証拠を含む報告書を発表したことと関係していよう。

そこでは、ジョージア軍による南オセチアの州都への砲撃が「大規模な軍事行動の始まりとなった」と指摘。さらに「攻撃を何らかの法的に正当化するためにジョージア当局が行った説明はどれも有効ではない」「ジョージアによる武力行使が国際法に基づいて正当化されたかどうかという問題がある。そ

(注24)「Transcript for John Mearsheimer: Israel-Palestine, Russia-Ukraine, China, NATO, and WW3 Lex Fridman Podcast #401」(URL https://lexfridman.com/john-mearsheimer-transcript/)
(注25)Tabassum Zakaria September 5, 2008「Russia, NATO loom in Cheney's Ukraine visit」(URL https://jp.reuters.com/article/idUSL4445939/)
(注26)Steven Lee Myers Sept 5. 2008「Cheney Pledges Support for Ukraine」(URL https://www.nytimes.com/2008/09/06/world/06cheney.html)
(注27)September 6, 2008「Cheney Criticizes Russia, Calls for NATO Enlargement」(URL https://www.foxnews.com/story/cheney-criticizes-russia-calls-for-nato-enlargement)

うではなかった（注28）」と断定し、チェイニーとは逆にロシアではなくジョージアの戦争勃発の責任を認定していたからだ。

いずれにせよブッシュ（子）政権は二〇〇四年に、バルト三国やルーマニア、ブルガリア等計七カ国をNATOに加盟させていたが、ウクライナに関してはロシアが「レッドライン」と規定したように、あるいはミアシャイマーの指摘を待つまでもなく、NATOの東方拡大一般に還元されない深刻な重要性を帯びていた。

無視されたNATO拡大をいさめる公電

『ニューヨーク・タイムズ』はウクライナ戦争が始まった二〇二二年二月二四日から約二カ月が経過した四月一一日付で、トランプ政権時代の国家安全保障会議（NSC）のスタッフであり、ロシア研究者として知られているブルッキングス研究所上級研究員のフィオナ・ヒルが、二〇〇八年を回想した場面が登場する記事を掲載した。

当時ヒルは、国家情報会議（NIC）のロシア・ユーラシア担当分析官であったが、ブカレストでのNATO首脳会議を前にした同年二月、ホワイトハウスのオーバルオフィス（執務室）で、ブッシュとチェイニーに対し、ウクライナとジョージアのNATO加盟は「問題があるかもしれない」と具申した。

それに対してチェイニーは「君は私に、自由と民主主義に反対すると言うんだな」と憤慨して部屋から出て行き、ブッシュも結局「ヒルと情報共同体（intelligence community）の（ウクライナに関する）アドバイスを無視した」（注29）とされる。

ヒルの回想によれば、イラク戦争と同様に、諜報機関はウクライナとジョージアのNATO加盟に慎重な立場でありながら、結局はチェイニー及びチェイニーの影響下にあったブッシュに押し切られた経過をたどったようだ。

同じようなウクライナのNATO加盟慎重論は、皮肉にも現CIA長官のウィリアム・バーンズが駐ロシア大使だった二〇〇八年の二月一日に、国務長官や国防長官、統合参謀本部、国家安全保障会議らに宛てて提出した機密扱いの長文の公電でも示されている。今日、Wikileaksによる暴露で内容を知ることができるが、以下はその一部だ。

「ウクライナとジョージアのNATOへの願望は、ロシアの生々しい神経を刺激するだけでなく、地域の安定への影響について深刻な懸念を引き起こしている。ロシアは包囲網や、この地域におけるロシアの影響力を弱体化させようとする取り組みを認識しているだけでなく、ロシアの安全保障上の利益に深刻な影響を与える予測不能で制御不能な結果を懸念している。

専門家らによると、ロシアは、NATO加盟を巡ってウクライナ国内で強い分裂が生じており、ロシア系コミュニティの多くが加盟に反対し、暴力や最悪の内戦を伴う大きな分裂につながる可能性がある

（注28）「Independent International Fact-Finding Mission on the Conflict in Georgia Report」（URL https://www.echr.coe.int/documents/d/echr/HUDOC_38263_08_Annexes_ENG）

（注29）Robert Draper April 11, 2022「'This Was Trump Pulling a Putin'」（URL https://www.nytimes.com/2022/04/11/magazine/trump-putin-ukraine-fiona-hill.html）

と特に懸念しているという。その場合、ロシアは介入するかどうか決定しなければならないだろう。ロシアが直面したくない決定だ」

「カーネギーモスクワセンター副所長ドミトリー・トレーニンは、ウクライナのNATO加盟の追求によって引き起こされる感情と神経痛のレベルを考慮すると、長期的にはウクライナが米ロ関係の最も潜在的な不安定要因であると懸念を表明した」(注30)

また公電では、トレーニンが抱いたウクライナのNATO加盟問題によって「米国とロシアが典型的な対立姿勢に陥るのではないかとの懸念」を伝えているが、それは当時のバーンズら国務省の高官レベルの認識でもあったのではないか。それでもウクライナのNATO加盟に固執したチェイニーやネオコンは、究極の目的であるロシアの「崩壊」まで展望してこの路線を打ち出した可能性が高い。

ヌーランドの「NATO拡大は脅威でない」という虚言

だが、NATOの東方拡大がロシアに脅威として受け止められたという指摘に対し、前述のブカレストでのNATO首脳会議前の発言と重複するが、ヌーランドは国務次官になる前に外交誌『フォーリン・アフェアズ』二〇二〇年六月九日付に発表した論文「プーチンを押さえつける　信頼されている米国はいかにロシアに対処すべきか（Pinning Down Putin How a Confident America Should Deal With Russia）」(注31)で、次のように反論している。

「自由な民主主義諸国と、依然ソビエト連邦の指導者のような人物に率いられているロシアとの間に、とりわけＮＡＴＯの拡大をめぐって隔たりが生じた。米国と同盟諸国が、どれだけ懸命にＮＡＴＯはロシアに脅威を及ぼさない純粋に防衛的な同盟であると説得を試みようとしても、そうした隔たりは、ヨーロッパをゼロサムの関係としか見ないプーチンのアジェンダに役立ち続けている」

他方、米国の「リバタリアニズム（libertarianism）」と呼ばれる「小さな政府」や「自由経済」を掲げ、対外軍事介入に否定的な保守派の立場に立ったシンクタンクであるＣＡＴＯ研究所の元上級研究員テッド・カーペンターは、ウクライナ戦争勃発の二カ月前に「現在の危険な対立の始まりには、主に（東方拡大を進めた）米国とそのＮＡＴＯ同盟国に責任がある」と指摘。その上でヌーランドの主張は、「世界史上最も強力な軍事同盟をソ連の瓦礫の中から誕生した新たな国家の国境まで拡大することが敵対行為とみなされないと誰が信じるのか、想像するのは難しい（注32）」と、一笑に付している。

前出のジェフェリー・サックスも、同じ見地からウクライナ戦争を「米国のネオコンの三〇年にわたるプロジェクトの集大成」と見なし、「米国の外交政策の失敗（注33）」と表現している。

（注30）「NYET MEANS NYET: RUSSIA'S NATO ENLARGEMENT REDLINES」（URL https://wikileaks.org/plusd/cables/08MOSCOW265_a.html）

（注31）「Pinning Down Putin How a Confident America Should Deal With Russia」（URL https://www.foreignaffairs.com/articles/russian-federation/2020-06-09/pinning-down-putin）

（注32）December 28, 2021「Lost Opportunity: How the Clinton Administration Started a Cold War with a Democratic Russia」（URL https://www.cato.org/commentary/lost-opportunity-how-clinton-administration-started-cold-war-democratic-russia）

ヌーランドがいかに主張しようが、結果的にウクライナ戦争というロシアの「暴発」（ミアシャイマー）を招いてしまったのだから、チェイニーが始めたウクライナのNATO加盟に向けた動き、あるいはそうした政策が、「失敗」であったという指摘があってもおかしくない。

だが、チェイニーらが推進し始めたウクライナのNATO加盟とは、繰り返すように長期的目標としてのロシアの「崩壊」と関連していると考えられる。ならばネオコンの見地からすれば、ロシアの「暴発」を引き出したのは必ずしも「失敗」と言えないのかもしれない。一般に戦争あるいは極度の軍事的緊張状態は、敵国の「崩壊」や「解体」、あるいは体制転覆を促すためのカオスに満ちた絶好の環境をもたらすからだ。

結果的にチェイニーは、ウクライナのNATO加盟を米国の公式の政策として設定できた。その一方で、ネオコン自体は二〇〇五年一月以降のブッシュ（子）政権二期目から急速に衰退し、それに伴って順調に出世してきたヌーランドも、左遷人事を経験する。

ネオコンの凋落と共に左遷人事

風向きが変わってきたのは、何よりもイラク戦争が泥沼化したためであった。

「二〇〇四年後半までに、彼らがイラク戦争を推進するために使用した仮定と正当化は、捏造ではないにしても、根拠がないことが明らかになった。米国は、サダム・フセインとアルカイダの間にいかなる作戦上の結びつきも発見できなかっただけでなく、サダムが大量破壊兵器を開発していたという証拠も発見できなかった。さらに、サダムの追放により穏健派の親西側世俗主義者が権力の座に就くだろうという考えは、ますます信用できなくなった」
「また、戦争前のネオコンの他のいくつかの主張も現実によって誤りであることが暴かれた。……同様に重要なのは、イラクでの『衝撃と畏怖』が（ブッシュがイラクと共に『悪の枢軸』と呼んだ）イランと北朝鮮にメッセージを送るだろうというタカ派の主張は、米国と同盟軍が増大する反乱を打ち負かすことも、封じ込めることもできないことによってすぐに損なわれたことだった」（注34）

ネオコンの衰退は、人事に反映した。まず、チェイニーの盟友だった国防長官のラムズフェルドが二〇〇六年一二月に辞職。ルビーもホワイトハウスのスタッフがＣＩＡの職員のおとり捜査状況を暴露したという事件に連座して偽証罪等で起訴され、二〇〇五年一〇月にＯＶＰを去った。ウォルフォウィッツも二〇〇五年六月に、国防副長官から畑違いの世界銀行総裁に転出。配下のファイスも同年八月に国防総省から去った。さらにＰＮＡＣも二〇〇五年中に活動をほぼ停止し、二〇〇八年五月にウェッブサイトが閉鎖となる。

そしてチェイニーあるいはネオコンのインナーサークルの一員という印象が強かったためか、ヌーラ

（注33） June 27, 2022「Ukraine Is the Latest Neocon Disaster」（URL https://www.jeffsachs.org/newspaper-articles/m6rb2a5tskpcxzesjk8hzf96zh7w7）
（注34） Jim Lobe Michael Flynn November 16, 2006「The Rise and Decline of the Neoconservatives」（URL https://militarist-monitor.org/the_rise_and_decline_of_the_neoconservatives/）

ンドも「女性初」と騒がれたNATOの米国大使から二〇〇八年五月にいきなり国防総省の国防大学の講師に降格。そこでの約一年間の勤務後、二〇一〇年二月からブリュッセルで欧州通常戦力削減条約（CFE条約）に基づく欧州の米国軍事特使、さらに二〇一一年まで欧州の通常兵器管理条約の特使および首席交渉官という、NATO大使と比べて地味な役職に甘んじるのを強いられた。

以降、米国のウクライナとの関係における目立った動きはいったん静まった。だが、チェイニーの構想したロシアの「崩壊」あるいは「解体」路線は、米国の国家安全保障機構内で引き続き揺るぎのないアジェンダとして存在したと考えられる。それを示唆しているのが、シンクタンクのRANDがトランプ政権時代の二〇一九年四月二四日に発表した戦略文書『ロシアを拡張し、バランスを崩す（Overextending and Unbalancing Russia）』[注35]であった。

そこでは、公然と「ロシアの現在の優越部門を崩して彼らの弱い部門を突き、脆弱性や懸念事項、強さに直接影響を与える」ために「ロシアを拡張させる」という手法があると提起。外部から「コストを負わせる（cost-imposing）」ことにより内部崩壊を促すという戦略だが、なぜそのようなことをしなければならないのかという目的については慎重に明言を避けている。

そして①経済②地政学③イデオロギーと情報④陸上と多領域の四方面から「コストを負わせる」具体策を提示しているが、②の筆頭は「ウクライナへの致死性武器の供与」だ。それは「その近接距離から優位性を有する広範な紛争を招くことなく、ロシアの現状のウクライナへの関与のコストを上昇させるのを狙った兵器と訓練の増大」に他ならない。つまり欧州に拡大しないという前提で、武力衝突が起きてもおかしくない程度までウクライナを軍事的に強化するという方策だ。当然、ロシアにとって軍事的

「コスト」が増大するのは目に見えている。

ＲＡＮＤという組織の性格から、軍、統合参謀本部の意思を反映していたと考えられるが、実際にトランプ政権下でウクライナへの兵器供与は質的量的に増強の一途をたどった。だがその前段階として、中立政策をとっていたウクライナのヴィクトル・ヤヌコビッチ政権の打倒がなかったならば、この方策は想定すること自体不可能だっただろう。

そしてオバマ政権の二期目に入ってヌーランドが国務次官補に就任した二〇一三年の後半からウクライナは激動期を迎え、それに伴ってロシアとの関係も一挙に悪化していく。ヌーランドが対ロシア強硬派としての本領を発揮し、ウクライナの政権転覆に動いたのはまさにこの時期だった。

（注35）（URL https://www.rand.org/pubs/research_briefs/RB10014.html）

第四章　オバマ政権でのそれぞれの役割

　オバマ新政権が発足した直後の二〇〇九年二月九日に、フロノイは国防総省に復帰して序列第三位の国防次官（政策担当）に就任した。後にフロノイは、オバマについて国防次官補だったビル・クリントン政権時代と異なり「私が真剣な時間を一緒に過ごした初めての大統領」であり、政権入りする前から「オバマの大ファンだった」（注1）と述べている。

　しかしながら本質的にフロノイは、大統領就任当時のオバマとは思考タイプが異なっていたと考えるしかない。前述したようにフロノイは国防次官就任四年前の二〇〇五年一月二八日に公開された「地上軍の増強に関する議会への書簡」に、賛同者として署名している。これにはロバート・ケーガンやウィリアム・クリストルといったネオコンの代表格に加え退役軍幹部ら計三〇人が名を連ねており、イラク戦争やアフガニスタン戦争は「何世代にわたるコミットメント」だと強調。「九・一一後の世界における

（注1）　Sep 9, 2020「How I Got Here: Michèle Flournoy」（URL https://web.archive.org/web/20201115043555/https://careers.foreignaffairs.com/article-details/15/how-i-got-here-michele-flournoy/）

自由の防衛と促進には現在よりも大きな軍事力が必要」として、「陸軍と海兵隊を合わせて、少なくとも毎年二万五〇〇〇人の増員を目指すべきだ(注2)」と要求している。

この数字によると二〇年で現行の陸軍と海兵隊の兵力が約一・八倍の一一六万人まで増大する計算だが、オバマならずとも「自由の防衛と促進」のためにこれだけのコストが必要なのかどうか疑問に思われるだろう。フロノイが二〇〇八年の民主党大統領候補者選びで支持したヒラリー・クリントンなら、共感を得られた可能性があったかもしれない。実際にフロノイは就任から三年後の二〇一二年に国防次官を辞した後、ヒラリーと共にオバマの「弱腰」を批判する側に転じている。

話が前後するが、フロノイはオバマ政権になって国防総省に復帰した当初、CNASから上級副社長兼研究部長だったジェームス・ミラーを国防次官補にするなど省内に引き抜いた七人を配置し、新たな仕事に意欲を示した。そこでは七〇〇人前後の職員を率いながら、「国家安全保障と国防政策の策定、軍事計画と作戦の監督、国家安全保障会議の審議における国防長官の主任顧問を務めた(注3)」という。

いくら以前に国防次官補を経験していたとはいえこのような要職に就けたのは、当時フロノイとCNASが得ていた非正規戦での戦略である「対反乱活動（Counterinsurgency, COIN）のエキスパート」という評価と無縁ではなかっただろう。このCOINは、CNASが創立された二〇〇七年当時から注目を集めるようになっていた。同年は次第にイラク侵攻後の治安維持作戦が好転を示し始め、米軍の死者数もスンニ派を主体とした反乱勢力の攻撃も減少傾向に転じ始めたが、それはCOINが効を奏したためであると認識されたからだ。

国防総省は二〇〇九年二月一日、「二〇〇八年の死者数は三一四人で、九〇四人の兵士が死亡した二〇〇七年に比べて大幅に減少した（注4）」と成果を強調した。さらに米兵の死者は二〇〇九年に一四八人、二〇一〇年は六二人と減少していくが、当時、大方の見方としてイラクでの変化は、二〇〇七年二月にイラク多国籍軍（ＭＮＦ－Ｉ）の司令官となった陸軍中将のデビッド・ペトレイアスによるＣＯＩＮの成果であるとされた。そのためイラクとは逆に戦況が悪化していたアフガニスタンでも、ＣＯＩＮが好転のカギになるのではないかという期待が二〇〇九年一月のオバマ新政権発足前後に高まっていた。

「ＣＯＩＮの専門家」というキャッチフレーズ

ペトレイアスのＣＯＩＮの新味とされるのは、「敵を倒すよりも住民を守り、銃や爆弾よりも心や精神に重点を置く。それは（住民との）個人的関係を築き、地元の（米軍に協力する）治安部隊を訓練し、現地の高価な開発プロジェクトに投資する（注5）」と要約される。

（注2）「Letter to Congress on Increasing U.S. Ground Forces」（URL https://militarist-onitor.org/images/uploads/Letter_to_Congress_on_Increasing_US_Ground_Forces.pdf）

（注3）（URL https://www.cnas.org/people/mich%C3%A8le-flournoy）

（注4）Office of the Secretary of Defense Public Affairs January 2, 2009「U.S. Deaths in Iraq Decrease in 2008」URL https://www.dvidshub.net/news/28391/us-deaths-iraq-decrease-2008）

（注5）Michael Crowley November 12, 2012「Exit Petraeus — and His Famous Military Doctrine」（URL https://swampland.time.com/2012/11/12/exit-petraeus-and-his-famous-military-doctrine/ne）

もともと米軍にとってCOINの歴史は、一九世紀から二〇世紀にかけてのキューバやフィリピンにおける反乱鎮圧作戦までさかのぼる。だがベトナム戦争で失敗し、正規戦であった第一次湾岸戦争の圧勝のために忘れ去られていた。そしてCNASは、以前からペトレイアスの上級顧問を務めたオーストラリア陸軍出身のデビッド・ジョン・キルカレン等のCOIN理論に通じている研究員を何人か抱えていたため、一躍注目されるようになった。

「CNASは、COINと呼ばれる戦法を提唱する新進気鋭の学者たちのグループを収容し始めた。……対反乱戦の研究者の何人かはイラクとアフガニスタンの帰還兵であり、彼らはこのアプローチが、米国が劣勢を覆すための選択肢だと考えていた。デビッド・ペトレイアス将軍は二〇〇七年のイラクにおける兵力急増の際に戦術的成功を収め、COINの可能性を示した」

「CNASが防衛理論の新興学派の新たな重心であることは、ワシントンの政府関係者にも明らかになった。……その後、民主党系のシンクタンクでは通常ありえないことが起こった。次世代の国防学者がCNASの門を叩いたのだ。……以前ならアメリカン・エンタープライズ研究所などの保守系シンクタンクに集まっていた国防理論家や退役将校たちが、今ではワシントンのダウンタウンの一三番街とペンシルベニア通りにあるCNASのオフィスに集まっていた。『ジョン・ナグルとミシェル自身は、対反乱戦に関連する問題に多くの関心が集まっていた当時、まさに最先端にいた』と、現在（注＝二〇一一年当時）国務次官補のキャンベルは振り返る（注6）」

このジョン・ナグルは、COINによって一躍イラク戦争の「英雄」となったペトレイアスを筆頭に、陸軍士官学校（ウェストポイント）卒業生を中心としたCOIN研究グループの一員。またペトレイアスらと共に陸軍と海兵隊の「反乱鎮圧現場マニュアル」を作成するなど、COINの理論家として知られていた。陸軍除隊後、国防総省にフロノイが移ると二〇〇九年二月にCNASの会長（二〇一二年一月に辞職）に就任したのは、COINの専門家集団というCNASのイメージをさらに高めるのに役立ったに違いない。

フロノイ自身も国防総省に入省した当初、映画『ブラックホーク・ダウン』で知られる米軍特殊部隊の兵士一九人が戦死した、一九九三年一〇月のソマリア・モガディシュにおける民兵との戦闘に関心を持ち、戦闘参加者から「戦術的軍事的教訓」を引き出すために聞き取り調査を行っている。

またフロノイはCSIS時代にも、海兵隊士官としてアフガン・イラク両戦争に参加した経験を記したベストセラー『あと一発で（One Bullet Away）』の著者であるナサニエル・フィックに連絡を取り、戦場における兵士の実態について質問するなど、非正規戦について大きな関心を示していた。なお、これが縁でフィックは二〇〇七年のCNASの創立と同時にフェローとなり、二〇〇九年六月から二〇一二年一一月までCEOを務めた。

アフガニスタン増派をめぐる対立

国防次官となったフロノイは、国務省の外交官出身で「核のイランに対する団結（United Against

（注6）序章（注19）と同。

Nuclear Iran)」という反イランの右派団体の共同創立者であり、オバマ政権のアフガニスタン・パキスタンに関する特別顧問のリチャード・ホルブルックと、それまでの対アフガニスタン戦略を見直すチームの共同議長に早々と就任した。だがホルブルックは翌二〇一〇年末に病死し、最初から新政権のアフガニスタン戦争への対応は暗雲が立ち込めていた。

オバマは二〇〇九年一二月一日、フロノイらの戦略見直しに基づき一気にアフガニスタンで三万人まで増大すると発表。すでに同年三月に二万一〇〇〇人を増派しており、そこでの米軍の総数は一〇万人となって一年間で倍増した。公約であった二〇一一年末までの米軍撤退を前に、タリバン勢力に打撃を与える意図からだったが、この決定に対し上院議員の最右派の故マケインやケーガンの実弟でネオコンの軍事理論家のフレデリック・ケーガン、そしてCNASのジョン・ナグルらが称賛を惜しまなかった。

このためCOINがもてはやされた一時期、「ケーガンの（ネオコンのシンクタンクの）PNACがブッシュ政権の外交政策の背後にある主導的な知的勢力であったとすれば、これまでのところオバマのためにその役割を果たしているのはCNASである」(注7)という評価も生まれた。

だが結果的にアフガニスタンの戦況は好転することなく、米兵の死者だけが増大した。二〇〇九年には三一七人だったが、翌二〇一〇年に四九八人、二〇一一年には四一五人を記録している。フロノイは在職中、米国にとって史上最も長期間に及んだこの戦争で何の成果も残せず、逆に戦況を悪化させただけに終わってしまう。無論、CNASが「売り物」にしていたCOINは結果的に何の役にも立たなかった。

それでもフロノイは二〇一〇年段階ではまだ強気で、六月一五日に証人として出席した上院軍事委員

2011年4月に、アフガニスタン・シンダンド地区の現地視察に赴いたフロノイ。（国防総省提供）

会の公聴会では、戦況の「総合的評価」として「我々はアフガニスタンで正しい方向に向かっている」と発言。(注8) ところが翌二〇一一年三月一五日の同委員会では、「反乱軍から主導権を奪い去った」「アルカイダを撃破するには至っていないが、その能力を著しく低下させた」としながらも、こうした「成果」は「まだ逆転可能（reversible）だ」(注9) として、出口の見通しが立たない長期戦になった事実を認めた。

実質的に「オバマのアフガニスタン戦争に対する新

（注7）Daniel Luban August 26, 2009「Neoconservative Resurgence in the Age of Obama」（URL https://militarist-monitor.org/neoconservative_resurgence_in_the_age_of_obama/）

（注8）June 15 and 16, 2010「THE SITUATION IN AFGHANISTAN HEARINGS BEFORE THE COMMITTEE ON ARMED SERVICES UNITED STATES SENATE」（URL https://www.govinfo.gov/content/pkg/CHRG-111shrg64545/pdf/CHRG-111shrg64545.pdf）

戦略構築の背後にいた」(注10)とされる最高レベルの政策立案者であったフロノイに関しては、この三万人増派作戦を立案・実行したことが以後の否定的な評価の一つとなっている。以下は、その一例だ。

「(フロノイの増派作戦で)二〇一〇年から一二年まで急増した米軍の死者数は一二二三人で、これは全戦争における米軍戦死者の約半分にあたる。戦闘が激化しても、タリバンに彼らの状況がどうにもならなくなったと思わせるには至らなかった。オバマ政権は戦争終結のための交渉による解決に増派作戦を活用しようとしていたが、それは失敗に終わった」(注11)。

しかもフロノイは、アフガニスタン戦争をめぐり副大統領であったバイデンとたびたび対立した。この確執はバイデンが二〇二〇年に大統領選挙に勝利し、国防長官を指名する際に大方の予想に反してフロノイを外した遠因の一つになっているとも報じられた。これについて「POLITICO」は、次のように解説している。

「フロノイは二〇〇九年、当時のアフガン駐留軍司令官スタンリー・マクリスタル将軍が提案したオバマのアフガニスタンにおける軍事力増派を推し進める上で、国防次官として主導的な役割を果たした。バイデン副大統領(当時)はこの動きに反対し、対テロ部隊の規模を大幅に縮小することを推し進めたが、最終的には却下された。『フロノイはより多くの軍隊が必要だというマクリスタルらの見解に同調しており、バイデンはその特定のアプローチに賛成していなかった』と、バイデンの政権移行チームに近い元政府高官は語った(注12)」

すべて虚構となった主張

また、早期の撤退に固執したバイデンは「アルカイダの除去に狭く焦点を絞った、縮小された対テロ作戦のアプローチを提唱した」が、それに対しフロノイは「住民を味方に付けるための、より広範でより多くの兵力を集中させた軍事と民生を結合するＣＯＩＮの戦略を主張した（注13）」とされる。加えてフロノ

（注9）March 15, 2011「THE SITUATION IN AFGHANISTAN HEARING BEFORE THE COMMITTEE ON ARMED SERVICES UNITED STATES SENATE」（URL https://www.govinfo.gov/content/pkg/CHRG-112shrg72295/pdf/CHRG-112shrg72295.pdf）

（注10）Elisabeth Bumiller July 3, 2009「A Pentagon Trailblazer, Rethinking U.S. Defense」（URL https://www.nytimes.com/2009/07/04/us/04flournoy.html）

（注11）Spencer Ackerman November 13, 2020「She Helped Escalate an Endless War. Will She End It?」（URL https://www.thedailybeast.com/michele-flournoy-helped-escalate-an-endless-war-in-afghanistan-will-she-end-it-as-bidens-defense-secretary）

（注12）LARA SELIGMAN NATASHA BERTRAND BRYAN BENDER November 23, 2020「Biden's choice for secretary of Defense still in flux」（URL https://www.politico.com/news/2020/11/23/transition-biden-secretary-defense-440123）

（注13）Michael Hirsh November 20, 2020「Biden and Flournoy Have Clashed Over Policy in Past」（URL https://foreignpolicy.com/2020/11/20/biden-and-flournoy-have-clashed-over-policy-in-past/）

イは、イラクについてもバイデンの早期撤退論に反対し続けた。

　結局、二〇二一年八月一五日のタリバン勢力によるカブール奪取と米軍の全面撤退により、米国の二〇年に及ぶ戦争努力もCOINをめぐる論議もすべて無に帰した。このためフロノイに対しては、後に「ブッシュ政権時代に始まった終わりのない戦争を擁護し続け、アフガニスタンにおけるオバマの悲惨な兵力増強の主要な立役者であった（注14）」という批判が寄せられた。だが一番の問題は「兵力増強」よりも、「終わりのない戦争」の「擁護」であったかもしれない。

　二〇〇九年末にフロノイは国防次官として、「我々はアフガニスタンのパートナーに対し我々の関与と支援が永続することを保証した。軍事的任務が終了しても、我々はアフガニスタンから立ち去るつもりはない（注15）」と明言している。だが米軍がアフガニスタンに留まり続ける限り武装勢力による攻撃の可能性は常に消えない以上、「軍事的任務が終了」するのはまずありえないはずだ。

　では、なぜそれほどアフガニスタンへの「関与」が必要なのかといえば、前述の二〇一一年三月一五日の上院軍事委員会でのフロノイの証言によると、「（撤退すれば）米国に対する攻撃を計画・実行できるテロリストの安全な避難所となる可能性が高い」との理由からだという。しかもフロノイは国防総省を去った後ですら、後に「二〇一六年末の撤退」を掲げたオバマを「アフガニスタン政府軍を訓練し、アドバイスする努力を損なう（注16）」と批判。二〇二一年一二月に開かれたシンクタンクの大西洋評議会のフォーラムでは、「（泥沼に陥った）ベトナムの経験を繰り返さないと考える『ベトナムシンドローム』に陥らないよう注意するべきだ（注17）」などと、執拗にアフガニスタン（及びイラク）からの撤退論に異議を唱え続けた。

だが米軍の完全撤退以降、現実的にアフガニスタンが「テロリストの避難場所」になったとか、そこから「米国に対する攻撃」が実行されたような例は報告されていない。それ以上に、最初からそのような懸念に真実味があったのかどうかも疑わしい。

フロノイは、この上院軍事委員会で「アルカイダを崩壊させ、解体し、最終的には敗北させる」というのが「核心的目標だ」とも証言している。だが『ワシントン・ポスト』の二〇〇九年一一月一一日付の記事では、「軍諜報機関の高官」による「アフガニスタンのアルカイダは、おそらく百人以下だ」(注18)との発言が引用されている。たかが百人足らずの「アルカイダ」のために、フロノイは三万人もの増派に

(注14) Dan Cohen November 20, 2020「VIDEO: Top Biden advisors Flournoy and Blinken promise smarter, more secretive permanent war policy」(URL https://thegrayzone.com/2020/11/20/biden-advisors-flournoy-blinken-permanent-war/)

(注15) December 7, 2009「US commitment to Afghanistan Won't End With Military Mission」(URL https://www.voanews.com/a/us-commitment-to-afghanistan-wont-end-with-military-mission-78716757/416219.html)

(注16) Michael R.Gordon June 4, 2014「Criticism Over Troop Withdrawal Emerges From Beyond G.O.P.」(URL https://www.bing.com/search?pglt=41&q=Criticism+Over+Troop+Withdrawal+Emerges+From+Beyond+G.O.P.&cvid=6b2b7404647543f7ab3b5fc4bf7c6573&gs_lcrp=EgZjaHJvbWUyBggAEEUyOTIGCAEQRRg80gEIMTczOWowajGoAgCwAgA&FORM=ANSPA1&PC=DCTS

(注17) (注9)と同。

(注18) Joshua Partlow「In Afghanistan, Taliban leaving al-Qaeda behind」(URL https://www.washingtonpost.com/wp-dyn/content/article/2009/11/10/AR2009111019644.html)

固執し、永久駐留に等しい「関与と支援」が必要だと考えたのだろうか。しかもタリバンについても、二〇〇一年の「九・一一事件」を前後して米国を始め海外で何らかの「攻撃」を計画したり実行した事実も皆無だ。

このため、米国の調査報道を代表するジャーナリストの一人であるギャレス・ポーターが指摘するように、「オバマ政権は、タリバン政権がオサマ・ビンラディンの九・一一テロ計画に何らかの形で関与していたかのような広範な印象に大きく依存している（注19）」として、故意にタリバン政権を「テロ」に結び付けて戦争を正当化しようとした作為を指摘している。これはフロノイにも、ブッシュ（子）政権にも当てはまる批判だろう。

矛盾する議会証言

結局「アルカイダの除去」を優先しようがCOINを実施しようがそれは戦術レベルの違いに過ぎず、真に問われるべきはアフガニスタンでの戦争目的の危うさであったはずだ。もしフロノイが批判を受けねばならないとしたら、それは増派作戦に限定されるものではありえず、そのようなアフガニスタン戦争を継続した点にこそあるのかもしれない。

しかしながら二〇二一年のカブール陥落について、フロノイがそうした認識に至った形跡はない。陥落前日の『ワシントン・ポスト』二〇二一年八月一四日付に掲載されたフロノイのインタビューを交えた記事は、以下のように報じている。

「（米国からの資金がアフガニスタンに流れるに伴い）米国の高官たちが二〇一〇年に見出したものは、すでに増派作戦が進行しているなかで彼らが以前考えていたよりもはるかに深く進行し、米国の戦略を危うくする腐敗に他ならず、その戦略はアフガニスタン政府の正当性を築くことに依拠していた。『戦略はうまく機能しないと我々は悟った』とフロノイは語った。『我々は（増派作戦という）大きな賭けに出たが、地元のパートナーが腐敗していたことを知っただけだった』」(注20)

だがこれに対して前出のギャレス・ポーターは、「まったく信ぴょう性に欠く主張だ」としながら、「米国のアフガニスタンでの戦争が開始当初から、腐敗した殺人軍閥のグループとの同盟に基づいていたという重要な事実を意図的に覆い隠している」と、次のように批判している。

「ＣＩＡだけでなく軍指導部も軍閥を頼りにした。軍閥は民兵組織を持っており、タリバンに対抗する準備ができていたからだ。軍閥は民兵を地方の警察として安定供給し、米軍基地とＮＡＴＯ基地を行き来する絶え間ない車列の警備のために高給の契約を与えられた。

しかし民兵警察は、カブールのいかなる文民政府にも忠誠を誓うのではなく、それぞれの軍閥に忠誠を誓い、その見返りとして住民から盗みを働いたり、犯罪の濡れ衣を着せたり、拷問したり、身代金で

（注19）July 6, 2011「The Lies That Sold Obama's Escalation in Afghanistan」（URL https://truthout.org/articles/the-lies-that-sold-obamas-escalation-in-afghanistan/）
（注20）Greg Jaffe August 14, 2021「From hubris to humiliation: America's warrior class contends with the abject failure of its Afghanistan」（URL https://www.washingtonpost.com/national-security/us-hubris-afghanistan-humiliation/2021/08/14/47fb025a-fc67-11eb-9c0e-97e29906a970_story.html）

のみ解放したりする自由裁量を与えられた。多くの場合、警察は地元の家族から妻や娘、息子を拉致してレイプすることで金をせしめ、これは二〇〇三年の時点でアムネスティ・インターナショナルが記録した虐待のパターンである。……しかし、米軍は軍閥との居心地の良い関係を乱そうとしなかったのだ(注21)」

ポーターの指摘が正しければ、フロノイの『ワシントン・ポスト』でのコメントは、自身が前出の二〇一一年三月の上院軍事員会で「アフガニスタンの治安維持部隊の数と質、能力の急増」を好評価した証言内容と、矛盾するかもしれない。

いずれにせよ、オバマ政権が直面したアフガニスタン戦争もイラク戦争も、前政権が引き起こした戦争の後始末という性格が強かったのは否定できない。ところがオバマ政権は、新たにリビアとシリアで戦争に乗り出していた。

前政権からの二つの戦争と同様にここでも正当性の疑わしさが指摘されているが、アフガニスタン戦争に関わる一方で、フロノイは副大統領のバイデンや国防長官のゲイツら政権内の慎重派を押し切り、オバマに強く進言してリビアへの飛行停止空域設定と空爆を実現させたという。

リビア空爆の怪しい名目

これまでのリビアへの米国及びＮＡＴＯの軍事介入に関する「定説」は、以下のように要約されるだろう。

二〇一一年二月にカダフィ政権に対する抗議活動が活発化し、国内のかなりの部分で支配地域を失った政府軍は三月、反政府勢力の拠点であった西部のベンガジに進軍した。その際、フロノイのみならずヒラリーと当時国連大使だったスーザン・ライス、NSCの大統領特別補佐官のサマンサ・パワーの「リベラル介入主義」の「三人組」が中心となり、「リビアの民間人が虐殺の危機にさらされている」として、強硬に「人道的介入」を要求した。

同年三月一七日に国連安保理は、リビア上空に「飛行禁止空域を設定する決議一九七三」を採択。決議は「住民保護」が目的とされたが、それとは無関係に同月一九日から米国を中心にNATO加盟諸国や湾岸諸国の一部が加わった「連合軍」によるリビア政府軍への空爆やミサイル攻撃が始まり、八月末までに政府軍は敗北して首都トリポリを反政府勢力の「国民暫定評議会」(NTC)の民兵に制圧された――。

だが米軍を中心とした軍事介入が始まった当初から、こうした「人道介入」の具体例として引用されている「定説」を覆す以下のような主要事実が明らかになっている。

(1) 米軍を中心としたNATO加盟諸国は、リビアの内戦が始まった当初から介入していた。カダフィ政権に対する武装抗議活動は二〇一一年一月以降、英国のSASやMI6、オランダのKCT、フランスのDGSEといった各国の特殊部隊・諜報機関の武器供与を含む支援を受けており、さらには「アルカイダ」系の「リビア・イスラム戦闘団」(LIFG)といった外部勢力も流入していた。

(注21) August 30, 2021「Afghanistan collapse reveals Beltway media's loyalty to permanent war state」(URL https://thegrayzone.com/2021/08/30/afghanistan-beltway-medias-permanent-war-state/)

(2)「大量虐殺」という主張は、怪しかった。二〇一六年に発表された英国下院の超党派によるリビア介入の報告書では、カダフィ政権が「民間人を無差別に攻撃しなかった」にもかかわらず、「英国政府はカダフィ政権が実際に市民にもたらした脅威を検証できなかった」と断定。「民間人を保護するための限定的な介入が、政権交代政策に移行」するよう仕向け、カダフィの打倒を「戦略目的」にしていたと結論付けている。(注22)

(3) 米国やNATO加盟諸国は、「対テロ戦争」の攻撃対象とされた「アルカイダ」系の武装勢力を同盟者としてカダフィ政権を打倒したのに続き、内戦終結後は政府軍が残した大量の兵器をシリアの反政府武装勢力に輸送し、同国の大統領バッシャール・アル＝アサドの政権転覆工作に矛先を転じた。この武器輸送作戦は、CIAが中心となってリビアのベンガジを拠点に実行。カタールやアラブ首長国連邦らの協力のもとにトルコに武器を輸送し、そこからシリアに搬入した。それを受け取った武装勢力もリビアと同様、主力は「アル・ヌスラ」(現タハリール・アル＝シャーム)ら「アルカイダ」系とされるイスラム過激派であった。

米国の軍事介入に関する研究者として知られている、テキサス大学オースティン校リンドン・B・ジョンソン公共政策大学院の公共政策学准教授のアラン・クパーマンも、二〇一三年九月に発表した論文「リビアの教訓：いかに介入しないか(Lessons from Libya: How Not to Intervene)」で、次のように米国政府を批判している。

「ムアンマル・アル・カダフィは民間人を標的にしたり、無差別に武力に訴えたりはしなかった。人道的衝動に触発されたものではあるが、NATOの介入は、民間人の保護を主目的とせず、リビア人への被害を増大させるという犠牲を払ってでも、カダフィ政権を打倒することを目的としていた」「介入は裏目に出た。ＮＡＴＯの行動は紛争の期間を約六倍に拡大し、死者数を少なくとも七倍に拡大し、リビアとその近隣諸国における人権侵害、人道的苦痛、イスラム過激主義、武器拡散を悪化させた」（注23）

周知のようにリビアはその後に破綻国家となり、かつてアフリカ大陸で最高の生活水準を実現した経済基盤は崩壊させられ、現在まで内戦による無政府状態が放置されている。だがオバマ政権は、矢継ぎ早にシリアにも介入。そこではリビア以上の人道的危機と死傷者数がもたらされ、現在もやはり戦争状態の終結のめどは立っていない。

「テロリスト」を支援したオバマ政権

一般にシリアに関しては、オバマが反政府武装勢力への武器支援に積極的ではなかったかのような印象があるが、二〇一二年八月一日付のロイター通信の配信記事は「事情に詳しい米国政府筋」からの情

（注22）「House of Commons Foreign Affairs Committee Libya: Examination of intervention and collapse and the UK's future policy options Third Report of Session 2016-17」（URL https://publications.parliament.uk/pa/cm201617/cmselect/cmfaff/119/119.pdf）
（注23）（URL https://www.belfercenter.org/publication/lessons-libya-how-not-intervene）

報として、オバマが「アサド大統領とその政府の退陣を求める反政府勢力に対する米国の支援を認める秘密命令」を同年初めに「承認した」と報じた。[注24] しかもオバマは二〇一二年か二〇一三年初めに、CIAにとって史上最大規模となった「木材用すずかけの木」(Timber Sycamore) という奇妙なコードネームの秘密作戦を発動したとされる。

この秘密作戦は『ニューヨーク・タイムズ』によると「サウジアラビアが武器と多額の資金を供与し、CIAがシリアの反政府武装勢力にAK‐47ライフルや対戦車ミサイルの訓練を施す」[注25] という内容で、トランプ政権になった二〇一七年に中止されたという。だがそうした武器の相当数は、米国に「テロリスト」と呼ばれている「アルカイダ」系の集団の手に渡った。

オバマ政権が致死性の武器をシリアの反政府武装勢力に最初に供与した正確な時期は不明だが、米国がアサド政権の打倒に動き始めたのは、ブッシュ(子)政権時代の二〇〇六年であったという。

米『タイム』誌の二〇〇六年一二月一九日号は、入手した機密文書をもとに同政権が「バシャール・アサド大統領の政権を弱体化させる目的で、シリア政府に反対する個人や政党を密かに育成してきた」[注26] と報じた。具体的にはヨーロッパで「シリア人活動家の定期的な会合を支援している」という内容だが、どこまでアサド政権の「弱体化」に寄与したのか不明だ。

それでも確かなのは、オバマ政権下で何らかのアジェンダに基づき、シリアで反政府デモが拡大し始めた二〇一一年初頭から、CIAが中心となって以下の例が示すようにアサド政権打倒に没頭したという事実だ。

• 二〇一一年四~五月　米・トルコ両軍が共同使用するシリア国境に近いトルコ南部のインジルリク

空軍基地があるアデナに、CIAやトルコとサウジアラビア、カタールの諜報機関が集まった「作戦センター」が秘密理に開設。以降、反アサド勢力への武器供与や軍事訓練、情報工作が本格化した。

- 二〇一一年八月～二〇一二年八月　リビアのカダフィ政権が打倒された直後から、カタールがCIAと協力して旧政府軍によって残された対戦車ミサイルやライフル等の旧ワルシャワ条約機構加盟国製兵器を総計二七五〇トン輸送し、シリアの武装勢力に供与。また、リビアの「アルカイダ」系のLIFGの戦闘員も、CIAとカタールが移送してトルコ経由でシリアに侵入させた。
- 二〇一二年半ば～二〇一三年初頭　シリアへの武器供与がエスカレートし、サウジアラビアとカタールが、クロアチアなど東欧から大量の旧ソ連製兵器を購入し、トルコ経由でシリアの武装勢力に供与。ブルガリア一国だけで、購入額は五億ドルに及んだ。
- 二〇一三年一二月　オバマが、サウジへの高性能対戦車ミサイルTOWの一万五〇〇〇発売却を許

（注24）Mark Hosenball August 2, 2012「Obama authorizes secret support for Syrian rebels」（URL https://www.reuters.com/article/idUSBRE8701OK/）

（注25）Mark Mazzetti Matt Apuzzo January 23, 2016「U.S. Relies heavily on Saudi Money to Support Syrian Rebels」（URL https://www.nytimes.com/2016/01/24/world/middleeast/us-relies-heavily-on-saudi-money-to-support-syrian-rebels.html）

（注26）Adam Zagorin December 19, 2006「Syria in Bush's Cross Hairs」（URL https://content.time.com/time/world/article/0,8599,1571751,00.html）

可。そのTOWは翌年から「アルカイダ」系の「アルヌスラ」を含む武装勢力の手に渡り、シリア政府軍を苦戦に追い込む。また当時、CIAは年間一万人の戦闘員にヨルダンやトルコで軍事訓練を施したが、ほとんどが「アルヌスラ」等のイスラム過激派勢力に合流した。

• 二〇一五年秋　米国政府の入札公示サイト「Federal Business Opportunities」から、米国が東欧で八一コンテナ、九九四トンもの旧ソ連圏製武器・弾薬をサウジの資金で購入し、ヨルダンとトルコを経由してシリアの武装勢力に供与した事実が判明した。主な内訳はAK－47ライフルと軽・重機関銃計一万八七九〇丁、9M111対戦車ミサイル二万一六九三発、RPG－7（PG－7VT）携帯対戦車榴弾発射器一二万九一三九発等。（注27）

執拗に繰り返したシリア攻撃の主張

さらに二〇一四年に登場した「イスラム国」（IS）が、NATO加盟国のトルコの庇護と支援を受けて同国内に拠点を構え、シリアへの越境攻撃を強化したこともあり、二〇一五年秋までのアサド政権崩壊が確実視された。こうした戦況を一挙に変えたのが、二〇一五年一〇月から始まったロシア空軍によるISを始めとした反政府勢力への空爆作戦に他ならなかった。

これに対し、米国主導の「有志連合」は「すでに最大二五万人が死亡している四年間の内戦を激化させる危険があると警告し、ロシアにシリア反政府勢力への攻撃をやめるよう要請した。米国、トルコ、サウジアラビアなど七カ国は声明で『こうした軍事行動はさらなるエスカレーションであり、さらなる過激主義と過激化をあおるだけだ』と述べた（注28）」という。

だがそれまでの経過から見て、誰が外部から「軍事行動」を「エスカレーション」させてきたのか自明であったろう。そして空爆以降は戦況が膠着状態となり、米軍は現在まで原油地帯や穀物産地を含むシリアの国土の三分の一を同盟者であるクルド主体の「シリア民主軍（ＳＤＦ）」と共に占拠し、「平和解決」の意思を示していない。北部は依然反政府武装勢力が拠点を構え、シリアは分断状態にされて現在に至る。

そしてフロノイについて特筆すべきは、国防総省を去った後もこうしたシリアにおける政権転覆に向けた「軍事活動」を主張し続けたという点だ。後にヒラリーは二〇一六年七月二六日、フィラデルフィアでの民主党大会で同年の大統領選挙に向けた候補者指名を獲得したが、フロノイはヒラリーの選挙キャンペーンの国家安全保障問題顧問に就任。ヒラリーが当選したら自身が米国史上初の女性の国防長

（注27）年表は、Patrick Henningsen March 11, 2013「The Syria "Gun-Running Program": US and Britain Channel Large Shipments of Weapons to Al Qaeda Terrorists」（URL https://www.globalresearch.ca/the-syria-gun-running-program-us-and-britain-channel-large-shipments-of-weapons-to-al-qaeda-terrorists/5326131）Moon of Alabama April 8, 2016「U.S. Delivers 3,000 Tons Of Weapons And Ammo To Al-Qaeda and Co. in Syria」（URL https://www.globalresearch.ca/u-s-delivers-3000-tons-of-weapons-and-ammo-to-al-qaeda-and-co-in-syria/5519413）等を参照にして作成。
（注28）October 3, 2015「Obama slams Russian strikes in Syria as 'recipe for disaster'」（URL https://www.france24.com/en/20151003-russian-air-strikes-strategy-syria-recipe-disaster-obama）

官になるという野心をのぞかせたが、その言動はヒラリーが抱いていたシリアの体制打倒の狙いと連動していた。

米軍事問題専門のインターネットサイト「Defense One」は二〇一六年六月二二日、フロノイのインタビューを交えた「ヒラリー・クリントンの国防長官になりそうな人物は、ISとアサドと戦う米軍をもっと増やしたい」というタイトルの記事と、公開直後にフロノイが寄せた同記事への抗議めいた弁明を同時に掲載した。(注29)

オリジナルの記事では、フロノイが「アサド大統領の軍隊をシリア南部から追い出すよう米軍を指揮し、この地域でISと戦うためにより多くの米軍を送ると述べた」として、以下のように本人の主張を紹介している。

「もしアサド政権が、米国が支援する反政府同盟である『南部戦線』（注＝現在は南部での拠点を失い、トルコの庇護を受けた北部の『自由シリア軍』に統合）が占領している地域を爆撃すれば、米国は報復し、巡航ミサイルのようなスタンドオフ兵器を使ってアサド政権と関係のある標的を攻撃するが、ロシア軍が駐留する空軍基地は攻撃しない。報復攻撃にはシリアの前方作戦基地や……ダマスカスの治安機関施設が含まれる可能性がある」

フロノイは追加された本人の主張でこの記事が「歪曲」されたとし、「私は米軍の戦闘部隊を地上に派兵することを提唱してはいない」と強調しているが、改めて「シリアの軍事目標に対する報復として、状況によっては限定的な軍事的威圧（主にスタンドオフ兵器を使用した攻撃）を用いることを検討すべきだ」と、記事内容と同じことを繰り返している。

「リベラル介入主義」の野望

こうした主張には、前触れがあった。フロノイは同年六月一六日、当時のCNAS社長で、ブッシュ（子）政権ではNSCの中近東問題担当副局長だったリチャード・フォンテンと、CNASの「IS研究会」の共同議長名で「イスラム国を打倒する」というレポートを発表。そこでも「シリアの南西部と北西部でロシアの空爆を抑止するために軍事的強制力を行使」するとし、具体策として「特定の反対勢力が掌握する地域に『爆撃禁止区域』を設定することも含まれる」（注30）と提唱していた。

この「爆撃禁止区域」とは、リビアでの「飛行禁止空域」と違いはないはずだが、そのような「区域」を設定したらロシア空軍との直接衝突につながるのは間違いない。また「最も重要なのは、この地域で米国がどのような軍事行動をとるかについて、さらに前向きに取り組む姿勢」であるとして、「爆撃禁止区域」に留まらない軍事行動の拡大を求めている。

しかもオバマ政権のシリア政策として、「米国の戦略の全体的な目的は、ＩＳが米国とそのパート

（注29）Patrick Tucker June 20, 2016「Hillary Clinton's Likely Defense Secretary Wants More US Troops Fighting ISIS and Assad」（URL https://www.defenseone.com/policy/2016/06/hillary-clintons-likely-defense-secretary-wants-more-us-troops-fighting-isis-and-assad/129248/）

（注30）June 16, 2016「Defeating the Islamic State」（URL https://www.cnas.org/publications/reports/defeating-the-islamic-state-a-bottom-up-approach）

ナーに対する攻撃を実行する能力を大幅に低下させ、長期的には消滅させることであるべきだ」とし、そのために「シリア東部に大隊レベルの戦闘顧問を配置し、パートナー軍がより効果的にＩＳと戦えるように」し、同国を「多様な分散型統治機構」に変えるよう提唱している。

これはシリアに地上軍を派兵し、ついでに国を分割するという狙いだが、フロノイに「ＩＳとの戦い」は主権国家のシリアの専権事項であるという認識もなさそうなのは驚きだ。

一方、ヒラリーは大統領選挙があった二〇一六年の八月一五日、ペンシルバニア州での演説でシリアへの地上部隊派兵は「検討外だ」(注31)と言明。だが同時期のヒラリーの外交政策顧問で、オバマ政権では国防総省とＣＩＡの首席補佐官だったジェレミー・バッシュは「(ヒラリーの)大統領就任の『最初の重要任務』として、シリアに対する米国の戦略の『全面的な見直し』を命じ、アサド政権の『殺人的』性格を強調する政策を再設定する」(注32)と語っている。当然、地上軍の介入も排除しない構想が練られていたのは間違いない。

こうした動きは、任期終了まで残りの時間が少なくなっていたオバマにシリアへの強硬策を求める外部圧力として機能した面もあるだろう。米軍は二〇一五年一〇月から「ＩＳとの戦い」を名目にしてシリアに特殊部隊を派兵し、二〇一六年にはシリア政府の抗議を無視してヨルダンとイラクの両国境に近いアル・タンフに米軍基地を建設し、「地上部隊」を常駐配備している。現在も撤退する気配はないが、そうした現状からすれば、もしヒラリーが大統領に当選し、フロノイが国防長官になっていたら、シリアを中心に米軍が中東で大規模な軍事行動に踏み切る可能性が高かったのは疑いない。

このため、前出のジャーナリストのギャレス・ポーターは、「大統領候補者が、以前は存在しなかった拡大された新たな戦争を開始する子細な計画を、専門家を通じて作成していたなどという例は他に思いつかない」と「驚愕」(注33)を表明している。結果的にヒラリーの大統領選挙の敗北によってシリアにおける「爆撃禁止区域」の設定もアサド政権打倒も構想だけに終わり、フロノイと「リベラル介入主義」はアフガニスタンに続き、シリアでも失望を余儀なくされた。

国務省広報官への就任

オバマ政権は、アフガニスタンの増派作戦とリビアのカダフィ政権の打倒、そしてシリアの「木材用すずかけの木」作戦に象徴されるように、民主党内の左派やイラク戦争に反対してきた「草の根」市民運動が寄せていた就任前の期待とはかけ離れてしまう結果となったようだ。同時にそのことは、最初から交渉を排除し、特定の政権を打倒するという政治目的を優先する前政権の軍事外交政策の繰り返しという性格が強かった。特に一期目は、フロノイやヒラリーら「リベラル介入主義」の「三人組」の影響

(注31) August 15, 2016「In Scranton, Biden backs Clinton and slams Trump's foreign policy」(URL https://www.cbsnews.com/news/joe-biden-hillary-clinton-scranton-pennsylvania/)
(注32) Ruth Sherlock July 29, 2016「Hillary Clinton will reset Syria policy against 'murderous' Assad regime」(URL https://www.telegraph.co.uk/news/2016/07/29/hillary-clinton-will-reset-syria-policy-against-murderous-assad/)
(注33) Kelley Beaucar Vlahos Aug 16, 2016「Clinton's Syria War Plans」(URL https://www.theamericanconservative.com/clintons-syria-war-plans/)

によってもたらされた結果であったろう。

米国の調査報道の草分けの一人である故ロバート・パリーは、オバマについてアフガニスタンやリビア、シリア等を例に「大統領就任以来、軍国主義的（militaristic）でなく、対決的でもないと批判されているにもかかわらず、ネオコンとその『リベラル介入主義者』の同盟者たちに軍国主義的で対決的な政策を押し付けられてきた」と指摘。結局、「ネオコンに立ち向かうことができなかった」ことが「弱さ」であったと総括している。(注34)

リビアとシリアで動乱が始まった二〇一一年は、期せずして「リベラル介入主義」がネオコンと「同盟」した実態を示すもう一つの重要な出来事があった。同年五月一六日の、ヴィクトリア・ヌーランドの国務省広報官就任に他ならない。この人事は、ネオコンと呼ばれる政治勢力が後退期を抜け出し、「リベラル介入主義」と新たに融合することでワシントンでの影響力を維持する一つの契機となったと思われる。

前述したようにヌーランドは二〇〇五年から二〇〇八年まで駐ＮＡＴＯの米国大使であったが、ヌーランドが二〇一九年四月に非常勤研究員として入所したブルッキングス研究所のＨＰによれば、「アフガニスタン任務に対する連合国の支援とＮＡＴＯの世界的パートナーシップの強化に注力した」(注35)とあり、フロノイと同様にアフガニスタンでの戦争に深く関わっていた。

ＮＡＴＯは、二〇〇一年一二月からアフガニスタンでの戦闘を担当していた「国際治安支援部隊（International Security Assistance Force, ISAF）」の任務を二〇一五年一月に引き継いだが、ヌーランドは米軍以外にも他国の軍隊が加わるようになったのは、自分の尽力があったからと自負している。

国務省や外交を中心に取材を続けている米国のジャーナリストのニコラス・クラレフが一五人の外交官のインタビューを二〇一六年に本にまとめて刊行した『塹壕の中の外交官たち（DIPLOMATS IN THE TRENCHES）』では、次のようにアフガニスタン戦争勃発当時のヌーランドの動きが語られている。

「ブッシュ政権が九・一一の直後、タリバン支配下のアフガニスタンに一方的な攻撃を仕掛けた時、ヌーランドは、ブリュッセルの米国NATO代表部の次席代表だった。彼女と彼女の上司であるニコラス・バーンズ（注＝現駐中国大使）は、他の国々を米国の作戦に参加させることが、テロとの世界的な戦いに長期的な利益をもたらすと考えていた。しかし、ワシントンの権力者たちは興味を示さなかった。『私たちは四～五カ月かけてホワイトハウスにこう言いました。〝槍の先頭に味方は欲しくないが、槍を持つのを手伝ってくれるのはいい〟と。彼らは私たちを無視し、無視し、無視して、そしてついに〝よし、これをやろう〟と言い始めたのです。同盟国を巻き込む可能性に目を開かせたと感じました』と、ヌーランドは振り返る。最終的に、何十もの国がアフガニスタンの多国籍軍に加わった」

繰り返される嘘の数々

後にヌーランドがNATO大使という栄転に恵まれたのは、こうしたアフガニスタン戦争の「多国籍

（注34） June 23, 2014「Obama's True Foreign-Policy 'Weakness'」（URL https://consortiumnews.com/2014/06/23/obamas-true-foreign-policy-weakness/）

（注35） （URL https://web.archive.org/web/20210614123525/ https://www.brookings.edu/experts/victoria-nuland/）

化」に向けた努力と無縁ではなかっただろう。そしてNATO大使になってからも、この戦争に対するNATOの関与、及び米軍との一体化を促し続けた。

ヌーランドは二〇〇八年二月二五日、ロンドン・スクール・オブ・エコノミクスで講演した際に、「イラクが米国と英国の軍事の戦術・戦略に適応を迫ったように、アフガニスタンでのミッションはNATOに対し」、「二一世紀の対反乱作戦に何が必要なのか」について学ぶのを求めていると指摘した。

さらに「怖がらないでほしい」などと聴衆に前置きしながら、米国は「共通の利益と価値を守るために、そうすることができ、そうすることを厭わないヨーロッパを必要としている」として、「パレスチナからアフリカまで、そして我々が想像できない将来の課題」も担えるような、「安全保障と開発を支援するために要請される可能性のある場所であればどこでも効果的な共同行動をとれる」「より強力なNATO」(注36)を呼び掛けている。

これはヨーロッパ諸国がアフガニスタンでNATOの枠内で米軍により協力して、軍事的な「共同行動」に参加するのみならず、世界中で米軍に随伴するよう求めているのに等しい。しかもヌーランド個人のレベルではなく、拡大されたNATOを「中東や中央アジア、南アジアにおけるワシントンの世界的野心への参加者」にさせ、「米国の覇権の効果的な手段」(注37)に変えさせるという、以前からの米国の意思を反映した発言と見なすこともできるかも知れない。

ヌーランドの批判者たちは、このNATO大使時代の経歴についても問題視している。米国の女性を中心とした反戦団体の「Code Pink」は、以下のようにヌーランドのアフガニスタン戦争の責任について追及している。

「二〇〇五年、ヌーランドはNATO大使に就任し、米国による悲惨なアフガニスタン占領に参加するようヨーロッパに働きかけた。米国があの戦争に勝てると他の政府を説得する中で、彼女はヨーロッパ中にウソを売りつけ、アフガニスタンを破綻させ、六〇〇万人の子供と大人を飢餓の危険にさらしたほぼ二〇年間の占領を長引かせた（注38）」

アフガニスタン戦争拡大の責任を、ヌーランド一人に押し付けるのは酷だろう。しかし「ウソ」については、記憶に留めておく必要があるかもしれない。前出のロンドンでの講演で、ヌーランドは「アフガニスタンとパキスタンの国境沿いの山や洞窟で、タリバンは我々の都市やヨーロッパの都市への次の攻撃を計画し、訓練している」と主張。さらに「治安が弱い地域では、タリバンとその麻薬王が、より多くの一等地をケシの生産に追いやっている」と述べている。

だが、タリバンが欧米の「都市」を攻撃した事実はなく、攻撃の「計画」を裏付けるような証拠もない。さらにアフガニスタンのケシを原料とするアヘン（opium）については、事実は逆だ。国連薬物犯罪事務所（UNODC）が発表したデータでは、アフガニスタン戦争が始まった二〇〇一年にタリバン政権

（注36）「IDEAS and International Relations department public lecture　AMBASSADOR VICTORIA NULAND」（URL https://www.lse.ac.uk/assets/richmedia/channels/publicLecturesAndEvents/transcripts/20080225_Nuland_tr.pdf）

（注37）Tom Barry　March 31, 2004「Long Live NATO」（URL https://militarist-monitor.org/long_live_nato/）

（注38）August 2, 2023「"This is a dangerous step!"　CODEPINK's Statement on the Appointment of Victoria Nuland to Acting Deputy Secretary」（URL https://www.codepink.org/_this_is_a_dangerous_step）

の麻薬撲滅政策により、前年のケシ栽培面積が八万二〇〇〇ヘクタールから八〇〇〇ヘクタールに激減。ところが米軍の占領が始まってから最盛期となった二〇一七年には、推定値で三二万八〇〇〇ヘクタールと四〇倍以上拡大している。(注39)しかもタリバン政権が復活して二年目の二〇二三年には、ケシの栽培面積は一万八〇〇〇ヘクタールと三〇分の一以下に再び激減しているのだ。(注40)

後援者に救われる？

ヌーランドの性格なのだろうが、他者への批判の激しさのあまりか不正確な事実、あるいは虚偽を口にするケースが他でも目立つ。序章で紹介したヌーランドの国務次官補任命式の際のスピーチでも、同じような例があった。すなわち「プーチンのロシアは、ほとんどすべての大陸に戦闘機と武器を配備し、敵対勢力に対する偽情報、選挙干渉、抑圧的なキャンペーンを加速させている」(注41)という。

しかしながらロシア軍の本格的な海外基地は、シリアの地中海を臨むラタキア市南東にあるフメイミム空軍基地と、その南方の港町・タルトゥースの海軍基地の二カ所にほぼ限られる。全世界に約八〇〇の海外基地を展開する米軍と異なり、数、規模とも比較にならない。国務次官補クラスの官僚が、「ほとんどすべての大陸」などという誤まった認識を披露するのは奇異な印象を否めない。

ヌーランドはＮＡＴＯ大使の時代に軽くはない任務を負っていたが、前述したようにブッシュ（子）政権末期のネオコンの退潮に影響され、左遷人事を経験する。だがオバマ政権となってリビアとシリアの危機的情勢が拡大した時期に、広報官として本省へ復帰した。

復帰のきっかけは二〇〇一年三月に、前任の国務次官補フィリップ・クロウリーが、内部告発サイトのWikileaksに外交機密を提供した疑いで逮捕されたチェルシー（旧ブラッドリー）・マニングに対する虐待容疑を集会で取り上げ、国防総省を「愚かだ」と発言して辞職に追い込まれたこと。なぜヌーランドが後任に選ばれたのか不明だが、おそらくクリントン政権時代の国務副長官の上司で、民主党に影響力があったタルボットが国務長官だったヒラリーに採用するよう働きかけたのではないかと思われる。

タルボットは妻のブルック・シアラーが一九七〇年代初頭からヒラリーと親しかったこともあり、ヒラリーとは長年信頼関係を築いてきた。ヒラリーは国務長官として二〇一一年一二月、タルボットを米国の外交政策について国務長官と国務副長官、国務省政策企画局長に助言する諮問委員会である「外交政策委員会」の委員長に指名している。ちなみにタルボットは二〇〇六年七月以来就任していたシンクタンクのブルッキングス研究所の所長を二〇一七年一〇月に辞職したが、それ以前に、翌二〇一六年の大統領選挙でヒラリーが当選したら新政権の上級職に就くのではないかという観測も流れた。

しかもタルボットは、前出の「外交政策委員会」の二五人の委員の一人にロバート・ケーガンを選出している。これもタルボットがヌーランドとの関係以外に、ケーガンが上級研究員として勤務するブ

（注39）『Afghanistan Opium Survey 2017 Cultivation and Production』（URL https://www.unodc.org/documents/crop-monitoring/Afghanistan/Afghan_opium_survey_2017_cult_prod_web.pdf）
（注40）『Afghanistan opium survey 2023 Cultivation and production after the ban: effects and implications』（URL https://www.unodc.org/documents/crop-monitoring/Afghanistan/Afghanistan_opium_survey_2023.pdf）
（注41）序章（注31）と同。

ルッキングス研究所での上司でもあったことと無縁ではなかっただろう。

米国でネオコンに批判的な政治学者の一群に連なるピッツバーグ大学名誉教授のマイケル・ブレナーは、「ヌーランドを弟子と見なしていたタルボットによってオバマ政権にエスコートされた(注42)」と指摘しているが、ヌーランドのこの人事については政権内部で警戒する向きもあったようだ。

ネオコンの新たな再編

ヌーランドが広報官に就任する一三日前の二〇一一年五月一八日に、当時のヒラリーの顧問兼首席補佐官であったシェリル・ミルズからヒラリーに送信されたメールが、後になってWikileaksによって公開された。そこには「政治学者でワシントン・ポスト紙のコラムニストであるロバート・ケーガンと結婚しているヌーランドは、イラク侵攻直後の二〇〇三年七月から二〇〇五年七月までディック・チェイニーの国家安全保障担当首席補佐官を務めていたため、この(注＝広報官就任の)可能性には世間で若干、眉がひそめられている(注43)」と記されてあった。

ヌーランドはチェイニーの配下にいた経歴や、夫のケーガンもオバマが二〇〇八年の大統領選挙を闘った相手候補である共和党の故マケインの選挙チームの外交政策顧問であった点から、新たに誕生した民主党政権の国務省の「顔」になるのを不自然と感じたワシントンの住民も少なくなかったに違いない。しかもケーガンは二〇一二年の大統領選挙で、オバマの再選を阻むために出馬した共和党のミット・ロムニーの外交政策顧問も引き受けているが、少なくともヌーランドにとって不利益となった形跡はなかった。

前出のジャーナリストのダイアナ・ジョンストン著の『カオスの女王』によれば、ヌーランドは広報官に就任して「国務省におけるヒラリーのチームの密接な一員」となり、ヒラリーから「私の恐れを知らないスポークスウーマン」と呼ばれ、記者発表時の原稿もヌーランドが作成することもあったという。だが広報官といっても、直接政策を担当する役割ではない。「報道官としてヌーランドはロシアの反体制派に対するクレムリンの弾圧を『魔女狩り』として非難し、しばしばロシアに対して公の場で厳しい立場をとってきた(注44)」という事実はあったが、一躍注目されるようになるのは、第二次オバマ政権発足直後にヒラリーが国務省を去ってから約七カ月後の二〇一三年九月に、国務次官補(欧州・ユーラシア問題担当)に就任した以降となる。そして夫のロバート・ケーガンは、ネオコンのリーダーの中で例外的にオバマ政権になってからも存在感が衰えることはなかった。

ケーガンについて特筆すべきは、ネオコンの代表格と目されつつ、米国の軍事・外交政策への影響力が大きく、それが異例に長期間に及んでいる点にある。しかもネオコン自体はブッシュ(子)政権後半

(注42) July 3, 2016「Is Hillary Clinton a Warmonger?」(URL https://www.theglobalist.com/is-hillary-clinton-a-warmonger/)
(注43) Hillary Clinton Email Archive「KAMEN ON TORIA TODAY」(URL https://wikileaks.org/clinton-emails/emailid/27887)
(注44) Donald N. Jensen June 21, 2013「Three Women and Russia」(URL https://imrussia.org/en/russia-and-the-world/498-three-women-and-russia)

以降、急速に退潮を余儀なくされながらも、ケーガンはその有力メンバーとしてほぼ一人、未だ健在ぶりを示している。

前述したように、ケーガンが盟友のウィリアム・クリストルと組んで一九九七年に立ち上げたシンクタンクのＰＮＡＣは、手掛けた主要な文書として①一九九七年六月のＰＮＡＣ発足にあたっての「諸原則の声明②一九九八年一月に当時の大統領ビル・クリントンにイラクへの武力行使を求めた「書簡」③二〇〇〇年九月に共和党次期政権向けの世界戦略を発表した文書「米国防衛の再構築」の三点が特に名高い。そしてこれらの文書の賛同者、執筆者の現在を追跡すると、時代の流れを痛感してしまう。

これらにはブッシュ（子）政権時代の高官、例えば副大統領のチェイニーや国防長官の故フムズフェルド、国防副長官のウォルフォイッツ、国防次官のファイス、国務次官のボルトン等を筆頭に、知識人、政治家ら右派陣営の数々のそうそうたる有力メンバーが名を連ねていた。だが、そのなかで今日のワシントンで常時強い影響力を維持している存在としては、ほぼケーガン一人に限られよう。

「ケーガンファミリー」の影響力

ケーガン以外にワシントンでの活動が健在なのは、知名度は劣るがその実弟で③のプロジェクトに参加した軍事評論家のフレデリック・ケーガンが挙げられる。ネオコン系とされる右派シンクタンクのアメリカン・エンタープライズ研究所の研究員で、妻のキンバリー・ケーガンが二〇〇七年に創立して所長を務める戦争研究所（ＩＳＷ）のアナリストでもある。一時ＣＯＩＮの唱道者として売り出したこの夫婦は、以前からペトレイアスとの親密な関係で知られていた。

なおＩＳＷは、二〇二二年二月のウクライナ戦争勃発後、一時は『ニューヨーク・タイムズ』や『ワシントン・ポスト』等の「エリートメディアの頼りになる情報と分析のシンクタンク」となり、そうしたメディアから「ＩＳＷの記事が引用されない日はほとんどない[注45]」とされるほど、一挙に知名度は上がった。だが戦況について「親ウクライナ的な解釈」が目立つこのシンクタンクが、「ゼネラル・ダイナミクスやＲＴＸ（旧レイセオン）、さらに防衛関連企業としてはあまり知られていないゼネラル・モーターズ社のような国防総省と契約を結んでいる大企業などから資金を得てきた[注46]」という事実がある。

このため前出の故ロバート・パリーは、軍事企業からの献金を受けているブルッキングス研究所に勤務しながら常に軍拡と軍備強化を主張するケーガン、及びウクライナ戦争勃発前からウクライナへの兵器供与を主張してきたヌーランドとフレデリック・ケーガン夫妻を合わせ、「ケーガンファミリー」が「永続戦争の家業」を営んでいると皮肉っていた。これには当然、生前のケーガンの父親のドナルド・ケーガンも含まれていた。

つまり「政府権力の内部回廊を利用して戦争を刺激すると同時に、軍事支出の拡大を支持するシンクタンクの報告書や論説コラムを通じて国民の議論に影響を与える、ほぼ永続的な循環型のビジネスモデ

（注45） Robert Wright June 12, 2022「A case study in American propaganda」（URL https://responsiblestatecraft.org/2022/06/12/a-case-study-in-american-propaganda/）
（注46） （注45）と同。

ルを有している」(注47)と見なした。実際、ロバート・ケーガンを筆頭にこの「ファミリー」としての影響力の大きさは否定できない。

ケーガンは二〇〇八年にPNACが消滅を余儀なくされた後、政治的な逆風が吹くワシントンで二年後の二〇〇九年に、再びクリストルらと組んで前述の外交方針イニシアチブというシンクタンクを設立した。その結成趣旨では、「米国の外交、経済、軍事における世界への継続的な関与の促進と、米国を孤立主義への道に導く政策の拒否」が強調。さらに「政治的及び経済的自由を広めるために努力する米国のリーダーシップ」や「米国が21世紀の脅威に立ち向かう準備ができていることを保証するために必要な国防予算を備えた強力な軍隊の確保」等が提言され、かつてのPNACの二番煎じという印象を強くした。

外交政策イニシアチブはトランプ政権が発足した二〇一七年に、有力スポンサーで共和党の億万長者ポール・シンガーがそれまで提供していた資金を打ち切ったために活動が停止となる。だが、イランやシリアへの軍事的対応の強化、ロシアや中国の「人権問題」の追及といったテーマを取り上げ、「政策提言や主要新聞への論説の掲載、同じ考えを持つ団体と協力しての議員・政府関係者とのイベント共催など、さまざまな方法で政策課題を推進した」(注48)とされ、ケーガンはその先頭に立った。

それによって衰退したネオコンという存在が忘れ去られるのを防げたかもしれないが、ケーガンが他のネオコンとは異なって影響力を継続している最大の理由として、オバマ新政権になってもネオコンが誕生し、活動できた政治風土は必ずしも崩れていなかったという点が挙げられる。

ヒラリーを応援したネオコン

オバマは一時期、「ここ数十年のどの大統領候補よりもネオコンのイデオロギーと対極的な一連の外交政策を掲げて大統領に就任した（注49）」との評価を受けたが、同時に「ネオコンのイデオロギー」がすでにワシントンですでに足場を築いていたのも事実であったろう。

故パリーが述べたように、ネオコンは「アメリカン・エンタープライズ研究所から外交問題評議会、ブルッキングス研究所まで、シンクタンク内で重要な地位に就いていた。議会にはマケイン上院議員やリンジー・グラム上院議員、ジョー・リーバーマン上院議員などの強力な同盟者がいた。そして、テレビの番組やオピニオンページ、特に首都の地元紙である『ワシントン・ポスト』を席巻した」こともあり、すでにワシントンでは「〝インサイダー〟になっていた（注50）」という状況であった。なお『ワシントン・

（注47） March 20, 2015「A Family Business of Perpetual War」（URL https://consortiumnews.com/2015/03/20/a-family-business-of-perpetual-war/）
（注48） November 1, 2019「Foreign Policy Initiative」（URL https://militarist-monitor.org/profile/foreign_policy_initiative/）
（注49） Daniel Luban August 26, 2009「Neoconservative Resurgence in the Age of Obama」（URL https://militarist-monitor.org/neoconservative_resurgence_in_the_age_of_obama/）
（注50） Robert Parry March 14, 2014「Neocons Have Weathered the Storm」（URL https://consortiumnews.com/2014/03/14/neocons-have-weathered-the-storm/）

ポスト』では現在も、ケーガンがオピニオン欄の常連執筆者となっている。

続いて見逃せないのは、ケーガンが他のネオコンの有力メンバーに先駆けてオバマ政権内の「リベラル介入主義」と連携できた点だ。両者はＤＰＧ１９９２、ＱＤＲ１９９７で示された軍事的優位の確立によるヘゲモニーの独占的保持という志向の強さで共通する。特に際立ったタカ派であり、「今後一〇年以内にイラン人が愚かにもイスラエルへの攻撃を検討するかもしれないが、我々はイラン人を完全に抹消（obliterate）することができるだろう」（注51）などと公言するヒラリーは、ケーガンにとって軍事外交政策で一致できる理想の「大統領候補者」であったはずだ。ヒラリーが国務省を去って翌二〇一四年の六月一五日付の『ニューヨーク・タイムズ』紙には、ケーガンとの蜜月状態を物語る記事が掲載されている。そこではケーガンが「ヒラリーの外交方針に関しては心地よさを覚える」と語り、「我々にとってヒラリーが追求するだろうと考える方針をその通りに追求してくれたら、その方針はネオコンと呼ばれるようなものだ」（注52）と期待を寄せている。またケーガンは、自身をネオコンというよりは「リベラル介入主義者」と呼ばれる方が好ましいとまで口にするようになった（注53）。

さらにケーガンは二〇一四年の五月に発行された保守誌『ザ・ニュー・リパブリック（The New Republic）』に「超大国は引退しない（Superpowers Don't Get to Retire）」と題した長文の記事を掲載し、話題を集めた。内容は米国例外主義に貫かれ、米国の軍事力による世界支配の歴史に讃辞を寄せるものだが、中国やイラン、シリア、ロシアを例に挙げて「危機」を煽りながら、以下のように指摘している。

「多くの米国人と、オバマ大統領を含む両党の政治指導者たちは、過去七〇年間米国の外交政策を支えてきた前提を忘れているか、あるいは否定している。特に米国の外交政策は、米国の利益と世界中の多くの人々の利益を同一視するグローバルな責任感から離れ、より狭く、より偏狭な国益の擁護へと向かっているのかもしれない(注54)」

そしてこのままだと「世界を救うために待機している民主的超大国」は存在しなくなるかのような「警告」までしている。ケーガンの意図は民主党に対し、オバマとは異なってネオコンが批判した「消極的姿勢」から脱却し、ヒラリーを中心に基本的価値・政策でネオコンと一致する新たな多数派を形成するのを呼びかけることにあっただろう。

ネオコンと「リベラル介入主義」の融合

ＣＩＡの諜報員出身で、ネオコンに対する厳しい批判者として知られている前出のフィリップ・ジラルディは、「ケーガンファミリー」が「共和党と民主党の両方のエスタブリッシュメントの外交政策の

（注51）二〇〇八年四月二二日、ＡＢＣのニュース番組「グッドモーニング・アメリカ」での発言。April 22, 2008「Clinton says U.S. could 'totally obliterate' Iran」（URL https://www.reuters.com/article/idUSN22243327/）

（注52）「Events in Iraq Open Door for Interventionist Revival, Historian Says」（URL https://www.nytimes.com/2014/06/16/us/politics/historians-critique-of-obama-foreign-policy-is-brought-alive-by-events-in-iraq.html）

（注53）Jacob Heilbrunn July 5, 2014「The Next Act of the Neocons」（URL https://www.nytimes.com/2014/07/06/opinion/sunday/are-neocons-getting-ready-to-ally-with-hillary-clinton.html）

（注54）（URL https://newrepublic.com/article/117859/superpowers-dont-get-retire）

中枢にうまく浸透し、支配するようになった」(注55)と論じているが、オバマ政権時代のケーガンが、孤軍奮闘のように自身の影響力拡大を実現したのは間違いない。

一方でオバマは、こうした挑発的なケーガンの論評に対して反発するどころか、議会関係者との私的な会合の機会を設けるのも疎んでいたにもかかわらず、あえてホワイトハウスでの昼食会にケーガンを招くなど迎合的な姿勢に終始している。

そしてケーガンは、二〇一六年の選挙が近づくにつれそれまでの共和党員の立場から一転して自身を「元共和党員」と呼び、「ヒラリー支持」の姿勢を鮮明にする。同時に、「非介入主義者」と見なされた対立候補のドナルド・トランプに対し、他のネオコンや共和党右派らと共に攻撃する側の急先鋒となった。

同年の『ワシントン・ポスト』二月二五日付でケーガンは「トランプは共和党のフランケンシュタインの怪物だ。今や党を破壊するまでに強い」という刺激的なタイトルのコラムを発表。トランプを「米国史上最も成功した政治扇動屋のペテン師」と呼んで共和党の「疫病」と批判する一方、「国を救うための「唯一の選択肢はヒラリー・クリントンに投票することだ」(注56)と呼びかけた。

こうしたケーガンの発言に応えるかのように、CNASは二〇一六年五月一六日、長大な戦略文書『米国の力を拡張する（EXTENDING AMERICAN POWER）』(注57)を発表する。そこにはヒラリーの政権が誕生した場合に備えて「リベラル介入主義」に基づく外交方針を作成し、理論付けしようとする意図が強く感じられた。

文書の署名者は計一〇人だが、六回の会合を通じてまとめられたとされる。注目すべきはCNASのこの種の文書としては初めてケーガンが加わった点にあり、CNASのフロノイとキャンベル、フォンテン以外にオバマ政権の経験者で「リベラル介入主義」のジュリアン・スミス（現ＮＡＴＯ常駐代表）ら二人と、ブッシュ（子）政権時代の高官だった以下の著名なネオコンが顔をそろえていた。

エリック・エーデルマン　キャリア外交官で、ブッシュ（子）政権（二期目）の元国防次官。ケーガンが創立したＦＰＩの理事。『ワシントン・ポスト』二〇一四年九月一九日付でフロノイと連名で、「国防費の削減は国家安全保障を傷つけている」（注58）と題したオピニオン記事を発表。

ステファン・ハドリー　ブッシュ（子）政権（二期目）の国家安全保障担当大統領補佐官。同政権の「イラクの大量破壊兵器」情報の捏造メンバー。旧レイセオン（現ＲＴＸ）の取締役。

ロバート・ゼーリック　ブッシュ（子）政権（二期目）の国務副長官。ＰＮＡＣの「サダム・フセインの排除を求める大統領宛書簡」（一九九八年）への署名者。二〇一二年ミット・ロムニー大統領選挙キャ

（注55）August 22, 2023「Neocons and Other Malignancies in the American Body Politic」（URL https://www.globalresearch.ca/neocons-malignancies-american-body-politic/5829848）

（注56）「Trump is the GOP's Frankenstein monster. Now he's strong enough to destroy the party」（URL https://www.washingtonpost.com/opinions/trump-is-the-gops-frankenstein-monster-now-hes-strong-enough-to-destroy-the-party/2016/02/25/3e443f28-dbc1-11e5-925f-1d10062cc82d_story.html）

（注57）（URL https://s3.us-east-1.amazonaws.com/files.cnas.org/documents/CNASReport-EAP-FINAL-1.pdf）

（注58）「Cuts to defense spending are hurting our national security」（URL https://www.washingtonpost.com/opinions/cuts-to-us-military-spending-are-hurting-our-national-security/2014/09/18/6db9600c-3abf-11e4-9c9f-ebb47272e40e_story.html）

ンペーンの国家安全保障移行計画責任者。元世界銀行総裁。

「疑う余地のない軍事的優位性」を主張

オバマ政権時代に進行したネオコンと「リベラル介入主義」の融合が、「ヒラリー政権」を目指してここに最終的に具体化した形となった。「競争的な国際秩序における米国の関与を拡大するための戦略(Strategies to Expand U.S. Engagement in a Competitive World Order)」という副題のこの文書は、米国が利益を得ている世界の「ルールに基づく秩序」が、「ロシアや中国のような強力で野心ある権威主義的な政府」等によって揺さぶりをかけられていると強調。そのため、「米国の利益にとって好ましいルールに基づいた国際システムの長期的持続を確保する最良の方法」は、「アジアと欧州、拡大された中東で米国のパワーとリーダーシップを拡張する」ことにあるとする。

さらにそのための手段として「米国の国家安全保障と防衛の支出の顕著な増大」を求め、必要とされる国防予算が不足しているという批判が全編を通じて繰り返されている。

「米国は、欧州と東アジア、中東の世界の三つの地域における安全保障の主要な提供者で在り続け、将来も変化はない。それゆえに、この要請に応えるため、国防に投じる資源は十分でなければならない」

「とりわけ、米国は今日、明日の戦争を抑止し、遂行するのを可能にする必要がある。(大国としての)ロシアの再出現から、ルールに基づく国際秩序に挑戦して中東に混乱や権力闘争をもたらしている中国の勃興まで、米国はいくつかの異なった任務を横断して柔軟に対応し、打ち勝つ戦力を必要としている」

またシリアについては、「内戦の政治的解決はあり得ない」とし、「穏健な反体制派の民兵が武装し、訓練し、組織化できる安全な空間を作り出す」ためとして、「適切な飛行禁止空域を含め、必要な軍事力を行使しなければならない」と、「アサド打倒」を最優先するヒラリーやフロノイの主張が盛り込まれている。

こうした内容について、通信社ＩＰＳのワシントン支局長でベテランの政治評論家であるジム・ローブは「ルールに基づく秩序」が唱えられながら、国連に関しては一言も触れられていないと指摘。さらに「ユーラシアにおいて起こり得るあらゆる挑戦を阻止または克服するため、疑う余地のない軍事的優位性を維持するという点で、ＤＰＧ１９９２ほどではないが、文書の精神はＤＰＧ１９９２の文言とかなり一致している」と指摘し、この文書を「ＤＰＧ１９９２のソフト版(注59)」と呼んだ。

正確には期待された「ヒラリー政権」の基本方針の青写真であったろうが、ローブの指摘は、ケーガンが狙ったネオコンと「リベラル介入主義」の融合が、結局ＤＰＧ１９９２、そしてＱＤＲ１９９７に盛り込まれた軍事外交政策の全面展開を帰結するという事実を反映していただろう。またこの書の「世界秩序を維持するという任務は困難であり、終わりがない」という記述は、実質的に抑制されない半永

（注59） May 25, 2016「The Neocon-Liberal Hawk Convergence Is Worse Than I Thought」（URL https://lobelog.com/the-neocon-liberal-hawk-convergence-is-worse-than-i-thought/）

久的な戦争状態を宣言するに等しかった。

さらにこの「ヒラリー政権」の「青写真」で示された基本理念は、トランプ個人の言動とは無関係に次期トランプ政権によって継承され、さらにバイデン現政権でも同様の扱いを受けたように思われる。加えて忘れてならないのは、この文書が発表される二年以上前に、すでにユーラシアにおける「米国のパワーとリーダーシップを拡張する」ための極めて重要な手が具体的に打たれていたという事実だ。言うまでもなく、二〇一四年二月のウクライナにおけるクーデターに他ならない。そしてそこで一躍脚光を浴びたのは、周知のように「ケーガンファミリー」のヌーランドであった。

第五章　クーデターの闇の中で

米国の実業家のイーロン・マスクがウクライナ戦争勃発から一年後となる日の前日の二〇二三年二月二三日に、X（旧ツイッター）にツイートした短い文章が少なからず注目を集めた。そこには、「ヌーランド以上にこの戦争を推進した者はいない（Nobody is pushing this war more than Nuland）（注1）」とあった。

これに対し当のヌーランドは、いたって冷笑的な態度で応じた。二月二三日付の『ワシントン・ポスト』（電子版）にはヌーランドのインタビュー記事が掲載されており、同紙の副編集長兼コラムニストのデビッド・イグナチウスが「個人的な質問」としてマスクの文面を引用し、「あなたの反応を聞きたい」と切り出した。これに対しヌーランドは、次のように返答している。

「ここで基本的な事実から始めたいと思いますが、これはよく知られていると確信しています。それは、もしこの戦争が終わるとしたら、ウラジーミル・プーチンが戦争を終わらせて軍隊を撤退させることを選択すれば、明日終わる可能性があるということです。したがって、これは私たちに関することで

（注1）（URL https://twitter.com/elonmusk/status/1628441775923949569）

はありません（So this is not about us）」(注2)

マスクがツイートしたように、ヌーランドがウクライナ戦争を「推進した」という認識は米国内外で少なからず共有されている。

これに対し「私たち」、すなわち個人的にも米国も「戦争を推進した」のではないというのが、ヌーランドの反論だ。

しかしマスクがどう判断しているかは別にして、ヌーランドが「この戦争を推進した」という判断する側の多くは、二〇一四年二月二二日にキエフで「ロシア協調派」とされた大統領のビクトル・ヤヌコビッチが追い落とされたクーデターが、二〇二二年二月二四日のロシア軍のウクライナ侵攻と不可分であるという認識を前提としている。そしてヌーランドがクーデターに関与したという判断から、「戦争を推進した」との評価が生じているはずだ。

これに対し、二〇一四年の政変は民衆が主人公の「民主革命（尊厳の革命）」であって、そもそも「クーデター」ではないという主張がある。ウクライナ戦争もプーチンとロシアにすべての責任が帰せられる「いわれのない（unprovoked）侵略」である以上、その八年前の「民主革命」とは無関係だと見なされる。

だが、二〇一四年と二〇二二年が連続しているという認識は、他ならぬNATO事務総長のイェンス・ストルテンベルグも同意している。それはストルテンベルグが、ロシアのウクライナ侵攻の原因をNATOの拡大に求めるという、NATO加盟諸国を始め西側では「ロシアのプロパガンダ」として退けられる説を事実上認めているからだ。

ストルテンベルグは二〇二三年二月一四日、ブリュッセルのNATO本部で開催された加盟国の国防相会議に先立つ記者会見で、注目されなかったが重要な事実を口にした。AP通信の記者から「なぜ人々は、NATOはロシアと戦争状態にないと信じるべきなのでしょうか」と聞かれた際、「NATOとNATOの同盟国は紛争の当事国ではないが、我々はウクライナの自衛権を支持している」と述べたのに続き、以下のように発言している。

「もう一つ言っておきたいのは、戦争は昨年二月に始まったわけではないということです。戦争は二〇一四年に始まりました。そして二〇一四年以来、NATO同盟国はウクライナに訓練や装備を提供してきました。そのため、二〇二二年のウクライナ軍は二〇二〇年や二〇一四年よりもはるかに強力になりました」[注3]（傍線引用者。以下同）

戦争の原因はNATOの国境への接近

さらにストルテンベルグは二〇二三年九月七日、欧州議会の外務委員会と安全保障・防衛小委員会合同会議の冒頭でのあいさつで、ウクライナ戦争に関し「戦争が始まったのは昨年二月ではなかった」と

（注2）「Transcript: World Stage: Ukraine with Victoria Nuland」（URL https://www.washingtonpost.com/washington-post-live/2023/02/23/transcript-world-stage-ukraine-with-victoria-nuland/）

（注3）「Doorstep statement by NATO Secretary General Jens Stoltenberg ahead of the meetings of NATO Defence Ministers in Brussels」（URL https://www.nato.int/cps/en/natohq/opinions_211698.htm）

発言。それは「二〇一四年に始まりました。本格的な侵攻は昨年起きましたが、二〇一四年に戦争やクリミアの違法な併合があり、ロシアはドンバス東部に入った」とし、現在のＮＡＴＯのウクライナ支援は「二〇一四年に我々が交わした約束」の「実証」であるとしながら、以下のように述べている。

「プーチン大統領が二〇二一年秋に宣言し、実際にＮＡＴＯに署名してほしいという条約案を送り、これ以上のＮＡＴＯ拡大をしないと約束させようとしたことがあります。それが、彼が私たちに送ってきたものでした。そして、ウクライナに侵攻しないための前提条件だった。もちろん、私たちはそれに署名しませんでした」

「彼は、私たちがその約束に署名することを望んでおり、決してＮＡＴＯを拡大しないことを望んでいました。彼は一九九七年以来、ＮＡＴＯに加盟しているすべての同盟国から軍事インフラを撤去することを望んでいた。……私たちはそれを拒否しました。そこで彼は、ＮＡＴＯがより国境に近づくのを阻止するために戦争を始めました」（注4）

ここでのストルテンベルグの発言の意図は、プーチンはＮＡＴＯが「より国境に近づくのを阻止」しようと戦争を始めたにもかかわらず、結果的にスウェーデンとフィンランドがＮＡＴＯに加盟してしまったので、「全く逆のことをしている」と皮肉ろうとした点にあった。

だがストルテンベルグがどこまで気付いているか別にして、これは「ＮＡＴＯの東方拡大をウクライナ戦争と結びつけるのはロシアのプロパガンダ」と見なす集団的西側（The Collective West）の支配的な言説を、自ら否定したに等しい。明らかにロシアは「ＮＡＴＯがより国境に近づくのを阻止するために戦争を始めました」として、「プロパガンダ」と同じ認識を示している。

この「我々が交わした約束」とは、ウクライナも加わった「NATO―ウクライナ委員会」が二〇一四年一二月二日に発表した「共同声明」(注5)を指している。そこでは「防衛及び安全保障分野における協力強化」や、「ウクライナ軍とNATO軍の間の相互運用性の向上」等が明記されている。ロシア側にすれば、そのような措置こそ「NATO拡大」と同一視される。

実際、二〇一四年のクーデター後のウクライナ新政権がそれまでの「中立」政策を撤回してから、後述するように黒海を始めロシア国境付近での米軍やNATOのプレゼンス、共同演習が一挙に強化されていった。それをロシアが、NATOが「より国境に近づく」事態と見なしても不思議ではない。

このように、ストルテンベルグが認めたように二〇一四年と二〇二二年の連続性は存在すると考えられる。ウクライナの「中立」を堅持し、NATO加盟を認めなかった二〇一四年のヤヌコビッチの追い落としがなければ、ロシアが最も恐れた「NATOがより国境に近づく」事態には決してならなかったに違いない。二〇二二年の戦争勃発も同様だろう。

(注4)「Opening remarks by NATO Secretary General Jens Stoltenberg at the joint meeting of the European Parliament's Committee on Foreign Affairs (AFET) and the Subcommittee on Security and Defence (SEDE) followed by an exchange of views with Members of the European Parliament」(URL https://www.nato.int/cps/en/natohq/opinions_218172.htm)

(注5)「Joint statement of the NATO-Ukraine Commission」(URL https://www.nato.int/cps/en/natohq/official_texts_115474.htm)

経歴からウクライナが消えた

問題は、結果的に「NATOがより（ロシアの）国境に近づく」という事態を生む直接の原因となったクーデターに、ヌーランドがどこまで関与していたのかという点だ。本人が「戦争を推進した」という指摘の是非の大きな部分は、それが立証されるか否かにかかってくる。そしてそれを考えるにあたってまず前提とされるべきは、ロシア語も使えるヌーランドがウクライナのクーデター当時、欧州・ユーラシア問題担当の国務次官補としてこの国を守備範囲にしていたという事実だ。

ところが、二〇二一年四月一五日の国務次官の指名承認を求める上院外交委員会でのスピーチで、ヌーランドは「国務省に三二年以上勤務し、共和党と民主党の両政権で五人の大統領と九人の国務長官に仕えた」としながら、次のように国務次官補就任時のスピーチと同じ口調で経歴を語っている。

「私の国務省でのキャリアは、冒険と挑戦と歴史的瞬間に満ちていました。一九八五年の中国・広州での最初の視察から、米中関係は非常に有望に思えました。一九九一年、赤の広場にソ連国旗が降ろされ、ロシア国旗が掲揚されるのを見た。ルワンダからハイチ、ボスニア、コソボまで、厳しい軍備管理問題や紛争に取り組みました。ツインタワーが倒壊した翌日、我々の偉大な同盟が、一国への攻撃をすべてへの加盟国の攻撃と見なす第五条を発動した際、NATOの次席代表として務めたのです。そしてもちろん、ブッシュ政権で駐NATO大使を務め、オバマ政権では欧州・ユーラシア担当国務次官補を務めて議員の多くの皆さんと緊密に仕事をする機会がありました（注6）」

ウクライナ・キエフのタラス・シェフチェンコ国立大学を訪れ、歓迎されるヌーランド。（2014年10月7日。在キエフ米国大使館提供）

ここでは、ヌーランドの「国務省でのキャリア」を語る上で外せないはずのウクライナでの活動は、奇妙にも一切触れられていない。意識的あるいは無意識的に、自身のウクライナへの関与が、米国政府のウクライナ戦争への公式見解に影を投げかけるという判断が働いたのだろうか。

ヌーランドとウクライナの深い関わりを象徴するものとして、二〇二三年四月にマサチューセッツ州空軍州兵の第一〇二諜報部門に所属する空軍士官ジャック・テシェイラが、軍事・外交の機密文書をメッセージアプリ「ディスコード」に投稿した事件が挙げられる。それらの文書の中には、ヌーランドの名前が登場するものが含まれていた。

二〇二三年七月に退任した当時の国防次官コリン・カールが、同年二月二二日付で米国国際開発庁（ＵＳＡＩＤ）長

（注6）　April 15, 2021「Statement of Victoria Nuland Nominee for Under Secretary of State for Political Affairs Senate Foreign Relations Committee」（URL https://www.foreign.senate.gov/imo/media/doc/041521_Nuland_Testimony.pdf）

官のサマンサ・パワーに出した書簡であり、文面は以下だ。

「国防総省はウクライナの現大統領であるウォロディミル・ゼレンスキーに関して、国務次官のヴィクトリア・ヌーランドに同意する。ヌーランド国務次官は、ゼレンスキー大統領が現在のポジションに適合せず、米国政府との約束を破り、政治的力量を急速に使い果たしていると評価しているのは極めて正確だ。

国防総省の上級担当官とヌーランド国務次官は、ゼレンスキー大統領が二〇二四年中に辞職し、ヴィタリー・クリチコ現キエフ市長が大統領に選ばれるための条件が作られる必要があると提言する。国防総省はこの問題に関し、貴下に情報を提供していく。貴下の引き続きのウクライナの同盟諸国とパートナー諸国に対する支援に感謝する」

オバマの二枚舌？

この書簡の日付である二〇二三年二月二二日といえば、ドネツク州のウクライナ軍の拠点だったソレダルがその前月にロシア軍によって攻略され、さらに要衝の同州バフムートに対するロシア軍の包囲戦が進展した時期だ。そのため、前年一一月のロシア軍のウクライナ南部ヘルソン撤退に伴って大々的に主流派メディアによって煽られた「ウクライナ有利」の宣伝が陰りを見せ、米国の政権内でゼレンスキーの指導力に疑問符が付き始めた可能性がある。そのため「二〇二四年」にクリチコと交代させるという意図を各機関に伝えるため、書簡が作成されたようだ。

特にＵＳＡＩＤ（米国国際開発庁）は、後述するように実質的にＣＩＡの合法活動を担う全米民主主義基金（ＮＥＤ）への資金拠出機関であり、ＮＥＤが以前からウクライナのクーデターにおける大衆工作の中心部隊であったと思われる事情もあって、通知は欠かせなかったのだろう。そこでは国防総省がヌーランドの見解をまず求めた形跡がうかがえ、それだけ当時も対ウクライナ政策でヌーランドが格別の重きを置かれていた実態がうかがえる。言うまでもなくＵＳＡＩＤの現長官のパワーは、オバマ政権時代に大統領特別補佐官等を歴任してリビアを筆頭に「リベラル介入主義」をいかんなく発揮した。

二〇一四年のクーデターが起こされたのはオバマ政権時代だが、トランプ政権時を除き、現在のバイデン政権の両民主党政権で米国のウクライナ政策を一貫して動かしていたのは、バイデン－ヌーランドのラインとされる。このクーデターについては依然多くが不透明のままだが、オバマが直接関与していた可能性は薄い。前出のオバマ政権時代の国家安全保障担当副補佐官だったベンジャミン・ローズの回想録『あるがままの世界』では、二〇一四年二月にキエフでの暴動が激化した時期についての以下のような描写がある。

「オバマは（キエフの治安悪化に）警戒していた。オバマは反政府運動参加者が、ウクライナの変革にとっての機会をもたらすとは考えていなかった。なぜなら、そうした変革自身が起きること自体に懐疑的であったからだ」

そしてクーデター後、米国にとっては好ましくないクリミアのロシア編入への動きが始まるが、その際にオバマがプーチンと電話で会談した際の様子も記されている。

「オバマはプーチンと長時間の会話をし、米ロ両国が共に前向きに進める共通の利害を探そうとした。

これらの電話会談は一時間以上に及び、プーチンはいつも会話を自身が情勢悪化の根源と見なすものに話題を切り替えようとした。すなわち、プーチンの見方によればヤヌコビッチを倒した勢力は米国によって手ほどきされたのであり、そうした勢力のリーダーたちの何人かは、米国の民主化促進プログラムからの資金を受け取っているではないか、と述べた」

「オバマは時間をかけて反論し、米国はウクライナを支配しても何の利益にもならないし、ウクライナとロシアの歴史的つながりを尊重していると強調した。そして『我々の一貫した利害とは、主権国家が内外の政策を自ら決定できるという基本的な国際的原則を擁護することにある』と述べた」

「舞台裏の主要なアクター」

オバマの当時の発言を二枚舌と見なすのか、それとも本音と受け止めるのか、解釈は分かれるかもしれない。『ロサンゼルス・タイムズ』が二〇一九年一〇月五日付で報じたところでは、ウクライナのクーデター後にクリミアがロシアに編入される形となったため、「ウクライナはオバマ政権の最重要課題に躍り出た。オバマは基本的に職務を副大統領にアウトソーシングしたが、大方の見方では、バイデンはこの仕事を熱心に受け入れた」という。

「『ウクライナは、我々が注力していた外交政策課題のトップか、あるいはトップの三つの一つだった』と、当時バイデンの外交政策・防衛政策顧問だったマイケル・カーペンターは述べた。『バイデンは最前線で中心的存在だった』」（注7）

オバマがバイデンにどのような指示を与えていたか不明だが、基本的にウクライナ問題への対応をバイデンに一任していたのは間違いなさそうだ。だがウクライナへの関与を本格化した時期をロシアのクリミア編入後とするのは、明らかに『ロサンゼルス・タイムズ』の誤認だと思われる。

米国のジャーナリストのポール・スペリーは、民主党がトランプへの攻撃に利用した「ロシアゲート」騒動の内幕を仔細に追った記事「プーチンを阻止するため、ウクライナと民主党は二〇一六年の大統領選挙でトランプに対抗した」で、「オバマの外交官トップ（その多くが現在、バイデン政権のトップのポストに就いている）がキエフの政権転覆を画策し始めた」のは、「少なくとも（クーデター前の）二〇一四年一月にまでさかのぼることができる（注8）」と分析している。その時点で副大統領のバイデンをトップに、国務次官補のヌーランドと当時の国家安全保障担当副大統領補佐官のジェイク・サリバン、国家安全保障担当大統領副補佐官のアントニー・ブリンケンらの「外交チーム」が政権内で形成されていた。

これとほぼ同じ視点に立っているのが、パリを拠点とする国際問題サイト「Worldcrunch」に二〇一四年三月九日付で掲載された、ウクライナのクーデターの内幕に関する記事だ。そこでは、二〇一三年一二月初旬の段階でオバマはウクライナについて「最優先事項ではなく、この件でロシアと

（注7） Tracy Wilkinson Sergeil L Loiko「Here is what Joe Biden actually did in Ukraine」（URL https://www.latimes.com/politics/story/2019-10-05/bidens-visits-to-ukraine-under-scrutiny）

（注8） March 10, 2022「Ukraine Worked With Democrats Against Trump in Election 2016 to Stop Putin. That Bet Backfired Badly」（URL https://www.realclearinvestigations.com/articles/2022/03/10/how_ukraine_conspired_with_dems_against_trump_to_prevent_the_kind_of_war_happening_now_under_biden_820873.html）

口論する必要はない」と述べ、「シリアと中東の方がはるかに重要だ」との認識を示したという。だが、やがてオバマは姿勢を転換したようだ。

「わずか数週間の間に状況は大きく変わった。キエフでの警察とデモ隊の衝突は世界中に放映され、今やメディアはウクライナ情勢を連日報じるようになった。『我々はこれをCNNファクターと呼んでいる』と、ホワイトハウスの情報筋は言う。『ウクライナは今、非常に多くの人々にとって興味深い国だ』」

「ワシントンの高官が、ウクライナを最も強く応援していることは明らかだ。『もちろん、トリア・ヌーランドだ。ウクライナは、彼女の大義だ』と情報筋は語った。……『ヌーランドにとって、それは非常に重要な出来事であり、ポスト・ソビエト・モデルから民主主義への移行だった。だから米国の関与について言えば、特にヌーランドは我々の側の舞台裏の主URL要なアクターの一人だった』と、ヌーランドに近いある米国の専門家は語る[注9]」

暴走の背景

こうなると当時のオバマが、ローズの回想録にあるようにクーデターを前後してロシアに対し「共に前向きに進める共通の利害を探そう」という姿勢であったのかどうか大いに疑問が残る。しかも回想録の通りであったとしても、ヌーランドがオバマの意向に忠実であろうとしたような形跡は一切ない。

当時、ヌーランドの上司だった国務長官のジョン・ケリーは、イスラエルとパレスチナの和平交渉など中東問題に時間を取られていた。また「ヌーランドは自分より格上の欧州の上級指導者たちと頻繁に会い、彼らが聞きたくないメッセージを伝えている。……こうしたデリケートな仕事の多くは、伝統的にヌーランドの上司である政務担当国務次官ウェンディ・シャーマンに押し付けられるものだった。しかしシャーマンはイランとの核交渉で米国の交渉チームを率いるという重大な任務を背負わされており、ヌーランドに国務次官補としては異例の裁量と影響力を与えている（注10）」という事情があった。

また国務副長官であったウィリアム・バーンズ（現ＣＩＡ長官）も、シャーマンと同様にイランとの核交渉に忙殺されていた。そのためヌーランドは対ウクライナ工作で当時、バイデンに直属する指令系統にあったのは疑いない。

ヌーランドの上司だった前出の元国務副長官タルボットの証言によれば、「ヌーランドは強い自信を持っており、どのような政権であっても、自分が仕えている政権のために働くことに絶対的な献身性を有している（注11）」という。ヌーランドがウクライナに関し個人的に暴走したというよりも、大きな米国の戦略的枠組みの中でそれを前提としつつ、外交官としては型破りな印象を受けるまでに精力的に「自分が仕えている政権」のため動いたと見なす方が事実に近いだろう。具体的にその相手は、元副大統領で現

（注９） Alexander Gabuev March 9, 2014「Eastern Roots For Western Duo Staring Down Moscow」（URL https://worldcrunch.com/ukraine-winter-1/eastern-roots-for-western-duo-staring-down-moscow
（注10） 序章（注37）と同。
（注11） 序章（注37）と同。

大統領のバイデン（及びその背後にいる国家安全保障機構）であった。

バイデン政権では、国務長官のブリンケンと国家安全保障担当大統領補佐官のサリバンが大統領を支える布陣だが、ソーシャルメディアを中心に活動しているジャーナリストのナタリー・ウィンターズによれば、「ホワイトハウスの訪問者記録から入手したデータは、ヌーランドがバイデンのウクライナ政策に対して（以前と）同様の影響力を保持しているのを示唆している（注12）」という。

例えば「ロシアとウクライナの紛争が始まってから二週間も経たないうちに、ヌーランドはバイデン大統領と二回会談した。記録によると、彼女の二〇二二年三月四日と二〇二二年三月七日の訪問は非公開だった。ヌーランドの最初の会談の翌日の二〇二二年三月五日、バイデン大統領はウォロディミル・ゼレンスキーと電話会談を行い、そこで『ロシアへの費用を捻出するために米国、その同盟国とパートナー、民間産業が実施している進行中の（経済制裁等の）行動を強調した』と述べた。……同様にヌーランドとバイデン大統領との二度目の会談の翌日の二〇二二年三月八日、バイデン大統領は、その措置によりガソリン価格がさらに高騰することを認めたにもかかわらず、米国へのロシア石油輸入を禁止すると発表した」とされる。

似たような例はまだあり、ヌーランドとバイデンの会見にブリンケンやサリバンも同席していただろうが、過去の二〇一四年の「外交チーム」と同様、次官のヌーランドの影響力の大きさは健在であったと考えられる。では、ヌーランドが「戦争を推進した」という事実があるのか。この問題は、繰り返すようにまず戦争と直結している二〇一四年のクーデター、あるいはクーデターを可能にするような情勢の形成の関与から考察されねばならない。そしてヌーランドがクーデターの「舞台裏の主要なアクターの一人」であったという認識は珍しくはないが、状況証拠から見てそう言えても、必ずしも実証という面で盤石ではない。

実証されていない「関与」

ヌーランドとクーデターの関わりを論じた代表的なものとして、「ヌーランド国務次官補（欧州担当）は、二〇一四年二月二二日のウクライナにおける『政権交代』の〝首謀者〟（mastermind）であり、民主的に選出されたヤヌコビッチ大統領の政権転覆を画策する一方で、常に騙されやすい米国の主要メディアには、クーデターは実際にはクーデターではなく、〝民主主義〟の勝利だと信じ込ませていた（注13）」という、故ロバート・パリーの主張がある。

また『ウォール・ストリート・ジャーナル』の記者として長らくワシントンでの取材経験を有し、米国の拡張的な対外政策を保守主義の立場から批判する雑誌『アメリカン・コンサーヴァティブ（The American Conservative）』の元編集長ロバート・メリーも同じような見解に立っている。

（注12）Natalie Winters October 3, 2023「Ukraine 'Coup' Architect Victoria Nuland Privately Met With Biden Before Sending Ukraine Billions In 'Aid.'」（URL https://warroom.org/ukraine-coup-architect-victoria-nuland-privately-met-with-biden-before-sending-ukraine-billions-in-aid/）

（注13）February 26, 2022「The Mess That Nuland Made」（URL https://consortiumnews.com/2022/02/26/robert-parry-the-mess-that-nuland-made/）

「二〇一四年、ヌーランドは欧州・ユーラシア問題担当国務次官補として、ウクライナのヤヌコビッチ大統領を血なまぐさいクーデターで崩壊させる手助けをした。このクーデターは、予想通り米国とロシアの緊張を危険なレベルまで高め、ウクライナ内戦を引き起こし、ウクライナがロシアの影響圏から引き離されてNATOの一員となった場合、ロシアが軍事的対応を取ると脅すように仕向けた」(注14)

さらに、前出のCIA出身のフィリップ・ジラルディも「ヌーランドは二〇一三年から二〇一四年にかけて、ヴィクトル・ヤヌコビッチ大統領のウクライナ政府を不安定化させる取り組みの原動力だった」(注15)と断定しているが、こうした論者が共通して言及するヌーランドのクーデターの関与を示しているとする根拠については、実際にはわずか二つしかない。一つは二〇一三年一二月に、キエフで反政府運動の抗議者に「クッキーを配った」という行為であり、二つ目には二〇一四年二月四日に流出した、当時の米国駐ウクライナ大使のジェフリー・パイアットとの間の同年一月二八日における会話記録だ。

だがクーデターでのヌーランドの動きは、巨大な全体像が闇に包まれている米国の政治工作のごく一端でしかないはずだ。にもかかわらず、ヌーランドの行為だけで米国のクーデターへの関与を立証できるかのような言説も珍しくないが、不透明であるがゆえに個人的に目立つ形となったヌーランドが、クーデターを象徴する存在であるかのように見なされてしまったというのが真実ではないか。

確かにヌーランドがクーデターに何らかの形で関与していた形跡はうかがえるが、次官補クラスの国務省の官僚が一人で巨大な仕掛けを構築できるはずもない。またヌーランドが次官補に就任したのは二〇一三年九月一八日だが、翌年二月二二日のクーデターまでウクライナに常駐していたのではなく、記録をたどってみてもワシントンとキエフを往復したのは数回程度だろう。役割上、その動きを追跡するのは困難なヌーランドをクーデターの「首謀者」とか「原動力」などと断定しても、立証面での弱さが否定できない。

米国のジャーナリストでインターネットサイト「Fair Observer」を中心に活動しているピーター・アイザックソンが指摘するように、ヌーランドは「国務省職員としての三〇年に及ぶキャリアにおいて、多くのことを影で実行してきた」のであり、ウクライナで「メディアの見出しに躍り出た瞬間が二回」があったが、それは「単なる偶然に過ぎない（注16）」という見方は間違っていない。

「Fuck the EU!」

この「二回」とは、無論例の「クッキー」の一件と会話のリークだ。前者はヌーランドによると「クッキーではなくサンドウィチを持って行った」、「デモ参加者だけではなく、ベクルート（注＝ウクラ

（注14）February 26, 2021「Keeping the hegemon-addicted in their proper place」（URL https://responsiblestatecraft.org/2021/02/26/keeping-the-american-hegemonists-in-their-proper-place/）

（注15）May 19, 2016「Clinton's Hawk-in-Waiting」（URL https://www.theamericanconservative.com/clintons-hawk-in-waiting/）

（注16）March 14, 2022「Try This Game to Evaluate Levels of Disinformation in Times of War」（URL https://www.fairobserver.com/region/north_america/peter-isackson-victoria-nuland-ukraine-war-russia-vladimir-putin-united-states-us-americcan-politics-news-89201/#）

イナの機動隊）の戦士のためのものでもあった」という理由から、「ロシアメディアに対して誤報を告発した」（注17）という。だが、何を配ったのかが問題ではなかったはずだ。一国の外交官が他国の反政府活動の騒乱現場に赴き、抗議側の人間たちに食べ物を手渡すなどという行為は、戦後の世界の外交史でも例がない。ただ、こうしたヌーランドの奇行が反政府活動を活発化させたとは考えにくく、クーデターを推進したという証明になるはずもない。

また、リークされて話題となった四分間と少々のパイアットとの会話内容についても、即クーデターの加担の証拠と見なすのは無理がある。そこではネオナチの政党「スヴォボダ」党首のオレン・チャグニボクと、プロボクサー出身の親欧米派で右派の「ウクライナ民主改革連合」党首のヴィタリー・クリチコ（現キエフ市長）、そして反ロシアの「全ウクライナ連合『祖国』」（後に人民戦線党と改称）を率いていた元ウクライナ国立銀行副総裁で元経済大臣のアルセニー・ヤツェニュクの、「ビッグ3」と呼ばれた主要な野党指導者三人が登場する。

ヌーランドはパイアットに対し、「ヤッツ（注＝ヤツェニュクのこと）は経済の経験や政府の経験もある男だと思う。彼に必要なのは、クリチコとチャグニボクが閣外にいるということだ」と語っている。さすがにネオナチの党首が入閣したのではまずいと判断したのだろうが、実際にヤツェニュクはクーデター後の「新政権」の首相になっている。またこの会話にはバイデンや、当時バイデンの国家安全保障担当補佐官だったサリバンの名前も出てくるが、こうした人事に関する問題もホワイトハウスと協議していたのだろう。それでも会話だけでは、ヌーランドが具体的にどう首相人事に介入したか不明だ。

また会話内容よりも、最後の部分に登場するヌーランドの「Fuck the EU!」という下品な言葉が注目を集めたが、これは米国の早急なヤヌコビッチ打倒路線に与していなかったEUへの不満を示したと」解釈できる。早くに会話をリークした英BBCも、EUは「ロシアとの対決を引き起こすのには躊躇しており」、「長期的に関与するのを追求して、時間と共に（ウクライナが）EUに引き付けられるのを当てにしていた(注18)」と解説している。

さらにBBCは、「米国は平和的解決に向けて危機のあらゆる当事者と協力していると述べ、『最終的にはウクライナ国民が自分たちの将来を決める』と指摘した。しかしこの記録は米国が、結果がどうあるべきかについて非常に明確な考えを持っており、これらの目標を達成するために努力していることを示唆している」と指摘している。これが精いっぱいの、米国に対する皮肉であったかもしれない。

結局、この会話内容だけではヌーランド及び米国がクーデターに深く関与していたという可能性を示唆してはいても、それを証明する直接の証拠にはなり難い。前出のCATO研究所のテッド・カーペンターも「民主主義のプロセスと他国の主権を尊重する必要性を常日頃喧伝している国の代表である米国の外交当局者が、選挙で選ばれた他国の政府を解任し、米国の承認を得た政権に置き換えることを手助けしようと画策しているのは、驚くほど偽善的だった(注19)」と批判する。これは道義的には妥当な指摘だろ

（注17）December 18, 2014「Victoria Nuland: I did not bring cookies to Kiev, but sandwiches」（URL https://en.topwar.ru/65067-viktoriya-nuland-ya-privozila-v-kiev-ne-pechene-a-sendvichi.html）

（注18）「Ukraine crisis: Transcript of leaked Nuland-Pyatt call」（URL https://www.bbc.com/news/world-europe-26079957）

（注19）October 21, 2021「A Display of Contempt」（URL https://www.cato.org/commentary/display-contempt

うが、「画策」したという動きが具体的に実証されているとは言い難い。

ただ、通常ならいかに盗聴という手段による発覚であるとはいえ、外交官が同盟国の機構に対し最大限侮辱的な言葉を浴びせたという事実だけで、国務次官補という肩書は即危うくなるはずだ。それがなかったどころか、次期民主党政権では次官まで出世したという意味は、クーデターへの「功績」が評価されたとしか考えられない。つまり、ヌーランドはそれだけ重要な役割を負っており、のみならず期待に応えてそれを果たしたと推測される余地はある。

一官僚の国家元首への脅し

また、クーデターとは直接関連していなくとも、ヌーランドの当時の行為として記録されているのは、ヤヌコビッチに対する抗議だ。二〇一三年一二月一一日にヤヌコビッチ本人と会見した際、脅しめいた発言をしている。本人によると「ヤヌコビッチ大統領と二時間以上過ごした。……厳しい会話だったが、現実的なものだった。私は、昨夜起こったこと、ここで安全保障の面で起こっていることは、欧州の国家、民主主義国家では絶対に許されないことだと、彼にはっきりと伝えた（注20）」という。

この「昨夜起こったこと」とは一二月一〇日に、機動隊が市内の「マイダン」（独立）と呼ばれる広場で、バリケードを作り占拠していた反政府勢力を退去させて双方に負傷者が出た衝突を指す。反政府勢力の中心として街頭での騒乱の先頭に立ったのは、「スヴォボダ」や過激な暴力を常とする「右派セクター」等のネオナチ、極右だったが、その暴力行為がエスカレートしたのは、よく知られているようにヤヌコビッチが二〇一三年一一月二一日に懸案となっていたEU連合協定に関するEU側との審議を事実上中止すると発表して以降だった。

欧米のメディアは一斉に「弾圧」と批難したが、当時ネオナチや反政府側によって引き起こされた以下のような騒乱状態から見て、どうひいき目に見てもヤヌコビッチだけが一方的に、かつ「絶対に許されない」などと責めを負う側であったとは考えにくい。

「右派セクターの支持者たちは、労働組合議会の五階に陣取った。スヴォボダの活動家がキエフ市国家管理棟を制圧した。……二〇一三年一二月一日に発生した当局に対する暴力の頂点は、キエフのバンコバヤ通りにある内務省軍と警察官の非常線を突破する試みだった。同日夜、スヴォボダのメンバーを含む活動家がシェフチェンコ大通りにあるソ連時代の記念碑を破壊しようとし、機動隊と衝突を引き起こした。……二〇一三年一二月八日には、過激派グループがキエフのシェフチェンコ大通りにあるソ連時代の記念碑を破壊した。……二〇一三年一二月一〇日、政府反対派は、政府庁舎の封鎖と政府活動の妨害の禁止に関するキエフのシェフチェンコ地方裁判所の決定に従おうとした法執行官に対し、激しい抵抗を示した（注21）」

ここまで暴力や破壊活動が横行しながら治安当局が放置すれば、逆に「欧州の国家、民主主義国家で

（注20） Mark Memmott　December 11, 2013「'World Is Watching,' U.S. Diplomat Tells Ukraine」（URL https://www.npr.org/sections/thetwo-way/2013/12/11/250215712/world-is-watching-u-s-diplomat-tells-ukraine）

（注21）「Maidan coup」（URL https://www.conservapedia.com/Maidan_coup）

は絶対に許されない」事態であったろう。

こうしたヌーランドのヤヌコビッチへの脅しは、クーデター後にロシアに亡命したウクライナ元首相ミコラ・アザロフも証言している。独誌『デア・シュピーゲル』の国際版によると、「ヌーランドはマイダン抗議行動の間、キエフでのより大きな流血を防ぐため、ヤヌコビッチを恐喝したとアザロフが回想している」と報じた。それによると、「『抗議者たちに暴力を振るうな、さもないと倒れるぞ』とヌーランドはヤヌコビッチに言ったとアザロフは語る。ヌーランドはまた、ウクライナと国の指導者たちの両方に対して厳しい経済的政治的制裁を科すと脅したとアザロフは述べた。彼によれば、ヌーランドは、マイダン広場の抗議行動参加者に対して暴力が行使されれば、ヤヌコビッチと彼の取り巻き連中が国外に持ち出した資金に関する情報が公表されるだろうと述べた(注22)」という。

間違いない米国のクーデターへの全面関与

こうした「脅し」がどこまで効果があったのか、検証の余地はあるだろう。だが一国の元首に対するこうした国務省の単なる一官僚の露骨な「恐喝」的言動は、ヌーランドの個性なのかそれとも米国の尊大な驕りなのか議論があるかもしれない。おそらく、両方だろうが。

ヌーランドの似たような「脅し」については、仏紙『ル・モンド』が二〇一四年二月六日付で掲載した「ロシアが米国をウクライナで『クーデターに賭けている』と批判（La Russie accuse les Etats-Unis de « miser sur un coup d'Etat » en Ukraine)」という記事で報じている。

「米国務次官補のヴィクトリア・ヌーランドが二月、危機にある情勢の解決策を見出そうとキエフを訪れた際に、ロシアは米国に対し、ウクライナへの脅しと野党への資金提供を中止するよう促した。ウラジミール・プーチン大統領の顧問のセルゲイ・グラジエフは、ウクライナの日刊紙『コメルサント・ウクライナ』のインタビューで、『西側は脅迫と威嚇を中止すべきだ』と述べ、例として昨年一一月にヌーランドが権力に近い支配グループ（les Oligarques）との会談の例をあげた。グラジエフは、『我々が知る範囲では、ヌーランドはもしヤヌコビッチ大統領が野党に政権を譲らなければ、彼らを米国のブラックリストに載せると脅迫した。これは、国際法とは無縁の行為だ』と述べた」

このグラジエフはクーデター前に、「米国はウクライナの反政府勢力に週に二〇〇〇万ドル（一二三〇万ポンド、一四八〇万ユーロ）を費やし、特に『反政府勢力』に武器を供給している」[注23]と批判しているが、後述するように類似した情報は他にも存在する。

一方で、二〇一四年のヤヌコビッチ追い落としを「リベラルな価値観と民主主義へ向けた動きではなかった」と認める論者のなかでも、「ワシントンがマイダンの蜂起を画策したというのは誇張である」[注24]

（注22） March 6, 2015「Berlin Alarmed by Aggressive NATO Stance on Ukraine」（URL https://www.spiegel.de/international/world/germany-concerned-about-aggressive-nato-stance-on-ukraine-a-1022193.html）

（注23） February 6, 2014「Ukraine crisis: Putin adviser accuses US of meddling」（URL https://www.bbc.com/news/world-europe-26068994）

（注24） Branko Marcetic February 7, 2022「A US-Backed, Far Right–Led Revolution in Ukraine Helped Bring Us to the Brink of War」（URL https://jacobin.com/2022/02/maidan-protests-neo-nazis-russia-nato-crimea?s=08）

とする見解も存在する。だが、米国のクーデターへの直接介入については、いくつかの重要な証言がある。当然ながらヌーランドの動きもそこに組み込まれていたと考えられるが、証言の一例がウクライナの元外交官で、ワシントンのウクライナ大使館での勤務経験もあるアンドリー・テリジェンコだ。

自ら「クーデターに関わっていた」と認めるテリジェンコは、前大統領ドナルド・トランプの個人弁護士で元ニューヨーク市長のルディ・ジュリアーニの依頼により、現大統領バイデンと息子ハンター・バイデンらファミリーのウクライナを舞台にした不正疑惑の解明に協力したとされる。また、ウクライナ第一副首相の上級政策顧問、ウクライナ検事総長の顧問の経験もあり、ウクライナ政府の内情を知り得る立場にあった。テリジェンコは米国のジャーナリストであるアーロン・マテのインタビューを受けた際、「二〇一四年のクーデターに米国は積極的に関与していたのか」という質問に対し、米国は「ロシアを破壊するために傀儡となる国が必要だった」として以下のように回答している。

「米国人たちは、資金面でも運営面でも全面的に（クーデターに）関与している。反対派が座っていたマイダン本部に米国大使館員がやってくると基本的に公式には命令を下さないが、何かを推奨する。しかし、彼が何かを推奨すれば、こうしなければならないということは誰もが知っていた」

「ヌーランドがウクライナ政府（ヤヌコビッチ政権）に働きかけたときの調整作業で、私はメーランドがキエフに来たときに会話していた現場を目撃した。私は『流血が起きないように、ウクライナの大統領に電話してください』と言った。ヌーランドがパイアットに会った午前中の会議で、彼女は『私はヤヌコビッチに電話して止めるよう命じたが、彼は三時間も電話に出なかった。しかし、彼が電話に出たとき、私は彼に、このプロセスを止めなければ、政治的にあなたを破滅させると言った』と述べた。

つまり、彼らはそこにいて、密室でこのプロセスをコントロールしていたのだ」
「クーデターは、米国政府とキエフの米国大使館によって、完全に調整され、管理されていたと言わざるを得ない。……そう、全てはウクライナ人の手によってなされたが、全ては米国大使館、米国政府と、何年も、二〇年も前からそこで働き、このプロセス全体を準備し、PRに影響を与えたソロスが率いるグループと共に、ウクライナの現場にいる米国の政治顧問によって準備されたのだ（注25）」

「抗議行動」の資金源は米国からか

このジョージ・ソロスについては後述するが、いわゆる「親ロシア派」でもないテリジェンコの証言が、現実と乖離しているとは考えにくい。また、クーデター後にロシアに亡命したヤヌコビッチ政権の諜報機関の関係者らも、これとほぼ同趣旨の証言をしている。

その中でも最も関心を引くのは、クーデターまで諜報機関のウクライナ保安庁（SBU）長官で、反ヤヌコビッチ派の動きを監視・追跡する役割を担ったアレキサンドル・ヤキメンコだ。二〇一三年にヤヌコビッチによってSBUトップに抜擢されたヤキメンコは、クーデター後の二〇一四年三月一三日、ロシアの国営テレビ局「ロシア1」に出演し、極めて注目すべき証言をしている。

（注25） July 13, 2023「Biden's corruption led to Ukraine's destruction: fmr. Kiev diplomat」（URL https://www.aaronmate.net/p/bidens-corruption-led-to-ukraines）

ヤキメンコは、ヤヌコビッチに対する抗議行動の拠点で、その代名詞ともなったキエフの「マイダン」広場で指揮を執っていたネオナチを始めとするリーダーを米国の「レベルの高い傭兵」と呼び、「指導者である米国から言われたことをすべて実行した部隊だった。実際、彼らは毎日大使館で生活していた。大使館にいない日はなかった」と指摘。さらに、「すべての指令は、米国大使館からか、あるいは（キエフの）EU代表部」から発せられていたと暴露した。

加えて興味深いのは、クーデター派の資金源について触れている点だ。「マイダンでの抗議行動が始まってから、我々諜報機関はウクライナの各大使館、つまり欧米の大使館に届き始めた外交郵便が大幅に増えたのを確認した。通常の郵便物の配達を何十倍も上回った。……そのような配達の後、マイダンで外国通貨、つまり新しいタイプの印刷されたばかりの米ドル札が現れた。そしてマイダン近くの両替所で、この外貨の出現が始まった」

さらにヤキメンコは、番組で司会者から「（欧米は）現金を密輸したのか」と質問され、「そうだ」と回答している。(注26)

加えてヤキメンコの証言で見逃せないのは、当時進行していたと思われるCIAのウクライナ諜報機関への浸透だ。クーデター直後、SBUの長官に二度目の就任を果たしたヴァレンティン・ナリヴァイチェンコという国会議員がいる。外交官も経験したエリートだが、当時の所属は、クーデター前の野党の「ビッグ3」の一人であるヴィタリ・クリチコが率いていた「ウクライナ民主改革連合」だった。二〇一九年に「祖国」に鞍替えしているが、以下はナリヴァイチェンコの前任者だったヤキメンコによる証言だ。

「ナリヴァイチェンコは、ワシントンのウクライナ大使館総領事として働いていた際、ＣＩＡからスカウトされた。ＳＢＵがウクライナ検察庁と共同で捜査したが、自分の部下がそれを裏付ける資料を入手した。ナリヴァイチェンコは外交官を辞めた後も、米国諜報機関と接触を続けていた。特にナリヴァイチェンコがＳＢＵの長官だった（ユシチェンコの大統領時代の）二〇〇六年から二〇一〇年にかけての時期においてだ[注27]」

またヤキメンコは、この期間に「キエフのＳＢＵの建物の一階フロアがＣＩＡの職員の仕事用に提供された[注28]」のみならず、ナリヴァイチェンコが「ウクライナ特殊部隊員とＳＢＵ職員の個人ファイルをＣＩＡに提供していた[注29]」と証言している。クーデター当時、ナリヴァイチェンコは国会議員で、そこでど

（注26）March 13, 2014「SBU-CHEF ALEXANDER YAKIMENKO: SNIPER GEHÖRTEN ZU PARUBIY, US-BOTSCHAFT GAB DIE BEFEHLE」（URL https://nocheinparteibuch.wordpress.com/2014/03/13/sbu-chef-alexander-yakimenko-sniper-gehorten-zu-parubiy-us-botschaft-gab-die-befehle/）

（注27）April 14, 2014「The head of the SBU Nalyvaichenko was a CIA agent」（URL https://en.topwar.ru/43842-glava-sbu-nalivaychenko-okazalsya-agentom-cru.htmlpril 14 2014）

（注28）June 23, 2017「John McCain and Paul Ryan hold 'good meeting' with veteran Ukrainian Nazi demagogue Andriy Parubiy」（URL https://thegrayzone.com/2017/06/23/john-mccain-paul-ryan-meeting-ukrainian-nazi-andriy-parubiy/）

（注29）March 13, 2014「Head of Ukraine's SBU provided Ukrainian special service officials' personal files to CIA – Yakimenko」（URL https://interfax.com/newsroom/top-stories/44522/）

のような役割を果たしたのかは不明だ。しかしヤキメンコが指摘するように、「ナリヴァイチェンコを始めとするウクライナの法執行機関の長とCIAのつながりは、米国諜報機関がウクライナで起きることに大きな影響力を及ぼしているということを裏付けている（注30）」以上、クーデターをめぐる深い闇の奥に、米国諜報機関、そして「現場にいる米国の政治顧問」が動いていた形跡が濃厚だ。

ウクライナ諜報機関に浸透していたCIA

だがナリヴァイチェンコは、『ニューヨーク・タイムズ』の二〇二四年二月二八日付の記事で、クーデター直後の動きとして以下のように描写されている。

「政府のスパイ組織のトップのヴァレンティン・ナリヴァイチェンコは、国内諜報機関の本部を訪れ、中庭でくすぶった書類の山を発見した。本部内では多くのコンピューターのデータが消去されるかあるいはロシア製マルウェアに感染していた。『空っぽで明かりもなく、無統制だった。誰もいなかった』と、ナリヴァイチェンコはインタビューで語った。

彼は事務所に行き、CIAの現地の責任者とMI6の現地のトップに電話をかけた。深夜であったが、彼らを本部の建物に呼び出し、最初から諜報機関の再建に支援を求め、三者のパートナーシップを提起した。『これが、いかにすべてが始まったか、ということだった（注31）』」

この記事は全面二ページに及ぶ長文で、CIAがクーデター後ウクライナと「一〇年にわたり秘密情報のパートナーシップをはぐくんで」おり、ウクライナに「ロシア国境沿いの一二の秘密の場所」を設置するなど「クレムリンに対するワシントンの最も重要な情報パートナーの一つ」としていかにウクライナを「変えてきたか」についての情報がスクープされている。

この記事では、CIAやMI6との「パートナーシップ」のすべてが二〇一四年のクーデター後から始まったかのような描き方がされている。だがヤキメンコの証言が正しければ、クーデター以前からCIAのウクライナ諜報機関への浸透が始まっていた。それは確実に米国のクーデター工作の重要な一環でもあったと思われ、米国の関与を認めたくないがために、あえてリークのような形でCIAが『ニューヨーク・タイムズ』にこのような「ストーリー」を提供したのではないかという疑念が残る。

また、前出の元首相ニコライ・アザロフも、亡命後の二〇一五年五月にロシアの民間テレビ局NTVに出演し、「ウクライナで起きたクーデターの脚本は、キエフの反対派が書いたのではなく、米国大使館にあった」と証言。「重要な操り人形師らはマイダンにはいなかった」と述べ、クーデター直後に自分の後任になったヤツェニュクについても「毎日、米国大使館に指示をもらいに行っていた」と米国の関与の深さを指摘している。さらに欧米諸国がヤヌコビッチ打倒に動いたのは、「NATOに加盟しない」と明言したからだという。(注32)

(注30)(注28)と同。

(注31) Adam Entous Michael Schwirtz「The Spy War: How the C.I.A. Secretly Helps Ukraine Fight Putin」(URL https://www.nytimes.com/2024/02/25/world/europe/cia-ukraine-intelligence-russia-war.html)

(注32) February 23, 2015「Former Ukrainian PM: US Embassy Had Ukraine Coup Script」(URL http://www.irdiplomacy.ir/en/news/1944623/former-ukrainian-pm-us-embassy-had-ukraine-coup-script)

当然ながらこうした証言について、欧米主要メディアが注目した例は乏しい。のみならずヤキメンコの現金に関する証言については、「在ウクライナ米国大使館はこの告発を滑稽なものとして却下し、(ウクライナの)現政府の別の高官は事実無根の『冷笑的』プロパガンダ」と呼び、EU代表部は「ノーコメント」だった。(注33)

さらに、二〇一四年四月一八日に刊行されたポーランドの反政府系とされている雑誌『NIE』は「国家の秘密、マイダンの秘密」と題した記事を掲載したが、それによるとポーランド外務省は二〇一三年九月、「ファシスト」の「マイダンの戦闘員八六人」をワルシャワ北部のレギオノヴォの警察訓練センターに招致し、以下のような訓練を施したという。

「ウクライナ人は長く、情熱的に訓練された。一日目と二日目：宿泊、高所順応、軽い運動。三日目と四日目：理論クラス。群衆管理、標的選択、戦術、リーダーシップ。五日目：ストレスの多い状況での行動訓練。六日目：センターを離れることなく自由行動。七日目：事前医療補助。八日目：刺激性ガスからの保護。九日目：バリケードの構築等々。ほぼ二五日間続く。プログラムには、射撃場での繰返し授業(スナイパーライフルを使った三回の訓練を含む)、建物を襲撃するための戦術的・実践的訓練、さらにはポーランドの愛国主義団体の代表との会合など、実に盛りだくさんだ(注34)」

「Tech Camp」の正体と狙い

この記事は、訓練が「八六人」を対象に一度だけであったのかどうか明らかにしていない。恐らく早くから系統的に多数の戦闘員に対し実施されたと思われ、またポーランド外務省報道室は、事実関係の問い合わせに対し回答を拒否したという。

ポーランドは東欧でも最も米国に忠実な同盟国で、ウクライナ戦争ではＮＡＴＯの対ウクライナ軍事支援のロジスティック拠点となっている。単独の判断で、こうしたクーデターに関連していると見られる戦闘員の訓練を独自に手掛けたとは考えにくい。おそらく暴力のエスカレートを準備するため、ＣＩＡを中心とした外部からの秘密工作の一環として位置付けられていたのではないか。

さらに、米国のクーデターへの直接関与を証明するものはまだある。クーデター前の二〇一三年一一月二〇日に開催されたウクライナの国会での演説で、ヤヌコビッチの与党「地域党」に所属していた議員のオレグ・ツァリョフが、世界各地での「カラー革命」で駆使されている大衆扇動技術を伝授するキエフでの「Tech Camp」の存在を暴露した。

ツァリョフは「米国大使館の支援と直接参加」によって「内戦を引き起こす準備がされている」証拠として「Tech Camp」を挙げ、米国が外交特権を利用してウクライナに「干渉」していると非難した。その演説の一部を紹介する。

（注33） March 13, 2014「Yakimenko accuses EuroMaidan leaders of hiring snipers; allegations denounced」（URL https://www.kyivpost.com/article/content/ukraine-politics/yakimenko-blames-maidan-organizers-for-hiring-snipers-us-for-financing-revoultion-in-ukraine-339179.html）

（注34）「Tajemnica stanu tajemnica Majdanu」（URL https://archive.ph/arSIW#selection-805.0-809.17）

「この『Tech Camp』プロジェクトでは、情報戦のスペシャリストを養成し、現代メディアを使って国家機関（政府）の信用を失墜させる。このプロジェクトは、ジェフリー・R・パイアット駐ウクライナ米国大使が監督し、現在その責任下にある。……私は、彼ら（注＝Volya Organizationという名称のツァリョフに情報を提供した団体）がIT専門家チームを装って『Tech Camp』プロジェクトの施設にアクセスすることに成功したことを知った。彼らが驚いたのは、現代メディアの特殊性に関する説明会が開かれていたことだ。米国人講師はそこで、ソーシャルネットワークやインターネット技術が、世論を標的とした操作や、ウクライナ領土で暴力的な動揺を引き起こす潜在的な抗議活動を活性化させるためにどのように利用できるかを説明した。米国の指導者たちは、エジプト、チュニジア、リビアで抗議行動を組織するためにソーシャルネットワークをうまく利用した例を紹介している。『Tech Camp』の代表者は現在、ウクライナ全土で会議を開催している。これまでに計五回開催された。約三〇〇人が工作員として訓練を受け、現在ウクライナ全土で活動している。前回の会議は二〇一三年一一月一四日と一五日にキエフの中心部、米国大使館内で行われた（注35）」

なお、クーデター後に「地域党」は新政権によって壊滅させられ、ツァリョフもクリミアに避難。ところが現地で二〇二三年一〇月に何者かに銃撃され、重傷を負った。その後、回復したと伝えられている。

このキエフの米国大使館内で開催された「Tech Camp」については、同大使館が二〇一三年三月一日に発表したプレスリリースによると「市民社会の組織で技術的及びデジタル技術を構築」し、それによって「21世紀の民主主義、透明性、良い統治というより広範な社会的目標を支援する」のを目的としたという。そして、すでに「ウクライナ全土とベラルーシから二〇〇人以上の市民社会オーガナイザーを訓練してきました（注36）」と説明されている。

クーデターの手段としてのＳＮＳ

だがいかなる名目であろうが、この「Tech Camp」は米国が介入し、大衆操作で社会革命のような混乱をもたらす政権打倒工作の手段と見なすことができる。ウクライナで二〇一四年にＳＮＳといった「デジタル技術」が駆使され、「Tech Camp」で伝授されたテクニックがクーデターで発揮されたのは疑いない。イタリアのジャーナリストで、テクノロジーやデジタルカルチャーといった問題に詳しいカローラ・フレディアーニは、二〇一四年のヤヌコビッチ打倒に向けてＳＮＳがどのように活用されたかについて以下のように分析している。

「ウクライナ政府がＥＵ・ウクライナ連合協定の準備を一時停止したことを受け、二〇一三年一一月二一日に抗議活動参加者が集結し始めた。彼らはキエフの独立（マイダン）広場に集まり、Twitter とFacebook で #euromaidan と #евромайдан のハッシュタグを使用した。HromadskeTV のジャーナリス

（注35） Brandon Turbeville April 9, 2015 「US-Backed "TechCamp" Color Revolution Revealed By Ukraine Official」（URL https://www.activistpost.com/2015/04/us-backed-techcamp-color-revolution.html#more）
（注36） （注35）と同。

トであるムスタファ・ナイエムのFacebookへの投稿は、ウクライナ人にマイダンに集まるよう奨励し、数時間で千件以上のシェアを獲得した。同時に、UStreamのようなプラットフォーム上に、路上で何が起こっているかをライブ放送する多数の独立したビデオストリームが設立された」

「デモは一一月二四日に拡大し、最終的に二五万人がキエフの街頭に集まり、改革とウクライナの欧州統合を要求した。最初のソーシャルメディアページも注目を集め始めた。Euromaidan Facebookページは一週間足らずで七万人のフォロワーを獲得した。……Facebookはツイッターよりもはるかに積極的に利用されており、ニュースハブとして機能するだけでなく、デモの場所を記録したり、物流や支援情報を提供したり、印刷用のチラシを配布したりすることで抗議活動を調整したりしていた」(注37)

フレディアーニは、反政府側のブロガーの「ソーシャルメディアは抗議運動の生命線だった」という発言を引用しているが、こうした「ソーシャルメディア」を駆使した反政府側の勢力で、「Tech Camp」の受講者がどれだけの割合を占めるかについては明らかではない。だが、米国側が単に「民主主義」や「透明性」のためだけに「Tech Camp」を開催したのではないことも確かだろう。

米国の意図は、この記事で登場するHromadskeTVからもうかがえる。オンラインによるHromadskeTVの放送開始は二〇一三年一一月二二日の午後二時からで、その前日にヤヌコビッチが「EU・ウクライナ連合協定の準備を一時停止した」ことを批判したのをきっかけに、視聴者数が激増。以降、「ヤヌコビッチに対するマイダンの街頭デモを構築するのに不可欠」(注38)とされるほどの影響力を発揮するようになる。

そして前出の米国駐ウクライナ大使のパイアットが同年八月三日に赴任し、後に「キエフでの抗議行動に拍車をかけ、広範に（決して完全ではなかったが）コントロールした。戦術的には、パイアットと仲間の外交官たちは予想外の手腕を発揮した」[注39]というが、真っ先に着手したのはこのHromadskeTV立ち上げのための助成金支給であった。金額は追加分を含めると四万八五三五ドルであったが、すでに米国の投資家ジョージ・ソロスの「国際ルネッサンス財団」から一万五六〇ドルを受け取っていた[注40]。

ＣＩＡの公然部隊としてのＮＥＤ

こうした証言からも、明らかにクーデターの背後で米国大使館を中心とした直接的な関与があったのはほぼ疑いない。そこではヌーランドよりも、むしろそこに常駐していたパイアットや「政治顧問」の役割の方が大きかったのではないかと推測される。前出のＣＩＡ出身のジラルディは、パイアットにつ

（注37） February 28, 2014「How Ukraine's EuroMaidan Revolution Played Out Online」（URL https://archive.md/046tB#selection-373.0-381.27）
（注38） Steve Weissman March 25, 2014「Meet the Americans Who Put Together the Coup in Kiev」（URL https://archive.md/ymapB#selection-2043.0-2051.11
（注39） （注37）と同。
（注40） （注37）と同。
（注41） Menes Tau March 26, 2014「Meet the Americans Who Put Together the Coup in Kiev」（URL https://grandmotherafrica.com/meet-the-americans-who-put-together-the-coup-in-kiev/）

いて「言われたことを実行に移し、一種のCIA工作員のつもりになる国務省高官の一人(注41)」と評しているが、無論パイアットについても、闇の部分が大きい。

『ワシントン・ポスト』によると冷戦期に、米国は良く知られたイラン（一九五三年）やグアテマラ（一九五四年）、チリ（一九七三年）を筆頭に七二回もクーデターもしくは「米国が支援する秘密の政権転覆工作(注42)」を手掛けたとされる。そしてウクライナについては、クーデターに向けた表の扇動部隊をNEDが担い、もっと不透明な裏の政治工作をCIAが担っていた可能性が高い。

NEDは、自身を「世界中の民主主義制度の成長と強化に特化した独立した非営利財団」であり、「一〇〇カ国以上で民主主義の目標に向けて活動している海外の非政府団体のプロジェクトを支援するため、毎年二〇〇〇件を超える助成金を提供しています(注43)」と称している。

だが、これはどう見ても表向きの宣伝だろう。米国の著名な歴史家で、自国の対外政策の最も激しい批判者の一人であった故ウィリアム・ブルムは二〇〇五年に刊行した『ならず者国家（Rogue State: A Guide to the World's Only Superpower）』で、以下のようにNEDについて論じている。

「NEDは、一九七〇年代後半に（議会で）CIAに関するあらゆる否定的な事実が暴露されたことを受け、レーガン大統領の下で一九八〇年代前半に設立された。一九七〇年代後半は驚くべき時代だった。上院のチャーチ委員会、下院のパイク委員会、そして大統領が設置したロックフェラー委員会が、CIAの調査に奔走した。まるで一日おきに、CIAが長年にわたって関与してきた、犯罪行為とさえ言えるようなひどいことが発見されたという新しい見出しが躍っていた。CIAは非常に悪名が高くなり、権力者を困惑させていた。

何とかしなければならなかった。何をしたかといえば、こうしたひどいことをやめることではなかった。もちろんそうではない。行われたのは、このようなひどいことの多くを、響きのいい名前の新しい組織、『全米民主主義基金』に移すことだった。NEDは、CIAが何十年もの間、秘密裏に行ってきたことを、ある程度あからさまに行うことで、CIAの秘密活動にまつわる汚名を返上しようというものだった」

「こうして一九八三年、『民間の非政府の努力によって、世界中の民主主義制度を支援する』ための『全米民主主義基金』が設立された。この『非政府』という言葉に注目してほしい。実際のところ、NEDの資金源は事実上すべて連邦政府からであることは、年次報告書の各号の財務諸表に明記されている。NEDは自らをNGO（非政府組織）と呼びたがるが、これは米国政府の公式機関にはない信頼性を海外に維持するためである。しかし、NGOというカテゴリーは間違っている。NEDはGO（政府機関）である。……NED設立法案の起草に携わったアレン・ワインスタイン（注＝NEDの共同創設者）は、一九九一年にこう宣言している。『私が今日行っていることの多くは、二五年前にCIAによって秘密裏に行われたものだ』」

（注42）Lindsey A O'Roukre　December 23, 2016「The U.S. tried to change other countries' governments 72 times during the Cold War」（URL https://www.washingtonpost.com/news/monkey-cage/wp/2016/12/23/the-cia-says-russia-hacked-the-u-s-election-here-are-6-things-to-learn-from-cold-war-attempts-to-change-regimes/）

（注43）「ABOUT THE NATIONAL ENDOWMENT FOR DEMOCRACY」（URL https://www.ned.org/about/）

政権転覆のための「カラー革命」

実際、ＮＥＤが海外の「民間組織」を通じ、混乱を誘発して政権転覆を図る活動に手を染めている実態はよく知られている。二〇〇〇年のセルビアの「ブルドーザー革命」や二〇〇三年のジョージアの「バラ革命」、さらには二〇〇四年のウクライナの「オレンジ革命」等に代表される「カラー革命」と呼ばれる一連の社会運動の形態に擬したクーデター工作はその典型とされる。

このうち「オレンジ革命」は、二〇〇四年一一月の大統領選挙開票の結果ヤヌコビッチが親ＥＵ・親米の右派ユシチェンコに勝利した後、これを「不正選挙」だとして抗議行動が起き、翌年一月の再選挙で前回の投票結果を逆転させた運動を称している。だが実態は、ＮＥＤを主体とした米国の介入工作の典型だった。

冷戦後の、米国の東欧におけるプロパガンダ工作を分析した著書『民主主義の商標化（Branding Democracy: U.S. Regime Change in Post-Soviet Eastern Europe)』で知られる米ポートランド州立大学の都市研究・国際コミュニケーション教授であるジェラルド・サスマンは、「オレンジ革命」の実態を以下のように分析している。

「二〇〇四年、ＮＥＤは国務省や米国国際開発庁（ＵＳＡＩＤ）、フリーダムハウス、ジョージ・ソロスのオープン・ソサエティ財団、英国のウェストミンスター研究所、政治コンサルタントのディック・モリス、ＣＩＡを含む他の政府グループと手を組み、同年の選挙後にヴィクトル・ヤヌコビッチが大統領に就任するのを阻止した。国務省によれば、その年だけで米国はウクライナの政権交代構想に約三四〇〇万ドルを費やし、ソロスは地元の『選択の自由』や『新しい選択２００４』といったＮＧＯを支援するため、約一六〇万ドルを提供した」

「ＮＥＤの活動家とソロスのオープン・ソサエティ財団は、若者の抗議運動を支援するために幅広い広報戦略を採用し、有給の抗議者をキエフにバスで送り込み、オンラインのテレビ抗議放送局を作り、扇動用具を作成し、反ヤヌコビッチの学生指導部に……海外での訓練を提供する広範な広報戦略を採用した(注44)」

この「オレンジ革命」で当選したユシチェンコはすぐに腐敗にまみれ、自派の内紛もあって二〇一〇年一月の大統領選挙に敗北し、ヤヌコビッチの勝利を許す。結果的に「革命」は失敗となったが、サスマンは「米国は二〇一三年から当時のヤヌコビッチ大統領を追放する二度目のチャンスを見出し、その政権に対するクーデターで積極的な役割を果たした。今回米国は、（カラー革命等の）他の標準的な戦術とは別に、スヴォボダや右派セクターのようなネオファシスト組織を巻き込み、はるかに暴力的な勢力を支援した(注45)」と述べる。つまり二〇一四年のクーデターは実質的に「オレンジ革命２・０」として実行され、かつその十年前よりもはるかに進化したＳＮＳが駆使されたのみならず、極右やネオナチの「暴力的な勢力」を全面的に利用したという点に特徴があった。

（注44） August 10, 2020「Biden's Ukrainegate Problem」（URL https://www.counterpunch.org/2020/08/10/bidens-ukrainegate-problem/）

（注45） （注44）と同。

故ロバート・パリーは、クーデター直後の二〇一四年三月に「NEDの報告書によれば、ウクライナでは六五のプロジェクトが進行中で、活動家の訓練、ジャーナリストの支援、企業グループの組織化など、基本的には、国を不安定化させるために実行に移される、ある種の影の政治構造のようなものを作り上げている。そしてそれが、我々がクーデターで目にしたものだ（注46）」と指摘している。それだけ膨大な金額がウクライナでのNEDの活動に投入されたのは、想像に難くない。

ソロスの登場と野望

おそらく「民主主義制度を支援する」という建前よりも、CIAの公然活動としての「政権打倒」（regime change）がNEDの本来の使命だと思われる。実際、一九八三年の設立以来、二〇一一年までNEDの会長を務めたカール・ガーシュマンは、『ワシントン・ポスト』二〇一三年九月二六日付に寄稿。ロシアは、ジョージアやモルドバ、アゼルバイジャンといった周辺諸国がEUに接近していることに不満を募らせているとしながら、唐突に「ウクライナは最大の目標（the biggest prize）であり、ロシアの（周辺諸国への）脅しは結果的に裏目に出ている（注47）」などと書いている。

この発言から、明らかにNEDはウクライナをロシア協調派の手から引き離し、西側に取り込む意図があったのがうかがえる。またガーシュは二〇一六年八月一八日、台湾のインターネットサイト「THE NEWS LENS」に掲載されたインタビュー記事で「NEDはCIAと違い、米国の利益に不利な政権の交代を目的とした組織に資金を提供し、アドバイスを提供していると言う人たちがいるが」という問いに対し、「それは全くのウソだ」と否定。「NEDは資金提供機関」で、「政権転覆に関する限り、これは我々の使命ではない(注48)」と反論している。

だがこれまでのNEDの軌跡は、繰り返すように「政権転覆」が本来の「使命」である事実を示していよう。同時にNEDに同伴してウクライナのNGO組織に資金を供与していたソロスも、同じ「使命」を共有していた。ヒラリー・クリントンと例の「ロシア・ゲート」の関係を追ったシンガポール国立大学助教授のジョン・ソロモンとリサーチャーのシーマス・ブルーナーの共著による二〇二三年刊の『ファールアウト（Fallout: Nuclear Bribes, Russian Spies, and the Washington Lies that Enriched the Clinton and Biden Dynasties）』には、ソロスがウクライナに関与する本音を語っている興味深い次のような箇所がある。

「（クレムリンとされるハッカーによって）リークされたオープン・ソサエティ財団のメモには、二〇一四年三月後半にキエフで、ソロスと彼の側近がウクライナの保健省や教育省、司法省の役人と共にオバマ政権の外交官たちと会談したことが示されていた。ソロスと彼のNGO工作員は、財政援助からHIV対策まで様々な問題について話し合った。

（注46）March 4, 2014「DID THE U.S. CARRY OUT A UKRAINIAN COUP?」（URL https://therealnews.com/rparry0303ukraine）

（注47）「Former Soviet states stand up to Russia. Will the U.S.?」（URL https://www.washingtonpost.com/opinions/former-soviet-states-stand-up-to-russia-will-the-us/2013/09/26/b5ad2be4-246a-11e3-b75d-5b7f66349852_story.html）

（注48）「INTERVIEW: A Conversation With NED President Carl Gershman」（URL https://international.thenewslens.com/article/47000）

ソロスはあけすけに、彼の努力によって反乱勢力の勢いが高まったと認めた。ソロスは得意げに『プーチンのアキレス腱を痛めつけるだろう』と信じていた。実際にソロスは二〇一三年に、オバマの国務省と一緒になって政府への抗議者に資金面で支援していた。……ソロスは（二〇一四年）三月三一日にパイアット大使と会い、オバマのロシアに対する弱腰政策は問題だと迫った。パイアットはソロスの意見を聞きたがっており、『ケリー国務長官ならあなたのウクライナ情勢に関する見解を直接聞くことに関心があるかもしれない』と語った。ソロスはパイアットに『オバマはプーチンに弱腰すぎる』として、米国とEUがプーチンに対する戦線で共に役割を果たすべきで、米国は『効果的な制裁』を課すことで『悪い警察官の役』を演じるべきだと語った」

クーデターの裏と表の部隊

このソロスの発言は、「オープン・ソサエティ財団」等を通じたウクライナへの資金投与が、結局はロシアへのダメージを狙う意図からであった事実が浮き上がるが、それはNEDの意図も代弁していたに等しい。またソロスはワシントンではヌーランドと極めて近い関係にあったが、おそらく同じ目的を共有したウクライナでのクーデター工作で培われた可能性がある。

米国の保守的な非営利団体で「政府を市民の管理下に戻すことに専念する」ことを掲げた「団結する市民（Citizens United）」は二〇一八年、情報公開法を使ってヌーランドが国務次官補時代の二〇一六年に、ソロス側と「繰り返し」連絡を取り合っていた事実を示すメモを入手した。それらは、①ソロス・ファンド・マネジメント社からの「ロシアのソブリン債発行」に関するヌーランドへの情報提供②ソロスのウクライナの財団幹部からの欧州の移民政策に関するヌーランドとの話し合いの要請③ソロスの側近からの「ウクライナとグルジアのEUビザ自由化」に関するヌーランドとの話し合いの要請と、それへのヌーランドの返信等が含まれていた。

これを報じた米国のインターネットサイト「THE HILL」は、「米国で最も忙しく、最も影響力のある外交官の一人の注意を引くことができる人物は、世界でほとんどいない。ソロスは、明らかにそれらのうちの数少ない人たちの一人であった（注49）」と報じている。またヌーランドは当時、ソロスに対し「定期的にウクライナ政策について情報を提供していた（注50）」模様だが、これはソロスがロシアに邪魔されず「自分のビジネス帝国が旧ソビエト国家内で肥沃な土地を見つけることができるかもしれない（注51）」という野心から必要となったとされ、やはり「民主主義」とは無関係のようだ。

（注49） JOHN SOLOMON August 7, 2019「George Soros's secret 2016 access to State exposes 'big money' hypocrisy of Democrats」（URL https://thehill.com/opinion/white-house/456619-george-soross-secret-2016-access-to-state-exposes-big-money-hypocrisy-of-democrats/）
（注50） Elizabeth Vaughn November 18, 2019「FOIA Emails: Eric Ciaramella, Victoria Nuland Received Regular Updates From Top Official at Soros' Open Society Foundations」（URL https://redstate.com/elizabeth-vaughn/2019/11/18/foia-emails-eric-ciaramella-victoria-nuland-received-regular-updates-top-official-soros-open-society-foundations-n120417）
（注51） （注43）と同。

いずれにせよこれまでの経過が示しているように、米国大使館、そしておそらくはＣＩＡがクーターで実権を握った政治家と街頭での実力部隊の幹部、ウクライナ諜報機関への浸透工作を担当し、同時に表での世論の扇動をＮＥＤとソロスが実行したという大掛かりな構図が存在したと考えられる。いくら「民主革命」の装いをこらそうが、「オレンジ革命」があった二〇〇四年以降の米国の長期的かつ直接的な介入がなければ、ヤヌコビッチの追い落としは不可能であったのは疑いない。

米国の軍事を中心とした情報誌「Stratfort」の創立者で、著名な政治学者でもあるジョージ・フリードマンも、ロシアの『コメルサント』紙二〇一四年一二月一九日付に掲載されたインタビュー記事でウクライナの政変を「史上最も露骨なクーデター」であったと断定。米国は「ソ連崩壊後の領域でロシアが地位を強化しようとするのを阻止」し、「ウクライナの親西側勢力が成功すれば、ロシアを封じ込めることが可能になる」(注52)と考えていたとクーデターの動機を解説している。クーデターの全貌は現在まで未解明のままだが、二〇二二年二月の戦争の遠因となったのは間違いない。同時にヌーランドがそこで大きな役割を果たしたであろうと十分推測できるものの、やはり実証不足は否定できない。特に解明されるべき重要なポイントは、ネオナチとの関係だろう。

ネオナチに関する議会での虚言

ヌーランドは二〇一四年五月九日に開かれた下院外交委員会欧州・ユーラシア小委員会で、共和党議員のダナ・ローラバッカー（二〇一九年に引退）から厳しい質問を浴びせられた。ローラバッカーは共和党内でも珍しい「ハト派」として知られ、イラク戦争に賛成したのを「誤りだった」と認め、アフガニスタンからの即時撤兵も主張していた。ヌーランドとのやり取りの一部を、紹介する。

「ローラバッカー：ウクライナでは正当な選挙が実施されたが、正当に選ばれた大統領が街頭での暴力で追放されました。ネオナチと呼ばれているような人々が動き回っている写真があります。ネオナチが街頭での暴力に関わっていたのではないですか。

ヌーランド：まず第一に、マイダンでの運動に参加したのは大半が平和的に抗議する人々でした。母親とか、おばあさんとか、退職者も。

ローラバッカー：ネオナチが写っている写真や、多くの人が警官隊に火炎瓶を投げつけている写真がありります。そうした人たちが、警官を射撃している写真も。確かに花を持った母親もいたが、抗議行動に参加した街頭で暴れ回った極めて危険な人たちもいました。質問は、抗議行動にネオナチも含まれていたのではないのか、ということなのですが。

ヌーランド：大変好ましくない人たちも含め、いろいろなウクライナ人がいましたから（注53）」

当時の映像で見ると、ヌーランドは、きまり悪そうな薄笑いを浮かべながら努めて自身が協力してい

（注52）「Stratfor Chiefs "Most Blatant Coup in History" Interview Translated in Full」（URL https://russia-insider.com/en/politics/stratfor-chiefs-most-blatant-coup-history-interview-translated-full/ri2561）

（注53）「COMMITTEE ON FOREIGN AFFAIRS HOUSE OF REPRESENTATIVES ONE HUNDRED THIRTEENTH CONGRESS SECOND SESSION」（URL https://www.govinfo.gov/content/pkg/CHRG-113hhrg87837/pdf/CHRG-113hhrg87837.pdf）

たネオナチの存在を認めようとしていない。その存在が知られたら、「民主革命」や「尊厳の革命」といった美名が付けられた騒乱の実態が明るみになるからだろうが、ヌーランドこそ「大変好ましくない人たち」の素性を最も良く知っていたはずだ。

前出の「スヴォボダ」にしても、欧州議会が二〇一二年一二月一三日採択した「ウクライナ情勢に関する決議」のなかで、同年のウクライナ議会選挙で「スヴォボダ」が四五〇議席中三八議席を獲得した結果に関し「スヴォボダ党への支持で表明されている、ウクライナ国内での民族主義的感情の高まりを懸念している。人種差別主義、反ユダヤ主義、外国人排斥的な見解はＥＵの基本的価値観と原則に反することを想起し、最高議会の民主派政党に対し、この党との提携、支持、連立を組まないように訴える」[注54]と、抗議が表明されていた。

だが、ＥＵが讃辞を送ったウクライナの「民主革命」後、「スヴォボダ」へのこうした批判は消滅している。「スヴォボダ」は戦前のナチスドイツ協力者で、ウクライナ西部でユダヤ人やポーランド人の大量虐殺に手を染めたステファン・バンデラとその組織「ウクライナ民族主義者組織（ＯＵＮ－Ｂ）」の流れをくむ。本来であれば、国務次官補クラスの高官がその党首と面会しただけで問題にされてしかるべきケースであったろう。

決定した事態収拾策が覆される

しかもユダヤ系とされるヌーランドが、「ウクライナを支配するモスクワ・ユダヤ・マフィア」だの

「ロシア人、ドイツ人、ユダヤ人、その他のクズ」(注55)だのといった「人種差別主義、反ユダヤ主義」をむき出しにした言動を繰り返している党首のチャグニボクについて、政治的計算から閣僚にしないという判断はあれ、忌避感を抱いた形跡はない。ヌーランドが満面の笑みを浮かべてクリチコとヤツェニュクを交え、チャグニボクと並んでいる写真があるが、チャグニボクとは個別に複数回会談した情報も伝わっている。無論、ヤヌコビッチを追い詰める上で大きな役割を果たしたネオナチの党首と何を話し合ったのか不明だ。

また、同じく街頭での暴力行為の先頭に立った「右派セクター」とヌーランドの関係も不明だが、これについてはロシア外相のセルゲイ・ラブロフが二〇一四年五月一四日、ブルームバーグの動画でのインタビューで以下のように触れている。

「ワシントンから返答を得たかったもう一つのことは、右派セクターの調整官（アンドレイ）アルチョメンコがヴィクトリア・ヌーランドとの会談のため、極秘にワシントンを訪問したという報道だった。私たちはこれ（注＝訪問理由）の質問への答えを求めている。なぜなら大西洋の向こう側のヨーロッパで起きている出来事を、（米国が）操作するのは（ロシアにとって）あまりに深刻だからだ」(注56)

（注54）「European Parliament resolution of 13 December 2012 on the situation in Ukraine」（URL https://www.europarl.europa.eu/doceo/document/TA-7-2012-0507_EN.html）

（注55）PETER LEE March13, 2014「The Scary Side of the Ukraine Troika」（URL https://www.counterpunch.org/2014/03/13/the-scary-side-of-the-ukraine-troika/）

（注56）「Интервью С.Лаврова телеканалу «Bloomberg»」（URL https://www.youtube.com/watch?v=TA1siUNjN8I）

この「極秘」の「訪問」は当然ながらクーデター後と見られるが、その時期に新たにヌーランドが「右派セクター」との関係を構築したとは考えにくい。推測の域を出ないが、クーデターという決定的な時期にヌーランドが水面下で「右派セクター」と何らかの意思疎通があったからこそ、公にはできない何かの「極秘」の問題でわざわざワシントンで両者が接触するような関係性ができていたのではないか。

さらにヌーランドに関し最も不透明で、かつ今後の検証が待たれるのは、クーデターがあった二月二二日当日の動静だ。二〇一三年後半からのウクライナの政治危機は、二〇一四年二月二一日にフランスとドイツ、ポーランドのEU三カ国外相の仲介でヤヌコビッチとチャグニボクやクリチコ、ヤツェニクら野党指導者との間で「政治危機の解決に関する協定」が締結され、民主的な解決が可能なはずだった。「協定」の内容は同年一二月までの早期大統領選挙の実施や反政府派が占拠している建物の明け渡し、新しい中央選挙委員会の設立等々だった。

ところが締結直後に「右派セクター」らネオナチが不満を表明し、ヤヌコビッチの即辞職を要求。さらに野外に集結したこうした集団から「ヤヌコビッチが翌二二日まで退陣しなければ武装蜂起が起きる」という扇動的な演説が飛び出すなか、大統領官邸と近くの政府庁舎を警備していた数百人の機動隊員が退去を始めた。身を守る術を失い危険を感じたヤヌコビッチや主要閣僚は、二二日未明までに国外への亡命を余儀なくされた。

二〇二〇年九月に逝去した米国の優れたロシア学者であったプリンストン大学名誉教授のスティーブン・コーエンは、最後の著作となった『ロシアとの戦争?（War with Russia? From Putin and Ukraine to

『Trump and Russiagate)』（二〇一八年刊）で、「二〇一四年二月にヴィクトル・ヤヌコビッチに起こったような、合法的に選出された大統領を、命の保証はできないと脅して罷免することは『民主的』という表現には該当しない」として、「ヤヌコビッチの打倒は街頭の人々を巻き込んだが、それはクーデターだった」と断じている。

裏でのヨーロッパの誹謗が明るみに

事実、せっかくの民主主義的手続きを踏んで締結された「協定」が暴力的な脅迫によって無残に破られたことへの抗議が出るどころか、欧米の主要メディアが一斉にこれを「民主革命」とか「尊厳の革命」と称えたのは、いかにも不自然だった。また、ヌーランドが連絡を取っていたはずのチャグニボクら野党指導者の意に反した結果となったことについて、ヌーランドや米国側がどこまで織り込み済みであったのか不明だ。さらには、暴力を背景に政治的解釈の「協定」破棄に動いたネオナチや極右が米国との間で何らかの意思疎通があったのかどうかについても、判断する材料はない。

そうなると、冒頭の「ヌーランド以上にこの戦争を推進した者はいない」というマスクのツィートは、少なくとも二〇一四年のクーデターと二〇二二年の戦争の一体性という前提で検証しても、可能性は高いが必ずしも立証された事実とはいえない。そのようなツィートが発信されるのは、ヌーランドがオバマ政権、そして現バイデン政権で最も反ロシアの姿勢が強硬であり、さらには言動の激しさから、繰り返すように「目立つ」存在であったためだろう。

前述の「Fuck the EU!」発言以外にも、そうしたヌーランドのこわもてぶりを示す発言が暴露された例がまだある。二〇一五年二月六日の午後七時過ぎ、ドイツ・ミュンヘンの高級ホテル「バイエリッシャー・ホフ」六階のブリーフィングルームに、同日から開催されていた恒例の著名な国際会議「ミュンヘン安全保障会議」に出席した外交官や軍幹部ら米国側参加者約二〇人が集まっていた。そこでの発言内容の一部が、ドイツの『ビルド』紙の同年二月八日付で暴露された。おそらくドイツの連邦情報局と思われる諜報機関が盗聴し、何らかの意図で同紙にリークしたと考えられるが、そこにヌーランドもいた。

この会合は、同年二月一一日にベラルーシのミンスクで、ウクライナのドンバス紛争解決に向けた「ミンスク合意の実施のための措置のパッケージ」（ミンスク2）を、独仏の仲介でウクライナとロシアが署名する直前の時期だった。そこから外されていた米国側の「ウクライナ危機におけるメルケルの外交イニシアチブ」と「ヨーロッパの敗北主義」への「怒り」が、ブリーフィングルームにみなぎっていたという。

同紙によれば、ヌーランドは同年五月に予定されていた当時のドイツ首相メルケルのロシア訪問を「メルケルはモスクワの道具になった（Merkels Moskau-Zeug）」[注57]と冷笑。さらに当時、ドンバス人におけるウクライナ政府とロシア系の「分離派」の紛争をメルケルがフランス大統領のフランソワ・オランドと共に沈静化を図ろうとしていると思われた動きについて、逆に「四個師団をウクライナに送るつもりはないが、対戦車兵器の供給は比較的控えめだ」、「プーチンの攻撃システムに対し、我々が供給する兵器を防衛システムという用語を使うよう強く勧めたい」などと逆に緊張を煽るかのような口調で述べ、相手が同盟国ながら「ヨーロッパは経済へのダメージや、ロシアの対抗措置を恐れている」、「我々はヨーロッパ人とレトリック的に闘うことができる」などと気炎をあげた。

例の「Fuck the EU!」発言ではメルケルの激怒を買ったとされ、ヌーランドもいったんは対外的に謝罪を余儀なくされた。しかし裏ではメルケルを「道具」呼ばわりし、当時「ウクライナへの兵器供与反対」を表明していたメルケルに象徴されるヨーロッパ側の「ロシアへの弱腰」には、我慢できなかったようだ。

繰り返される怪しげな発言

こうしたこわもてぶりが、ウクライナ戦争で主導的役割を果たしたという言説が広まる一因となっているように思われる。さらに、事実を正確に反映せずにウクライナの「民主革命」を称える言動を一官僚としては異例の積極さでこれまで繰り返している行為が、「この戦争を推進した」という理解を広めたという面もあるだろう。

ヌーランドのクーデター、または戦争への加担の証拠として他に引き合いに出されるものとして、

(注57) Von Julian Reichelt「Was US-Politiker WIRKLICH über die Deutschen in der Ukraine-Krise denken」(URL https://www.bild.de/politik/inland/muenchner-sicherheitskonferenz/was-us-politiker-ueber-deutschland-denken-39678276.bild.html)

二〇一三年一二月一七日にワシントンで開催された「米・ウクライナ財団」での講演がある。そこでは一九九一年のウクライナ独立以来、米国が「安全で繁栄したウクライナを確実とするため」に「五〇億ドル以上を投資してきた」(注58)というくだりが、米国のクーデター加担の証拠であるかのように受け取られている。もともと、「五〇億ドル以上」の内訳は極めて多様であり、そのうちどの部分がクーデターに投じられたかを特定するのは極めて困難で、そもそもクーデタに計上された予算などは公表されないはずだ。

だがこの講演には、明らかに首をかしげざるを得ないような発言が見受けられる。

「一一月二四日にヤヌコビッチ大統領のヨーロッパ路線の一時停止決定に対する抗議活動として始まったものは、より深く、より大きくなりました。……ある非常に著名なウクライナの実業家が私に語ったように、『マイダン運動の最大の功績は、ウクライナ国民が、今の大統領であろうと将来の大統領であろうと、自分たちをヨーロッパに連れて行かない大統領をもはや支持しないということを証明したことだ』」

「この期間を通じて、米国のメッセージは明確かつ明白でした。私たちは正義、人間の尊厳、安全、経済的健全性の回復、そして彼らが選択し、彼らに値するヨーロッパの未来を求めるウクライナ国民を支持します」

しかしながら、ヤヌコビッチ政権がEU統合の前提となる対EU連合協定・包括的経済連携協定の取組停止を決定したのは同年一一月二一日だが、必ずしも理由がなかったのではない。EUが押し付けたIMFの債務救済計画では、エネルギー補助金や社会保障、年金の五〇%削減を始め、国営企業の民営化、国家公務員の即時解雇等のウクライナにとって過酷な緊縮財政が条件になっていたからだ。

他方、ロシアのプーチンは同年一二月一七日、一五〇億ドル相当のウクライナ国債への投資や、コストの約三三%を削減する有利なガス価格をウクライナに提示。ヤヌコビッチならずとも、どちらがウクライナにとって有利なのか自明のはずだった。

しかもヌーランドの発言とは異なり、ウクライナ国民がEUとの協定支持でまとまっていたのではない。当時のウクライナの報道でも、EUと、好条件を提示したロシアが加わっている「ユーラシア関税同盟」の選択については「実質的に半々に分かれていた。EUを支持するウクライナ人は三九%、関税同盟を支持するウクライナ人は三七%」(注59)という比率で、特にロシア系が多数のウクライナ東部では「六九%対一五%」と関税同盟の選択派が圧倒的だった。

国論が二分されている以上、民主的な解決策は前出の翌年二月に政府と野党が合意した「政治危機の解決に関する協定」に含まれていた大統領選挙の繰り上げ実施が有効となるはずであった。だが、これもネオナチの暴力の脅しによって破綻となる。当然、東部を中心とした「関税同盟」の支持者にとって、このようなクーデターが受け入れられるはずもない。

(注58)「Remarks at the U.S.-Ukraine Foundation Conference」(URL https://2009-2017.state.gov/p/eur/rls/rm/2013/dec/218804.htm)

(注59)November 26, 2013「Poll: Ukrainian public split over EU, Customs Union options」(URL https://www.kyivpost.com/post/7635)

ネオナチによる「民主革命」？

しかもヌーランドが述べるように、ウクライナの反政府運動を「民主主義」や「正義、人間の尊厳」といった美名で一括するのは無理がある。クーデターでは「暴力の増大が決定的な勝利のカギ」となり、「暴力の推進者は主に極右で、抗議行動参加者の少数派ではあるが、一種の革命先兵としての役割を果たした」(注60)のは事実だ。加えて「極右」、あるいは「民族主義者」といっても、「スヴォボダ」や「右派セクター」のような勢力を、戦前のウクライナ西部に拠点を置き、ナチス・ドイツの協力者である「ウクライナ民族主義者組織（OUN－B）」を率いたステファン・バンデラに歴史的・思想的ルーツがあるネオナチに分類する論者が多い。これについては、米国とネオナチの関係について詳しいジャーナリストのマックス・ブルメンソールの以下の解説が参考になる。

「ウクライナの民族主義者たちからは伝説的な自由の闘士として尊敬されていたバンデラの実際の戦績は、よく言っても不名誉なものだった。一九三〇年代にポーランドとの融和を支持したウクライナ人暗殺作戦に参加した後、バンデラの軍は一九四三年と一九四四年にウクライナ西部からポーランド人の民族浄化を開始した。その過程で、彼らは九万人以上のポーランド人と多くのユダヤ人を殺害した。……バンデラは戦後数年間、ファシスト・イデオロギーを堅持し、全体主義的で民族的に純粋なヨーロッパを主張したが、彼の所属する当時のウクライナ反乱軍（UPA）はソ連に対して武力闘争を行った。バンデラが引き起こした流血事件は、一九五九年にKGBエージェントがミュンヘンで彼を暗殺したことで終わった。生き残った多くのOUN－Bのメンバーは、時にはCIAの援助を受けながら西ヨーロッパや米国に亡命し、そこで密かに右翼分子と政治的同盟を結んだ（注61）」

こうしたパンデラを「英雄」と仰ぐ勢力が「民主革命」によって権力の中枢に入ったことは、「革命」後のウクライナの政治を規定せずにはおらなかったはずだ。以後、言論機関や国会議員も含むクーデター反対派への暴力が横行し、共産党ら左派組織が放火や事務所の閉鎖、暴力にさらされ、公用語としてのロシア語が剥奪される一方で、バンデラやその一派が公的に名誉回復を遂げている。いくら讃辞を送ろうが、ヌーランドがこうした人間の「尊厳」に関わる重大事に敏感であった形跡は皆無に近い。おそらくウクライナをロシアから切り離すという「オレンジ革命」以前からの米国の狙いが実現したことの方が、何にも増して重要であったからだろう。

無論、このような「二重基準」はヌーランドだけに当てはまりはしない。おそらく「オレンジ革命」から一〇年後の「民主革命」に最も深く関わり、ヌーランド自身も二〇一七年の国務省退職後に一時理事に就任していたNEDも同様だろう。

米国の優れた調査報道のジャーナリストの一人で、インターネットサイト「Mint Press」のスタッフライターでもあるアラン・マクロードが指摘するように、「NEDは、その活動の全てを〝民主主義促

（注60）（注24）と同。
（注61）February 25, 2014「Is the US backing neo-Nazis in Ukraine?」（URL https://www.salon.com/2014/02/25/is_the_us_backing_neo_nazis_in_ukraine_partner/S18.04.2022hane Quinn）

進〟の言葉で表現するよう注意を払っているが、米国が支援する湾岸の独裁政権であるサウジアラビア、カタール、バーレーン、オマーンや、アラブ首長国連邦など、世界で最も民主的でない国々で、一度もプロジェクトを実行したことがないという事実（注62）」がある。

米国の同盟国で米国製兵器の最優良顧客でもあるこれらの諸国が、「民主的」かどうかなど米国政府自身にとっても些末事だろう。掲げている理念はともかく、NEDは米国にとって許容できないと見なされたか、あるいはより強く影響下に置きたい政権に対する外部からの介入工作を主目的としている。

クーデターで果たしたヌーランドの役割については、今後究明されるべき課題が多い。そしてヌーランドが二〇一七年一月のドナルド・トランプ政権発足と同時に国務省を去り、空白期を経て二〇二一年一月のバイデン政権発足に伴って国務次官というキャリア官僚として最高の出世を遂げてから、「ヌーランド以上にこの戦争を推進した者はいない」のかどうかがさらに問われることになる。

（注62） February 18, 2022「DOCUMENTS REVEAL US GOV'T SPENT $22M PROMOTING ANTI-RUSSIA NARRATIVE IN UKRAINE AND ABROAD」（URL https://www.mintpressnews.com/documents-reveal-us-ned-spent-22m-promoting-anti-russia-narrative-ukraine/279734/）

第六章　拡大し続ける利益相反の世界

ミシェル・フロノイは「家庭生活に戻る」という理由で二〇一二年二月に国防次官を退職した後、早くも五カ月後の同年七月に、世界的企業上位五〇〇社の三分の二がクライアントとされる「戦略コンサルティング会社」の「ボストン・コンサルティング・グループ（Boston Consulting Group）」に上級顧問として入社した。

オバマ政権の国防次官となった二〇〇九年二月にいったん辞めていたCNASは利益相反の疑惑が常に付きまとっていたが、以降フロノイは国防総省の元高官という肩書と、安全保障問題の権威という評価を保ちながら、そうした疑惑が色濃くつきまとう「民間ビジネス」の世界にさらにのめり込んでいく。

この辺の事情について、本人は以下のように回想している。

「国防次官の職を辞した際、私は自分自身に挑戦し、いくつかの新しいことを学び、スキルを伸ばすことにしました。ペンタゴンのビジネス面は非常に苛立たしいものでした。三つのエージェンシーを監督した私は、そのビジネス慣行がいかにひどく破綻しているかを目の当たりにしました。ビジネススクールは遅すぎたし、生計を立てなければならなかったので、ある計画を立てました。私は経営コンサルタルティング会社数社にアプローチし、『あなたのために働き、ケースメソッドを通じてＭＢＡと同等の実務を取得したいのです。その代わり、公共部門の業務と防衛・航空宇宙産業の実務を構築する方法についてアドバイスします』と伝えました。ボストン・コンサルティング・グループは、私を上級顧問に任命し、私たちは出発しました。サプライチェーン管理、市場シェア分析、大企業における変化の管理方法、企業のバランスシートの読み方などを学びました。それは素晴らしい経験でした。新しい経営のしきたりやツールを習得したり、習得したりするのに年を取りすぎることはありません。またこの経験は、起業という直近のプロジェクトに進むためのスキルと視点を与えてくれました（注1）」

ここでは語られていないが、「二〇〇九年のフロノイの個人財務情報開示によると、すでに国務次官就任前と思われるがロッキード・マーチン、ＢＡＥシステムズ・ノース・アメリカ、Ｌ－３ＭＰＲＩ、及びサイエンス・アプリケーションズ・インターナショナル・コーポレーション（ＳＡＩＣ）と協力し、コンサルティング料を受け取っていた（注2）」とされる。

このうち、Ｌ－３ＭＰＲＩ（現Ｌ３ハリス・テクノロジーズ）は国防総省を主要顧客としていた軍事訓練を専門とする民間軍事請負サービス会社で、ＳＡＩＣも米国政府向けに技術、エンジニアリング、企業情報技術サービスを提供する軍事請負会社だ。つまり「ボストン・コンサルティング・グループ」に加わる以前から、すでにフロノイは「コンサルタント業務」で収入を得ていたことになる。

そして　リベラル系のオンライン雑誌『アメリカン・プロスペクト（The American Prospect）』の元編集者で調査ジャーナリストのジョナサン・ガイヤーが、オバマ政権時代の高官らによる利益相反の実態を暴いて反響を呼んだ記事「いかにバイデンの外交政策チームは豊かになったか（How Biden's Foreign

Policy team Got Rich)」によれば、「フロノイを上級顧問として迎え、ボストン・コンサルティング・グループの国防契約は二〇一三年の一六〇万ドルから二〇一六年には三二〇〇万ドルに増加した。公的記録によると、彼女が参加する前、同社は国防総省といかなる契約も締結していなかった（注3）」という。

国務省元高官と「コンサルティング会社」

この「ボストン・コンサルティング・グループ」には二〇一六年まで在籍していたが、二〇一四年には古巣のCNASに戻ってCEOに就任している。さらに二〇一七年にCNASのCEOを辞してその取締役会議長というポストに退く。フロノイのCEO時代、CNASに「国防総省の契約軍事企業が三八〇万ドルを献金し」、「二〇一七年までにフロノイは年収四五万二〇〇〇ドルを稼いでいた（注4）」とされる。

なおフロノイがCNASのCEOを辞した後の二〇一八年一月に、前年のトランプ政権の発足と共に国務省を去っていたヴィクトリア・ヌーランドがそのCEOに就任している。数少ない両者の接点だが、

（注1） 序章（注5）と同じ。
（注2）「Keep Michèle Flournoy out of Joe Biden's Cabinet!」（URL https://zxdhfg.inemoji.report/persons-of-interest/mich%C3%A8le-flournoy）
（注3） July 6, 2020「How Biden's Foreign-Policy Team Got Rich」（URL https://prospect.org/world/how-biden-foreign-policy-team-got-rich/）
（注4）（注3）と同。

その際に現役時代は超タカ派で知られていた元民主党上院議員で、自身がＣＮＡＳの取締役に収まっていた故リーバーマンが、ヌーランドに以下のような賛辞を送っていた。

「（リーバーマンの選挙区であるコネチカット州の）ニュー・ヘイブンにいた昔の時分から、ヴィクトリアと彼女の家族を知っていて、彼女が民主・共和両党の政権で国家に対する目覚ましい貢献をするのを誇らしげに見てきた。ヴィクトリアは彼女の世代で最高の軍事・外交政策のエキスパートの一人であり、ＣＮＡＳを上昇させ続ける強力な才知にたけ、バランスの取れた指導力を発揮するだろう（注5）」

だがヌーランドは、早くも翌二〇一九年二月に退任している。また当時は、フロノイも在籍していた「ボストン・コンサルティング・グループ」の上級顧問との兼務だった。さらにヌーランドはＣＮＡＳのＣＥＯに就任する前には「戦略コンサルティング会社」の「オルブライト・ストーンブリッジグループ」の上級顧問に就任したが、これら二つの会社も短期間しか在籍していない。

それでも元官僚たちにとって、コンサルティング業務は相性が良いようで、国務省高官が退官後に「戦略コンサルティング会社」を設立する例も目立つ。あのニクソン政権の国務長官ヘンリー・キッシンジャーが先駆的に立ち上げた「キッシンジャー・アソシエイツ（Kissinger Associates）」や、クリントン政権の国務長官マデレーン・オルブライトの「オルブライト・ストーンブリッジグループ（Albright Stonebridge Group）」、ブッシュ（子）政権の国務長官コンドリーザ・ライスと国家安全保障担当大統領補佐官スティーブン・ハドレー、国防長官ロバート・ゲイツ、そしてライスの元補佐官のアニャ・マニュエルの名を冠した「ライス・ハドレー・ゲイツ＆マニュエル（Rice, Hadley, Gates & Manuel）」、さらには同政権の国務副長官リチャード・アーミテージの「アーミテージ・インターナショナル（Armitage

International)」といった具合だ。

国務長官や副長官ともなれば、兵器を始め米国製品・サービスの対外的売り込みが直接的間接的に重要な職務となる。このためヒラリー・クリントンのように在職中からビッグビジネスとの関係が取り沙汰される例もあるが、そうした経歴やそこで培われた人脈が、「戦略コンサルティング会社」にとって絶好のビジネスチャンスにつながる。既存の「戦略コンサルティング会社」が、国務省の退職高官を重宝するのも当然だろう。

「ヌーランドクエスト」という会社

なお二つの「戦略コンサルティング会社」を経験したヌーランドも、単に仕えるだけでなく自身で起業した経験があるようだ。前出の「回転ドア・プロジェクト」は、二〇二〇年一二月末に米国倫理局が公開した財務情報を元にバイデン新政権で就任が予測された閣僚の利益相反の実態を翌年五月に発表した。一読して米国政府の広範な「合法化された腐敗」とでもいうべき利益相反の実態に驚かされるが、そこには国務次官のヌーランドについても記載されている。

(注5) January 9, 2018「CNAS Names Victoria Nuland, former U.S. Ambassador to NATO, as CEO; Robert O. Work, former Deputy Secretary of Defense, Rejoins CNAS as Senior Defense Counselor」(URL https://www.cnas.org/press/press-release/cnas-names-victoria-nuland-former-u-s-ambassador-to-nato-as-ceo-robert-o-work-former-deputy-secretary-of-defense-rejoins-cnas-as-senior-defense-counselor)

「ヌーランドは、影のロビー活動会社オルブライト・ストーンブリッジ・グループの上級顧問でもあった。彼女はまた、CNASを含む軍産複合体から資金提供を受けている複数の外交政策シンクタンクともつながっており、ビッグテック企業のアマゾンやリフト、製薬会社のファイザー、メルク、ティルレイのコンサルタントも務めていた。彼女はカナダロイヤル銀行、TPIコンポジット（風力エネルギー会社）、ERGインターナショナル（家具メーカー）から少なくとも五〇〇〇ドル相当の報酬を受け取り、自身のコンサルタント会社『ヌーランドクエスト（NulandQuest）』を経営しているが、その顧客は公表していない。彼女はブラックロックや関連金融機関に何百万ドルも預けている億万長者である（注6）」

この「ヌーランドクエスト」は、経済情報のインターネットサイト「Buzzfile」の二〇二一年のデータによると「主にエンジニアリング、会計、研究、および管理サービスセクター内の経営コンサルティングサービスビジネスで運営されている。この会社は約七年間運営されている。年間収益が一七万三三九五ドルになると推定されており、一カ所で三人の従業員を雇用している（注7）」とある。

だがHPもメールアドレスもなく、ペーパーカンパニーの類いかもしれない。「Buzzfile」のデータに記載されているヴァージニア州マクリーンの「ヌーランドクエスト」に二〇二四年三月に電話したが、「この電話は現在使われていません」というアナウンスがあるだけだった。ヌーランドといえば「名うての反ロシアのタカ派官僚」というイデオロギー的なイメージが強いが、国務次官に在籍中にも稼働していたはずの「ヌーランドクエスト」の実態をより追えば、「億万長者」ヌーランドの裏の姿が見えてくるかもしれない。

コンサルティングに関しては、国務省よりはるかに巨額な予算を管轄する国防総省にとっても「相性」の面で同様だ。

行政の不正を調査する市民団体である「政府監視プロジェクト」（the Project On Government Oversight）は、「政府を去った後、元国防官僚がしばしば追求する民間部門就職の道は、軍事請負企業、コンサルティング会社、ロビー活動会社の三つだ」と指摘。このうち「コンサルティング会社」については、「クライアントに助言し、ペンタゴンに有利な契約を授与させるためのベストプラクティスに関するインサイダー知識を提供」するとしている。

さらに軍制服組を除き、「国防総省の元高官が二〇二一年に国防・国家安全保障関連の企業に雇用された事例が四六件あり、うち防衛請負業者が二三人、コンサルティング会社が一四人、ロビー活動会社が六人を雇用した」[注8]との調査結果を発表している。

「ロビー活動会社」に比べ「コンサルティング会社」は規制が不十分のため、業務内容がより不透明になるのが避けられない。

（注6）May 18, 2021「Executive Branch Financial Disclosures」（URL https://therevolvingdoorproject.org/closing-the-revolving-door-public-financial-disclosures-reveal-potential-conflicts-of-interest-facing-biden-appointees/#State）

（注7）「The Most Advanced Company Information Database」（URL https://www.buzzfile.com/business/NULANDQUEST-LLC-202-322-2233）

（注8）Ryan Summers January 20, 2022「The Pentagon's Revolving Door Keeps Spinning: 2021 in Review」（URL https://www.pogo.org/analysis/the-pentagons-revolving-door-keeps-spinning-2021-in-review）

「ウェストエグゼック・アドバイザーズ」の立ち上げ

フロノイもヌーランドと同じく、CNASの取締役会議長のまま二〇一七年七月に自身で「戦略コンサルティング会社」の「ウェストエグゼック・アドバイザーズ（WestExec Advisors）」という会社を立ち上げた。これにより、さらに利益相反に関するフロノイへの批判材料が増大する結果になるが、共同設立者がオバマ政権の国務副長官を辞めたばかりだったアントニー・ブリンケン（現国務長官）であったのは、偶然ではないだろう。

もともとこの会社の立ち上げに動いたのは、オバマ政権で国連大使時代のサマンサ・パワーの首席補佐官や国家安全保障会議のスタッフ等を歴任したセルジオ・アギーレと、同政権の国防長官アシュトン・カーターの戦略担当上級顧問等を歴任したニティン・チャダの二人だ。

ガイヤーの前出の記事によれば、最初にこの会社を思いついたのはチャダで、念頭にあったのは政権要人が退職後に自身の名を冠して立ち上げた「戦略コンサルティング会社」であったという。チャダは「最近の高官たちがまだ自分の名前を冠したコンサルタント会社を立ち上げていないことに気付いた」が、自身もアギーレも知名度はなく、当時「シリコンバレーと政府の間に架け橋を築く」アイデアを抱いていたフロノイに声をかけた。その際、フロノイは「自分の名前を使う会社を持ちたくなかった（注9）」という。三人は国務省やバイデンの側近としてホワイトハウスの勤務経験が長く、そこでの経験を「まだ一度も（ビジネスに）生かしたことはなかった（注10）」ブリンケンを設立者の一人に加えた。

設立者たちはフロノイとブリンケンの名前が使えなかったため、ネーミングに趣向を凝らしたと思われる。社名の「ウェストエグゼック」とは、米国の軍事・外交の最高意思決定機関である国家安全保障会議（NSC）があるホワイトハウス内の建物「ウェストウィング」と、NSCのスタッフが詰める「アイゼンハワー行政府ビル」の間にある道路「ウェストエグゼクティブ・アベニュー（West Executive Ave）」から由来している。

そして同社のHPには「文字通りウェストエグゼクティブ・アベニューはホワイトハウスのシチュエーションルームに通じる道であり、当社の関係者すべてが、最高レベルの国家安全保障の会合に向かう際に何度も横切ってきた道でもあるのです」と誇らしげに説明されている。

さらに自社について「米国政府の最高レベルでの最新の経験を持つ国家安全保障上級専門家の多様なグループ」であるとし、「私たちのチームはホワイトハウスのシチュエーションルームのテーブルを囲んで協力し、我が国の外交政策と国家安全保障政策を審議し、決定してきました」と紹介。その上で「独自の地政学的及び政策的専門知識」の提供をうたっているが、他社にはない人脈、つまり政府とのコネクションがあるという「メリット」を堂々と誇っているような印象が強い。

実際に『ニューヨーク・タイムズ』も、「ウェストエグゼック・アドバイザーズ」について「元官僚たちが企業や他の利益集団のために自分たちの専門領域とコネクション、接触の機会を活用し」、「官僚

（注9）（注3）と同。
（注10）（注3）と同。

制度の操り方や、潜在的に実入りが多い契約を管轄する担当者の特定を含め、ワシントンでどのように事業を展開するかについてのアドバイスを提供する会社」(注11)であると報じている。

現国務長官は一〇〇〇万ドルの資産家

まさに最初から利益相反の疑いを漂わせ、名が体を表しているのに等しい。政府高官が過去の職務で築いた人脈と影響力こそが、最大の切り札となる。

ちなみにこうしたコンサルタントと、従来から問題になっている軍事企業を中心としたロビイストの違いは曖昧だ。

クライアントの要請で直接政府や公的機関に働きかけるロビイストの場合、登録制で顧客や接触した政府機関の名称の開示義務がある。だが専門知識に基づきアドバイスを提供するコンサルタントは、基本的に顧客も政府機関のつながりも明らかにする義務はない。このため、コンサルタントは業務の透明性の面でロビイストよりはるかに低くなっている。しかも制約を回避するため、実際はロビイストに近い活動でも、コンサルタントと自称するケースが見受けられるという。

結果的にブリンケンを設立者の一人として売り出せたのは、ブリンケン自身にも、新会社にとってもメリットが大きかったようだ。ブリンケンは二〇二〇年の大統領選挙でバイデンが勝利し、組閣で国務長官にノミネートされたため、財務情報の開示が求められた。同時にそれによって、以前まで「守秘義務」を盾にクライアントの名前公表を拒否してきた「ウェストエグゼック・アドバイザーズ」の顧客情報の一部が明るみに出た。

「バイデンが国務長官に指名したアントニー・ブリンケンは、オバマ政権の同窓生と共同設立したコンサルティング会社ウェストエグゼック・アドバイザーズを通じて助言した顧客を明らかにした。これらのクライアントには、投資大手のブラックストーン、バンク・オブ・アメリカ、Facebook、ウーバー、マッキンゼー・アンド・カンパニー、日本のコングロマリットであるソフトバンク、製薬会社のギリアド、投資銀行のラザード、ボーイング、AT&T、カナダロイヤル銀行、リンクトイン、そして由緒あるサザビーズ（注＝国際競売会社）のオークションハウスが含まれていた」

「この開示により、ウェストエグゼック・アドバイザーズがこれまで開示を拒否していた顧客リストが公開された。提出書類によると、ウェストエグゼック・アドバイザーズは過去二年間でブリンケン国務長官に約一二〇万ドルを支払っており、今年はさらに二五万ドルから五〇万ドルを支払っていると推定されている（注12）」。

これとは別に、『フォーブス』誌によるとブリンケンは「ウェストエグゼック・アドバイザーズに関連した株式投資が少なくとも一五〇万ドルあるとされ、同氏は（二〇二一年）三月に事業の株式をパート

（注11）Eric Lipton Kenneth P. Vogel November 28, 2020「Biden Aides' Ties to Consulting and Investment Firms pose Ethics Test」（URL https://www.nytimes.com/2020/11/28/us/politics/biden-westexec.html）

（注12）Akex Thompson Theodoric Meyer January 1,2021「Janet Yellen made millions in Wall Street, corporate speeches」（URL https://www.politico.com/news/2021/01/01/yellen-made-millions-in-wall-street-speeches-453223）

ナーに売却した」というから、「コンサルタント」として実入りが良かったのは間違いない。同誌はまた、ブリンケンの国務長官就任直後の保有資産を一〇〇〇万ドルと推定している。(注13)

ブリンケンのクライアントにはボーイング以外にめぼしい軍事企業はいないが、国防総省出身のフロノイは以前から、同省にハイテク企業を「ナビゲート」する意欲に燃えていた。

これについては、Google の国防総省への技術売込みを追った米インターネットサイト「The Intercept」の記事に登場したフロノイの発言が参考になる。

「(二〇一八年)五月に行われた The Intercept のインタビューで、フロノイはウェストエグゼック・アドバイザーズで働く元政府高官のタイプについて説明した。『最近、政府を辞めた人たちです。現在の知識、専門知識、人脈、ネットワークを持っています。私たちの仕事は二つあります。私たちがしていることは、海外に進出している米国企業がビジネスに影響を及ぼす可能性のある外部リスクに対処する手助けをすることと、公共部門でどのように売るか考えようとしているハイテク企業が、国防総省、情報機関、法執行機関をナビゲートする手助けをすることです』」

「一連の質問に答え、ウェストエグゼック・アドバイザーズは国防総省とシリコンバレーの溝を埋める手助けをしている、とフロノイは言う。『クラウドへの移行を利用して、(シリコン)バレーやどこにでもある最先端のソフトウェア、あるいはAIの能力にアクセスするにはどうすればいいのでしょうか?』と彼女は言った。『国防総省などが商業セクターの最先端ソフトウェアにアクセスする手助けをするにはどうすればいいのでしょうか?』(注14)」

同社は顧客も業務内容も原則として非公開だが、「国防総省とシリコンバレーの溝を埋める手助け」

とは、どう解釈しても国防総省に技術や製品を売り込みたい企業への「口利き」でしかないのではないか。

オバマ政権の元高官が溢れる

軍事企業に関しては、これまで判明した「ウェストエグゼック・アドバイザーズ」のクライアントが二社ある。前出のガイヤーの記事によると、一つはイスラエルのＡＩ企業の「ウィンドワード（Windward）」であるという。

「船舶をリアルタイムで追跡する監視ソフトを開発するウィンドワードは、元イスラエル海軍情報将校二人が二〇一〇年に設立した。元イスラエル国防軍参謀長のガビ・アシュケナージが取締役を務めている。ウィンドワードは、元ＣＩＡ長官デビッド・ペトレイアスが投資家になっている(注15)」

（注13）Dan Alexander Junuary 17, 2021「Inside The $10 Million Fortune Of Antony Blinken, Biden's Secretary Of State」（URL https://www.forbes.com/sites/danalexander/2021/06/17/inside-the-10-million-fortune-of-antony-blinken-bidens-secretary-of-state/?sh=e3f48e55376e）

（注14）Lee Fang July 22, 2018「FORMER OBAMA OFFICIALS HELP SILICON VALLEY PITCH THE PENTAGON FOR LUCRATIVE DEFENSE CONTRACTS」（URL https://theintercept.com/2018/07/22/google-westexec-pentagon-defense-contracts/）

（注15）（注3）と同。

もう一社は、サンディエゴに本社がある航空宇宙・防衛技術企業「シールドＡＩ（Shield AI）」。「二〇一五年に海軍特殊部隊の元メンバーによって設立され、軍人や民間人を保護するためのＡＩを採用している。二〇一六年に国防総省から一〇〇万ドルの契約を獲得し、今年は最大七二〇〇万ドル相当の空軍の契約を獲得した。シールドＡＩの関係者は、ウェストエグゼック・アドバイザーズは同社に与えられた政府契約の確保に関与していないと述べた（注16）」という。

結局、フロノイがやってきたことは、ガイヤーが別の記事で述べているように「政府機関に関する最近の知識を活用して、兵器メーカーやテクノロジー企業が国防総省から契約を獲得できるよう支援した（注17）」という点に尽きるだろう。そして「ウェストエグゼック・アドバイザーズ」がこれまで存在感を高めているのは、まずオバマ政権で政府の仕事をした経験者の豊富な人脈であり、次にＣＮＡＳと同じくバイデン政権に多数の在籍者を送り込んだからに他ならない。

「ウェストエグゼック・アドバイザーズ」は発足当初の二〇一八年二月一五日のプレスリリースで、フロノイとブリンケンというオバマ政権の国防次官、国務副長官の元高官コンビを写真で紹介し、「顔」として売り出そうとしている意欲を感じさせた。そこには「私たちはビジネスリーダーに専門知識とサポートを提供できることを楽しみにしています」というメッセージが掲示されているが、続いて以下のオバマ政権を始めとした元閣僚・スタッフがプリンシパルとして誇らしげに紹介されている（注18）。その主な名簿を、バイデン政権への移行状況と合わせて順不同で記す。オバマ政権時の肩書は、主要なものだけだ。

ロバート・ワーク　国防副長官（現在も在籍）
ジョン・ブレナン　ＣＩＡ長官（現在も在籍）
アブリル・ヘインズ　ＣＩＡ副長官、国家安全保障担当大統領副顧問（現国家情報長官）
デビッド・コーエン　テロリズム・金融情報担当財務次官、ＣＩＡ副長官（現ＣＩＡ副長官）
リサ・モナコ　国土安全保障・テロ対策大統領首席補佐官（現司法副長官）
マット・オルセン　国家対テロセンター所長（現司法省国家安全保障担当司法次官補）
クリストファー・スマート　ＮＳＣ大統領特別補佐官（現在も在籍）

これとは別に、上級顧問の肩書では以下のメンバーが名を連ねている。

ダン・シャピロ　イスラエル大使（現在も在籍）
リンカーン・ブルームフィルド　国務次官補（ブッシュ〔子〕政権、現在も在籍）
マシュー・ワックスマン　国防次官補（ブッシュ〔子〕政権、現在も在籍）
イーリー・ラトナー　国家安全保障担当副大統領副補佐官（現インド太平洋安全保障問題担当国防次官補）

（注16）（注11）と同。
（注17）（URL https://prospect.org/cabinet-watch/three-questions-facing-likely-secretary-defense-michele-flournoy/）
（注18）「Michèle Flournoy and Tony Blinken Form Global Strategic Advisory Firm with Former Senior National Security Officials」（URL https://www.westexec.com/michele-flournoy-and-tony-blinken-form-global-strategic-advisory-firm-with-former-senior-national-security-officials/）

マイケル・シン　NSC近東・北アフリカ担当シニアディレクター（現在も在籍）
セレステ・ヴァランダー　大統領特別補佐官兼NSCロシア・ユーラシア担当シニアディレクター（現国防次官補）
マイケル・カミレーリ　国務長官政策企画スタッフ（現USAIDラテンアメリカ・カリブ海地域局次官代理）

またこのプレスリリースには名前がないが、次のメンバーも「ウェストエグゼック・アドバイザーズ」のプリンシパルであった。

クリス・イングリス　国家安全保障局（NSA）副長官（国家サイバー局長。二〇二三年二月に辞任）

さらに、以下は名簿にはないが上級顧問だったメンバー。

コーリン・トーマス・ジェンセン　国連常駐代表上級政策顧問（現USAID国家安全保障局長）
ジェン・サキ　国務省広報官（ホワイトハウス広報官。二〇二二年五月に辞任）
ジュリアン・スミス　国家安全保障担当副大統領副補佐官（現NATO常駐代表）
バーバラ・リーフ　国務次官補（現国務次官補）
エリザベス・ローゼンバーグ　テロ資金供与・金融犯罪対策室上級顧問（現テロ資金供与担当財務次官補）

元CIA長官がプリンシパルに

つまり設立に関わった四人を含めると、「ウェストエグゼック・アドバイザーズ」はオバマ政権の閣僚・スタッフを計二一人も抱えていたことになる。しかもそのうち、一三人が現政権入りした。誕生からわずか四年で、新政権にこれだけの人員を送り込む「戦略コンサルティング会社」というのは前代未聞だろう。

これにかろうじて匹敵できる「戦略コンサルティング会社」は、「オルブライト・ストーンブリッジ・グループ」かもしれない。同社での在籍経験があるバイデン政権の主な閣僚は、国務副長官のウェンディ・シャーマン（二〇二三年七月辞任）、国務副長官（管理・資源担当）のリチャード・バーマ、国連大使のリンダ・トーマス＝グリーンフィールド、国家安全保障担当副大統領補佐官のフィリップ・ゴードン、国務次官補（欧州・ユーラシア問題担当）のジェームス・オブライエン、そして国務次官だったヴィクトリア・ヌーランド（二〇二四年三月辞任）がいる。

なおここで登場する「ウェストエグゼック・アドバイザーズ」の元上級顧問のイーリー・ラトナーは、CNASで元副社長兼研究部長という要職にあった。二〇二〇年には、大統領だったトランプを中国との貿易協定や「パンデミック対策」で「中国の指導者に屈服」したと批判し、その「北京への弱腰」を指弾した。(注19) さらに同年一月に刊行され、実質的な次期民主党政権の対中国政策の青写真としてCNASが発表した抑止力強化と技術・経済面での「優位性の維持」を柱とする提言書『中国の挑戦に立ち上がる（Rising to the China Challenge）』の作成を統括した。

ラトナーの「ウェストエグゼック・アドバイザーズ」の在職期間は二〇一七年から二〇二一年までで、CNASとの兼務だったようだ。「ウェストエグゼック・アドバイザーズで一万一四五〇ドルしか稼いでおらず、CNASで四〇万ドル以上を稼いだ」[注20]とされるが、現在はキャンベルと並びバイデン政権の対中国政策のキーパーソンとされている。

また「ウェストエグゼック・アドバイザーズ」の在籍経験者のうち、バイデン政権でブリンケンに次ぎ重きが置かれているアブリル・ヘインズについて「ウェストエグゼック・アドバイザーズの内部事情に詳しい人物は、ヘインズと同社との関わりは『ごくわずかで、コンサルタントとして務めた二年間で平均して月に一日以下だった』と語った」[注21]という。そこでは「『サイバー規範』に関する『戦略的アドバイス』を提供し」、クライアントは「Facebook、JPモルガン・チェース、マイクロソフト、オープン・フィランソロピー（注＝助成金財団）等」[注22]であった。

同社のHPで二〇二四年三月現在、「Our Team」として紹介されているのはこれらを含め六八人で、このうち履歴が削除されている三人を除いて実質六五人だ。この数は二〇一八年一月の一九人、二〇二〇年一〇月の三八人と比較してかなりの増大といえる。経営的にも成功しているのだろうが、このうち運営スタッフを除き上級顧問、プリンシパル、そしてカウンセラーとして登録しているのが計五三人。全員が「ウェストエグゼック・アベニュー」を横切った経験を有するのではなさそうだが、やはりその人材の豊富さには圧倒される。

特に筆頭は、何といってもオバマ政権時代のCIA長官ジョン・ブレナンだろう。世界最大の諜報機関のトップ経験者が、一介の「戦略コンサルティング会社」のプリンシパルとして登録された例は稀有ではないか。他にＣＩＡの勤務経験者が三人おり、退役軍人では大将・提督が五人、中将が三人、少将が四人。国防総省が八人、国務省が七人、ＮＳＣ又はホワイトハウスが九人（一部国務省、国防総省勤務経験者と重複）いる。

全般的に、民間のみの勤務経験者は元クレディ・スイス最高投資責任者という肩書の一人しかいない。また、通商や国家安全保障の面で比重が高いはずの中国に関し、専門家と思われる者は肩書で見る限り二人だけ。目立つのはハイテクやサイバーセキュリティを始めとした技術系に通じている人材の相対的な多さで、やはり政府・国防総省のこの方面の契約獲得を狙うクライアントが多数なのではないかと想像される。さらにＣＮＡＳの現・元在籍者が五人を数えるが、フロノイが設立した「ウェストエグゼック・アドバイザーズ」とＣＮＡＳは融合する傾向にあるのだろうか。

（注19）September 19, 2020「Trump has been weak on China, and Americans have paid the price」（URL https://www.pennlive.com/opinion/2020/09/trump-has-been-weak-on-china-and-americans-have-paid-the-price-opinion.html）

（注20）Jonathan Guyer Ryan Grim July 6, 2021「Meet the Consulting Firm That's Staffing the Biden Administration」（URL https://prospect.org/power/meet-the-consulting-firm-staffing-biden-administration-westexec/）

（注21）Bryan Bender Theodoric Meyer November 23, 2020「The secretive consulting firm that's become Biden's Cabinet in waiting」（URL https://www.politico.com/news/2020/11/23/westexec-advisors-biden-cabinet-440072）

（注22）（注19）と同。

フロノイのコングロマリット

なお、すでに「ウェストエグゼック・アドバイザーズ」の上級顧問の名簿から消えた見過ごせない人物に、日本のメディアでも米国の軍事専門家としてコメントが引用されるケースがあるエルブリッジ・コルビーがいる。トランプ政権時代の二〇一七年から二〇一八年にかけて国防次官補を務め、「国家間の戦略的競争が、今や米国の国家安全保障における主要な関心事である」と規定した二〇一七年の『国家安全保障戦略』の策定を担当した。これも現在名簿から消えているが、コルビーはCNASの研究員に二〇一四年一月に加わっている。ウクライナ戦争ではウクライナの支援を削減しても、中国に対する軍備強化を優先すべきという「中国主敵」論を唱えたことで知られている。

こうしてフロノイは「ウェストエグゼック・アドバイザーズ」を軌道に乗せるだけではなく、さらなるビジネス拡大に努めた。それは「国防総省受注情報」が売り物の「戦略コンサルティング会社」を核とした、一種のグループ企業を形成する試みに似ていただろう。

その第一歩が、国防総省の受注額で第一九位（二〇二二年度）の大手軍事請負企業で、主に米国政府や大手企業にテクノロジーのコンサルティングサービスを提供している「ブーズ・アレン・ハミルトン（Booz Allen Hamilton Inc）」の取締役就任であった。

「フロノイは二〇一八年一〇月にブーズ・アレン・ハミルトンの取締役に就任し、以来同社は国防総省と六一件の契約を結んでいる。二〇一九年に、この役職で彼女は一九万二四七四ドルを得た。

二〇二〇年には、二五万三五ドル（報酬一〇万ドル、株式報酬一五万三五ドル）を得た。彼女がブーズ・アレン・ハミルトンの取締役に在任中、外国代理人登録法の提出書類によると、同社はサウジアラビア政府から三〇四万ドルを受け取っている。二〇二〇年八月現在、フロノイはブーズ・アレン・ハミルトン・ホールディングの株を六三八三株所有している（注23）」

おそらくフロノイは自身の所得増のみならず「ブース・アレン・ハミルトン」の経営に参画することにより、同社と関係が密な国防総省の受注獲得に役立つ様々な情報を入手できるという恩恵を受けるようになったと考えられる。これが、「コンサルティング」に役立たないはずがない。

なおサウジアラビアについては、フロノイは一時民主党内にもあった同国への武器供与禁止の要求に、正面から反対したことでも知られている。これを「ウェストエグゼック・アドバイザーズ」の「企業としての利害が政策の決定と衝突した」ケースとして取り上げられた、以下のようなエピソードが紹介されている。

「二〇一九年一月七日、アントニー・ブリンケンとミシェル・フロノイは、リベラル派組織『フォーリン・ポリシー・フォー・アメリカ（Foreign Policy for America）』の年二回の会合で議長を務めた。……（会議の）最後の議題は〝イエメン戦争〟だった。多くのオバマ政権時代の外交官は、サウジアラビアのムハンマド・ビン・サルマン皇太子によるアラブ世界で最も貧しい国（注＝イエメン）での破壊的なキャンペーンを可能にしたことへの後悔を表明していた。二〇一五年、オバマはブリンケンを派遣し、ム

（注23）（注2）と同。

ハンマド・ビン・サルマンに米国はサウジアラビアの自衛権を支持しており、それ以上のことはしないと伝えた。しかし四年後、米国は武器売却を通じて、現在進行中の戦争の当事者となっていた。非対称の紛争で死者は一〇万人を超え、防衛請負業者レイセオンはサウジアラビアに三〇億ドル相当の爆弾を売っていた」

「(会合で) ほとんどの参加者はすべての武器売却を中止することを支持したが、一人だけ異論を唱えた者がいた。フロノイは、サウジアラビアへの武器売却を全面的に禁止するのは得策ではないとグループを説得しようとした。フロノイは、サウジアラビアは自国を守るために高度なパトリオットミサイルを必要としている、と攻撃兵器と防衛兵器を区別して語った(注24)」

国防・国務両長官と「D.C.パートナーズ」

おそらく「ウェストエグゼック・アドバイザーズ」が、世界最大のミサイルメーカーで国防総省の受注額で二位(二〇二二年)のRTXコーポレーション(旧レイセオン)と取引関係があるとしても不思議ではない。オバマ政権時代の国防副長官で、「ウェストエグゼック・アドバイザーズ」の現プリンシパルのロバート・ワークはその取締役だからだが、両社の契約関係はこれまで立証されてはいない。むしろ「衝突」したとされたのは、フロノイが「ブーズ・アレン・ハミルトン」の取締役であるためだろう。

「ブーズ・アレン・ハミルトン」は二〇一二年八月、サウジアラビア海軍に訓練・支援サービスを提供する総額二三二〇万ドルの契約を獲得。さらに二〇一八年三月には、サウジアラビアへの「サイバーセキュリティに関する教育・訓練コンテンツの提供と、双方の共同サイバーセキュリティイノベーションセンターの設立」(注25)で合意するなど、同社にとってサウジは優良顧客だ。また「フロノイが国防請負業者ブーズ・アレン・ハミルトンの取締役会に加わって以来、ワシントンのサウジアラビア大使館は同社にコンサルティング料として約三〇〇万ドルを支払っている」(注26)というから、なおさらのはずだ。

そしてフロノイは「ブーズ・アレン・ハミルトン」の取締役就任に続き、二〇一八年にワシントンで設立され、主に航空宇宙・防衛産業を対象にしている投資運用会社「パイン・アイランド・キャピタル・パートナーズ(Pine Island Capital Partners)」の顧問格の「D.C.パートナーズ」に就任した。時期はおそらく同年か、翌年かと思われる。

この「パイン・アイランド・キャピタル・パートナーズ」は「ウェストエグゼック・アドバイザーズ」と直接的な取引関係はないようだが、リーマンショックで破綻する前に巨額の役員報酬を支払って話題となったメリルリンチの最後の会長兼CEOのジョン・セインら三人が設立。現在まで判明しているだけで、航空宇宙・防衛を始めとした部品メーカーの「プレシンマック(Precinmac Precision Machineing)」と、世界中の軍隊や法執行機関に仮想および実弾射撃訓練システムを提供する「インベリス(InVeris Training Solutions)」という国防総省との契約に依存している二社を買収している。

(注24)(注3)と同。
(注25)March 21, 2018「Saudi Arabia signs Cyber Security MoU with Booz Allen Hamilton」(URL https://english.alarabiya.net/business/economy/2018/03/21/Saudi-Arabia-signs-Cyber-Security-MoU-with-US-company)
(注26)(注15)と同。

「パイン・アイランド・キャピタル・パートナーズ」は二〇二〇年九月、資本を調達し企業の株式を買収することを目的とした「パイン・アイランド・アクイジション・コーポレーション（Pine Island Acquisition Corp）」という別の「特別目的買収会社（ブランクチェック会社）」をデラウェア州に立ち上げた。その際、米国証券取引委員会（SEC）に提出した申請書類で、自社について「長年の経験を持つ元政府高官や元軍高官の有能なグループが完全に連携し、関与することで、一般的なプライベート・エクイティ・ファームに見られるよりも優れたアクセス、優れた情報、優れた専門知識、優れた管理能力を持つ一流の投資チームを実現できる」とうたっている。

さらに、「米国の防衛市場では、高度な電子機器、通信、センサー、検出処理、および国防総省の軍事即応態勢の近代化の取り組みを強化するその他の技術に対する需要が高まる[注27]」と予測している。

天下りで稼いでいた「新国防長官」

要するに、「防衛市場」の伸びが期待できるからこそ「政府および軍の元役人」の特別なコネクションがビジネスの切り札になると認めているに等しい。同社のHP[注28]によれば、社内組織は『投資プロフェッショナル」と例の「D.C.パートナーズ」に分けられている。前者は、「プライベート・エクイティ・ファームやグローバル投資銀行、オルタティブ資産運用会社、大手グローバル企業でキャリアを積んできた経験豊富な投資プロフェッショナルで構成」した「投資チーム」とされる。現在、七人の経営者が在籍している。

問題は、フロノイが現在も加わっている「D．C．パートナーズ」で、「影響力のあるネットワークを活用し、業界に関する深い知識と経験を活かし、投資チームと連携して案件の発掘、分析の実施、入札の成立、取引の成立、投資先企業への直接アドバイスを行う」とある。在籍者はフロノイを含め一〇人だが、ロビイストへの転身組を含む元上院議員が四人、元下院議員が一人と元大使が二人、元軍将校が二人という顔ぶれだ。元軍人の超大物がマイケル・マレンで、海軍大将や軍人トップの統合参謀本部議長を務めた。

確かに、「長年の経験を持つ元政府高官や元軍高官」であるのは間違いないだろう。しかも当初、何とブリンケンと共に、陸軍参謀本部次長や米中央軍司令官を歴任後、ＲＴＸ（旧レイセオン）に天下り、バイデン政権の国防長官になったオースチンも名前を連ねていた。オースチンは軍用車両を主に生産している「オシュコシュ・コーポレーション」や、軍艦メーカー「ハンティントン・インガルス・インダストリーズ」に製品を供給している鉄鋼メーカーの「ニューコア」にも天下っていた。これにより二〇一六年の軍退官後、七桁もの収入を得たとされる。

一方でフロノイにとっては、「ウェストエグゼック・アドバイザーズ」で得た国防総省と契約しているかあるいは契約を望む顧客の軍事企業の関連情報を、「投資チーム」に活用させるという「ビジネスモデル」が成立するはずだ。

（注27）（URL https://www.sec.gov/Archives/edgar/data/1822835/000110465920126517/tm2029933-18_424b4.htm）
（注28）（URL https://pineislandcp.com/team/）

だがバイデンが二〇二〇年の大統領選挙を制し、同年一一月に政権移行チームが発足した前後に、「パイン・アイランド・キャピタル・パートナーズ」に批判的な目が集まった。特に前出の『ニューヨーク・タイムズ』が、一一月二八日付でバイデン陣営と「ウェストエグゼック・アドバイザーズ」及び「パイン・アイランド・キャピタル・パートナーズ」の両社との関わりについて報じた以降は、いくら退いたとはいえ（注＝ブリンケンは「休職」扱い）国務長官と国防長官という政権の二大ポストに、投資運用会社の「パートナーズ」経験者が就任した事実が知られるようになり、世論に少なからず驚きを与えたと思われる。しかもフロノイも、一時国防長官就任が確実視されていただけになおさらだった。

そして前述したように、こうした「ビジネス」に傾倒する一方のフロノイを推す国家安全保障関係者らの熱い待望論が盛り上がる一方で、フロノイの「国防長官就任」阻止を要求する声も上がり、これまでの国防長官人事では例がないような極端に二分した賛否両論の声が衝突状態となった。

二〇二〇年一一月二六日には、「国家安全保障に関わる多くの著名な女性が、フロノイの経験とリーダーシップを支持する証言をオンラインに投稿し始めたとき、フロノイの選任への国民の支持を求める声が国防界に殺到した。……すでに軍関係や退役軍人の一一の支援団体のグループがフロノイを支持し、彼女の『議論の余地のない専門知識』を称賛して、彼女が指名された場合、速やかな議会の承認を求めた」(注29)と報じられた。

また、夫が海軍出身であるため、米軍の家族団体からも「私たちは国防総省の幅広い分野におけるフロノイの議論の余地のない専門知識に感謝しており、軍とその家族に対する彼女の深い献身にも感謝しています」といった支持声明も出された。(注30)

バイデンのフロノイに対する「本音」

半面、リベラル派の民主党下院議員のバーバラ・リーとマーク・ポカン両名が同年一一月一二日、名指しこそしないがフロノイを念頭に「次期国防長官が、国防総省と契約している軍事産業と、以前に顧客関係にあるようなことがないよう求める」という内容の書簡を提出している。[注31]

さらに一一月三〇日には、「Code Pink」や「米国のための進歩的民主党員（Progressive Democrats of America)」、「Roots Action.org」といった計一一の団体が連名で「ミシェル・フロノイの国防長官就任に反対する声明」を発表した。そこでは「アフガニスタンでの失敗に終わった悲劇的な軍備増強やシリアでの現地部隊駐留、リビアへの軍事介入等の地政学的災害と多大な人的苦痛をもたらした政策に対する断固たる支持」といった経歴を批判。さらに報じられた「フロノイのキャリアにおける回転ドアの側

（注29）Lauren Toms November 12, 2020「Barbara Lee, Mark Pocan urge Biden not to appoint defense contractor to top Pentagon job」（URL https://www.washingtontimes.com/news/2020/nov/12/barbara-lee-mark-pocan-urge-biden-not-appoint-defe/）

（注30）Bryan Bender November 25, 2020「Flournoy gets progressive boost in Biden's search for Pentagon chief」（URL https://www.politico.com/news/2020/11/25/michele-flournoy-biden-defense-secretary—440803）

（注31）「Open Letter on Our Support for Michèle Flournoy to be the Next Secretary of Defense」（URL https://jonbwolfsthal.medium.com/november-25th-2020-16ee8a0f2590）

面」を指摘しながら、次のように要求している。

「国家と世界の安全保障のため、政府当局者と密接な関係にある軍事請負業者が、私たちを高コストで不必要で危険なハイテク軍拡競争にさらに駆り立てる回転ドアを閉じなければならない」

「米国国民は兵器産業に縛られず、軍拡競争の終結に尽力する国防長官を必要としている。ミシェル・フロノイは国防総省の責任者に任命されるべきではないし、その資格を満たさない他の人物も同様である。……すべての上院議員が彼女の承認を見送るよう求める多数の有権者からの意見を聞くことができるよう、私たちは大規模な全国的草の根運動を開始する用意がある(注32)」

結果としてフロノイの国防長官就任は見送られたが、それが果たしてこうした反戦団体や左派の抗議の成果であったかどうかは断じ難い。繰り返すように指名されたオースチンこそ、天下りでRTXの取締役になった「政府当局者と密接な関係にある軍事請負業者」の一員であるからだ。

むしろ以下の指摘のように、バイデンがフロノイに親和性を感じていなかったのが見送りの最大の理由ではなかったか。

「二〇年以上にわたってバイデンと緊密に協力してきたアントニー・ブリンケンやアヴリル・ヘインズとは異なり、フロノイはバイデンの側近に加わったことが一度もない。それ以上に、アフガニスタンでの戦争をどう戦うかをめぐるオバマ政権の内部討論の最中、フロノイは、さらに三万人の兵士を配備し、全面的な対ゲリラ戦（別名「国家建設」）戦略を採用するというスタンリー・マクリスタル将軍の計画を支持した。だがバイデンはこれに反対し、アフガニスタン軍の訓練とアルカイダなどテロリストと戦うために、さらに一万人の兵士を送ることを選んだ(注33)」

前述したように、アフガニスタン戦争での増派をめぐるフロノイとバイデンの対立は良く知られている。「ある元国防当局者によると、当時、国家安全保障担当大統領補佐官（現在はバイデンの顧問）を務めていたトーマス・ドニロンが、兵力増派を求める統合参謀本部の側に立ったフロノイのやり方に激怒していた」という。（注34）この「現在はバイデンの顧問」というのは、記事が書かれた当時、ドニロンがバイデンの政権移行チームの有力メンバーであったことを指す。アフガニスタン戦争をめぐってのバイデンに近いドニロンのフロノイに対する感情は、バイデンのそれでもあったはずだ。

これとは反対に、バイデンはオースチンと親しい関係だった。

「バイデン副大統領（当時）は、オバマ政権でイラク政策を主導していた際に中東で司令官を務めていたオースティンと知り合った。二人は、現場でもホワイトハウスのシチュエーション・ルームでも『数え切れないほどの時間』を共に過ごした」

「オースティンはまた、バイデンの亡き息子（注＝長男）ボーが二〇〇八年と二〇〇九年にイラクで

(注32)「Statement Opposing Michele Flournoy as Defense Secretary」(URL https://rootsaction.org/statement-opposing-michele-flournoy-as-defense-secretary)

(注33) Fred Kaplan December 1, 2020「The Case for Michèle Flournoy」(URL https://slate.com/news-and-politics/2020/12/flournoy-defense-pentagon-biden.html)

(注34) Lara Seligman Nahal Toosi December 8, 2020「Biden's Pentagon pick frustrates women who sought a different history-maker」(URL https://www.politico.com/news/2020/12/08/biden-picks-austin-defense-flournoy-443678)

オースティンのスタッフとして働いていたとき、親密な関係を築いたと、私的な事柄を話すために名前を伏せたある情報筋は語った。オースチンと若いボーはほとんど毎週日曜日に並んでミサに出席し、ボーが派兵から戻った後も連絡を取り合っていた（注35）」

次から次に会社役員に就任

同様にヴィクトリア・ヌーランドも国務次官の指名にあたり、抗議の声があった。計二五の反戦・市民団体がバイデン政権の指名と上院の承認を阻止するため、二〇二一年一月に署名運動に取り組み、以下のようなヌーランドを非難する声明文を発表した。

「ヌーランドは、一万人の命を奪い、百万人以上が避難を余儀なくされた内戦を引き起こしたウクライナでのクーデターを促進する上で重要な役割を果たした。彼女はウクライナへの武器供与でも重要な役割を果たした。彼女は軍事費の急激な増加、ＮＡＴＯの拡大、ロシアに対する敵意、ロシア政府を打倒する取り組みを提唱している（注36）」

しかしこれが効を奏した形跡はなく、この種の抗議はワシントンでは影響力もなさそうだ。同じことはフロノイへの抗議についても言えたかもしれないが、世間の予想に反して自身が外されたこの人事にフロノイは失意を味わったはずだ。それでも将来的に国防総省かあるいは別の公職に復帰する可能性は閉ざされていないだろうが、国防長官人事をめぐる騒ぎを前後して自身の「コングロマリット」拡大に向けた旺盛な事業欲は健在だった。以下は、年代順にフロノイが就任した会社と役職だ。

二〇一八年　Amida Technology Solutions（ソフトウェアサービス）取締役会長
二〇二一年三月　PIMCO（債券運用）グローバル・アドバイザリー・ボードメンバー
二〇二一年八月　Astra Space（航空宇宙）取締役
二〇二三年八月　RIVATA NETWORKS（ワイヤレステクノロジーサービス）取締役

以上はＰＩＭＣＯを除き、すべて国防総省を始めとした政府予算から業務を受注している。また、「ブーズ・アレン・ハミルトン」のＨＰで取締役のフロノイを紹介した欄では、二〇一八年以前にゼネラル・ダイナミックスに買収された政府を主要顧客とする情報技術サービスのＣＳＲＡや、ロールスロイス・ノースアメリカの取締役を務めていたと記述されている。[注37] しかもフロノイはこのＣＳＲＡの「株式を一万株も所有していた」[注38]という。

さらに、株式情報に特化したインターネットサイト「Market Screener」は、フロノイが二〇二四年

（注35）Bryan Bender Lara Seligma December 08, 2020「Questions swirl over Austin's limited experience」（URL https://www.politico.com/news/2020/12/09/lloyd-austin-experience-record-443818）

（注36）January 11, 2021「25 Organizations: Victoria Nuland's Nomination Should Be Rejected」（URL https://worldbeyondwar.org/nuland/）

（注37）（URL https://www.boozallen.com/e/bio/board-of-directors/michele-flournoy.html）

（注38）（注2）と同。

二月二八日段階で会社名は不明ながら「一〇社の取締役になっている」と紹介しているから、上記以外にもまだありそうだ。しかも株式について「ブーズ・アレン・ハミルトン」の一万五〇〇五株（二〇〇万ドル）、Astra Space の二万九八四八株（四万八九二ドル）を保有していると報じており、これだけでも相当の資産家だ。（注39）

取締役が自社の株を所有しても何らおかしくはないが、こうしたフロノイの数々のビジネス絡みの行為を追うと、「本業」だったCNASを足場とする言論活動との関連性が気になってくる。ここまで国防総省の受注がらみのビジネスにのめり込むと、フロノイの軍事・外交の分析が、果たして事業の個人的利害とは切り離された客観的な内容でありうるのか、という疑問が避け難くなりそうだ。

軍事の「受益者」が軍事を語るとき

特にCNASを始め多くのシンクタンクが昨今、「中国の脅威」を打ち出し、それを主な理由に二〇二四会計年度で約八八六三億ドルに達する巨額の軍事予算の更なる拡大を求めている現実がある。結果として軍事予算が増えると国防総省の契約企業が潤い、CNASを始めとするシンクタンクへの献金もより増えておかしくはない。

フロノイは、国防総省とそこからの受注を狙う企業を「橋渡し」するのは「愛情のこもった仕事なのです」（注40）と語っている。だがボランティアであるはずもなく、軍事予算の拡大は国防総省からの業務受注を求める企業のモチベーションを高め、「ウェストエグゼック・アドバイザーズ」のような「戦略コンサルティング会社」にとってはビジネスチャンスの到来となる。のみならず「橋渡し」によって国防総省からの受注が可能になり、業績が上がった企業は、「パイン・アイランド・キャピタル・パートナーズ」といった投資会社の有望な買収候補となるだろう。

すべてが、増え続ける軍事予算で潤う構造であり、緊張の緩和による軍縮政策などは歓迎されるはずがない。そうした構造で、フロノイは疑いなくコンサルタントや投資アドバイザー、さらには投資家、経営者、株主といった複数の「顔」を有する「受益者」として存在する。そのような「顔」と、ワシントンを代表する軍事問題の論客との間の境界線は、ファジーというしかない。

今や「対中国タカ派（China Hawk）」の代表格とも言うべきフロノイやCNASの昨今の「中国脅威論」を、こうした権益の体系、利益相反の可能性を考慮せずにそのまま信じ込むのは危うさが伴うだろう。いかに一見精緻な理論で構成されているような体裁であっても、そのような言動が「受益者」としての自身の利害計算と無縁でなかったとしたら、むしろ不自然であるかもしれない。

そうした疑問を禁じ得ないほど、昨今の「脅威」を振りまくフロノイの言動が目立つ。フロノイは二〇二二年一〇月六日に開催されたシンクタンク大西洋評議会のオンラインによるインタビューで、「中国の台湾侵略を阻止する緊急性が本当に高まっている」と強調。その根拠として、「習近平は人民解放軍に二〇二七年までに準備を整えるよう指示したようで、多くの重要なシステム、特に長距離弾

（注39）（URL https://in.marketscreener.com/insider/MICHELE-FLOURNOY-A0Q96R/）
（注40）（注3）と同。

(long-range munition) の開発と実戦配備を加速させるよう求めている」という点を挙げた。にもかかわらず米国は「侵略」への準備にあたって「二〇三〇年代を見据えている」ため、「米国やその同盟国が適切な態勢と能力構成をこの地域に完全に整える前に武力を行使した方が、(中国にとって)早急に成功する可能性が高くなる」(注41)という。

これは米国の軍事的準備が遅れているから「台湾侵略」が早まりかねない、という主張であり、国防予算をより急ピッチで拡大するしか選択の余地がなさそうだ。

フロノイは前述したように、中国を念頭に「大国間の紛争を抑止する」ため、「米軍の優位性を維持しなければならないというのが、かねてからの持論だ。その別の例が、大統領選挙があった二〇二〇年七月一三日にCNASのHPで発表された「米軍の鋭さを研ぎ澄ます (Sharpening the U.S. Military's Edge)」と題した、以下のような内容の共著論文だった。

「米軍は一か八かの転換点にある。中国などの大国の競争相手に対して軍事技術面での優位性を維持するには、より大規模かつ大胆な一連の措置を講じなければならず、さもなければ一〇年以内にその優位性を失う可能性がある。……現在の国防総省の計画と予算に盛り込まれたプログラム上の戦力は、将来中国の侵略を抑止したり打ち破るには十分ではない可能性がある。パワーバランスの変化がもたらす破滅的な結果を誇張と見なすのは、困難である。米国はもはや、米国の将来の繁栄と安全が最も依存するまさにその地域において、自国の利益、同盟国、パートナーを確実に守ることができなくなる」(注42)

ここでは技術的問題が中心で「中国の侵略」の内容について具体的に触れておらず、台湾も登場しない。また「米国の将来の繁栄と安全が最も依存するまさにその地域」とは、これまでの米国主流メディアの論調によれば太平洋、南シナ海なのだろう。

トランプが決定的に悪化させた米中関係

この「次期民主党政権」誕生を意識した提言でもあった論文は、繰り返し「米国はもはや、紛争の初期段階で航空、宇宙、海上の優位性を有する」のが不可能になっていると危機感を表明。その打開策として「人工知能（AI）、ロボット工学とオートノミー、クラウドコンピューティング、携帯電話の第五世代技術（5G）などの商業技術」の「軍事との融合」、及びそうした「商業技術」への予算支援を求めている。

まさにフロノイの「ビジネス」の領域だが、こうした主張の特徴は軍事面しか見ない単純さにあるだろう。米中関係の再構築や対立点の外交的解決という本来の国家安全保障論議に必要とされるはずの項目は度外視され、「軍事的優位が脅かされている」―「抑止が効かなくなる」―「敵の侵略が現実的となる」という論法だ。こうした思考だと、常に時間との勝負であるかのように「軍事的優位」の確保が至上命題となり、当然ながら「敵」も対抗手段を繰り出す可能性が高まる。そうなるとまた「抑止」が

（注41）「How the US can prepare to deter China and defend Taiwan in the 2020s? A conversation with Michèle Flournoy」（URL https://www.atlanticcouncil.org/event/how-can-we-deter-china-in-the-2020s/?#gf_41）
（注42）「Sharpening the U.S. Military's Edge: Critical Steps for the Next Administration」（URL https://www.cnas.org/publications/commentary/sharpening-the-u-s-militarys-edge-critical-steps-for-the-next-administration）

危うくなっているという口実で、さらなる「軍事的優位」の確保を求めるという、お決まりのパターンとなる。

前出の『フォーリン・アフェアーズ』誌二〇二〇年六月一八日付の論文「アジアにおける戦争を防ぐには」で、フロノイは「米軍が南シナ海で七二時間以内に、中国海軍の艦船と商業用船舶のすべてを撃沈すると確実に脅せるような能力を持てば」、中国に対する抑止効果が期待できるかのような主張をしているが、破局的事態を常に想定しなければ安全が保てないかのような思考は、こうしたパターンに固有の性格だろう。結果として、軍事予算増額の絶好の口実となる「敵」との恒常的な緊張状態、あるいは戦争の危機が続く。

またフロノイは二〇二三年一一月八日、台湾の政府系シンクタンク「国防安全研究院」が主催した「安全保障対話（Taipei Security Dialogue）」でオンラインにより講演した際、「近年の中米緊張が高まっているのは米国の政策変更によるものではなく、二〇一二年に中国共産党の指導部が胡錦濤前国家主席から習近平国家主席に交代したためだと主張した」（注43）という。だがこれは、外交関係の考察を欠いた一方的な見方だろう。

なぜならどう考えても今日の米中関係の劇的な悪化は、大統領時代のトランプによって引き起こされたように思える。そこでは、一九七二年二月二七日の「上海コミュニケ」を始めとする三つのコミュニケで双方が確認した「一つの中国」「台湾は中国の不可分の領土」という原則の実質的破棄につながる動きも含め、以下のような一連の事態が進行した。

・二〇一八年二月以降、中国製品に対する「貿易戦争」を発動。太陽電池等二品目を対象にセーフガード措置を発動したのに続いて鉄鋼・アルミニウム製品に対する制裁関税を課し、さらに約二五〇〇億ドル相当の中国製品に一〇～二五％の制裁関税を課すなどエスカレートさせた。

- 二〇一八年三月に「台湾旅行法」に大統領が署名し、一九七九年の台湾との断交以来途絶えていた米台両政府関係者間のハイレベルの外交的関与を奨励。二〇二〇年八月には米国の厚生長官（当時）アレックス・アザーが台湾を公式訪問し、一九七九年の米台断交以降の最高位の高官訪問となった。以降、米中間に最高度の緊張関係をもたらした二〇二二年八月の下院議長（当時）ナンシー・ペロシを始め、連邦議員や元政府高官の訪台が相次いでいる。
- 中国が「主権と管轄権を有する」と主張する台湾海峡で、確認されているだけで二〇二〇年には過去最高の一三回も「航行の自由作戦」が実施された。さらに爆撃機や偵察機も台湾上空で飛行させるなど、周辺海・空域での軍事的緊張が高まった。
- 二〇二〇年以降、米軍特殊部隊と海兵隊員が台湾に秘密裏に駐留を開始し、台湾軍への軍事訓練を実施。
- 台湾への武器売却の、劇的増加。F16戦闘爆撃機やエイブラムス戦車、空対地ミサイルSLAM－ER、高機動ロケット砲システム（HIMARS）、対艦ミサイルのハープーンといった一線級の兵器の輸出が次々に承認された。

（注43） November 8, 2023「Be ready for Chinese military operations by late 2020s: Ex-U.S. official」（URL https://focustaiwan.tw/cross-strait/202311080007）

議会で実施された模擬演習

こうしたトランプ政権の一連の措置がその都度中国側の激しい抗議を呼んだにもかかわらず、バイデン政権になって是正された形跡は一切ない。それどころか、バイデンは「一つの中国」という建前からこれまで米国政府が堅持してきた、中国軍の「台湾侵攻」の際に米軍が出動するかどうかを明言しない「戦略的曖昧性」を実質的に破棄。これまで確認された限り、四度にわたって「台湾防衛」を明言している。

いずれにせよ、こうしたトランプ・バイデン両政権の動きが「台湾侵攻」という強烈なイメージを伴った米国内の中国に対する警戒心、悪感情を一挙に高めたのは言うまでもない。そうした情勢の変化を、CNASが見逃すはずもなかった。

米国下院の「中国問題特別委員会（The House China Select Committee）」は二〇二三年四月一九日、連邦議会の一室で、CNASと共に「二〇二七年の中国による台湾侵攻」を想定した非公開の約二時間に及ぶ机上演習（TTX、Table Top Exercise）を実施した。

これには、議員側が台湾軍と米軍に扮した「ブルーチーム」に、そしてCNASの代表的な論客である上級研究員ベッカ・ワッサーらスタッフが中国軍の「レッドチーム」に分かれて参加。目的は「米国の軍需生産と台湾への武器移転を加速する二〇二四会計年度の国防権限法案に向けた超党派の提案の準備」(注44)の一環とされ、実際に「台湾防衛戦」において必要とされる課題を整理し、「侵略を阻止し、戦うための最善の立法上の対応を特定する」(注45)と位置付けられた。

議会内でこうしたＴＴＸが実施された例は稀だろうが、その二週間前の四月五日にはロサンゼルスで、訪米した台湾総統（当時）の蔡英文が下院議長のケヴィン・マカーシー（共和党）ら連邦議員と会談。そこには海兵隊出身の超タカ派で同委員会委員長マイク・ギャラガー（同）も同席しており、米国議会で支配的な潮流となっている「反中国」「台湾防衛」に向けた一連の動きとして位置付けられただろう。

このＴＴＸの結果を同年四月二三日に文書にまとめて発表したＣＮＡＳの報告書「悪血（Bad Blood）」によれば、以下のような結論が導かれたとされた。

「ブルーチームとレッドチームはいずれも明確な勝利を宣言することはできず、戦争の目に見えるような終結にはならなかった。……米軍と中国軍は速やかなる勝利を得たかったが、結果は戦争の性格と両超大国が保有する軍備を考慮して、双方の（早期の勝利達成という）目的は実現可能とはなり得ないようだ(注46)」

（注44）Bryant Harris April 28, 2023「Congressional China Panel Preps Proposals to Rapidly Arm Taiwan」（URL https://www.globalresearch.ca/congressional-china-panel-preps-proposals-rapidly-arm-taiwan/5817518）
（注45）Sophia Cai April 21, 2023「U.S. House China Committee to War-game Taiwan Invasion Scenario」（URL https://www.globalresearch.ca/house-china-committee-to-war-game-taiwan-invasion-scenario/5816664）
（注46）Stacie Pettyjohn Becca Wasser Andrew Metrick April 27, 2023「Bad Blood: The TTX for the House Select Committee on Strategic Competition Between the United States and the Chinese Communist Party (CCP)」（URL https://www.cnas.org/publications/congressional-testimony/bad-blood-ttx）

ただ、「ブルーチームは巧みな軍事戦略を選択することによって、中国の早期の台北占領という勝利を阻止できた[注47]」というから、必ずしも議員たちが落胆すべき結果ではなかったかもしれない。問題は、このＴＴＸによって示されたという実行すべき優先的項目にある。ＣＮＡＳの文書によれば、「米軍の弾薬貯蔵量を増加し、空域と水面下における戦略兵器を最大限生産し、中国のミサイル攻撃に耐えうる分散され強化された態勢のために投資[注48]」するよう、議会が予算措置を講ずることだとされた。

すでに二〇二三会計年度の国防予算では、中国との対決を念頭に活性化すべき「優先度の高い軍需品」として、「九五〇発の長距離対艦ミサイル（ＬＲＡＳＭ）と一二五〇発の艦対艦ミサイル（ＮＳＭ）、一五〇〇発の艦対空ミサイルＳＭ－６の他、数千の他の軍需品が含まれている[注49]」。だが、ギャフガーによると今後は「習近平に対し自分にはそれ（注＝台湾侵攻）ができないと結論づけるよう、抑止と拒否の姿勢を強化するために天と地を動かす必要がある[注50]」というから、さらなる兵器の購入が求められる。

「二〇二七年」の台湾侵攻？

このＴＴＸは、そうした気運を促進するための口実として活用されたのは疑いないが、ＣＮＡＳにとって台湾への「中国軍侵攻」を想定したＴＴＸはこれが二度目だった。ＣＮＡＳは前年の二〇二二年四月二五日に放映されたＮＢＣのニュース番組「Meet the Press Reports」で、同じような「終日戦争ゲーム」と称したＴＴＸを公開している。こちらはＮＢＣという全米三大ＴＶネットワークに放映されたため、米国内での社会的影響力がより大きかったことは容易に想像できる。

ＮＢＣによればこのＴＴＸの結果を踏まえ、「米国やオーストラリア、日本が、台湾への中国の攻撃に迅速に対応するためもっと努力し、米国がこの地域の基地を強化し、より多くの長距離精密誘導兵器や海底の戦闘能力を調達することなどが提言された（注51）」という。

なお、二〇二二年と二〇二三年のＣＮＡＳのＴＴＸで想定される「台湾侵攻」の時期は「二〇二七年」とされている。言うまでもなく二〇二一年三月九日に上院軍事委員会公聴会で、インド太平洋軍司令官のフィリップ・デイビッドソン（当時）が「今後六年間に軍事行動が行われる可能性がある」と発言したため、以降「二〇二七年」が独り歩きして「侵攻年」というイメージが固定化してしまっている。

他方、台湾をめぐる米中戦のシミュレーションについてはＣＮＡＳ以外にもＣＳＩＳが二〇二三年一月九日、『次の戦争の最初の戦い――中国による台湾侵攻を想定した図上演習』と題した報告書にまとめて公表。わが国のマスメディアで大きく取り上げられたのは、記憶に新しい。ＣＮＡＳと「基本的に

（注47）（注46）と同。
（注48）（注46）と同。
（注49）（注44）と同。
（注50）Lisa Mascaro April 9, 2023「Taiwan threat from China serious, House GOP chairman says」（URL https://apnews.com/article/taiwan-china-congress-gallagher-tsai-22b91ed795514 4c0d5540aaffa3b4e7c）
（注51）Carol E. Lee May 13, 2022「U.S. should prepare for drawn-out conflict if China invades Taiwan, war game suggests」（URL https://www.nbcnews.com/meet-the-press/news/us-prepare-drawn-conflict-china-invades-taiwan-war-game-suggests-rcna28580）

同じ結論に達し」、「中国は台湾沿岸の橋頭堡確保には成功したが、台北の占領や台湾の降伏を強制するのに十分な戦力を提供できず」、中国軍も「米日」側も「大きな損害を被った」[注52]とされた。ただ、CSISの方は「台湾侵攻」の時期を「二〇二六年」としている。

なお二〇二二年のCNASのTTXにはフロノイも参加しており、彼らの並々ならぬ意欲を示す形となった。加えてフロノイは、同年八月二日の下院議長のペロシの台湾訪問に先立つ三月一日に、元統合参謀本部議長で前出の「パイン・アイランド・キャピタル・パートナーズ」の同じ「D.C.パートナーズ」であるマイケル・マレンら、国家安全保障関連の元高官五人で構成する訪台団の一員に加わって当時の総統の蔡と会見している。

振り返れば、二〇二三年に下院「中国問題特別委員会」がTTXを実施するにあたり、相手をCSISではなくCNASを選択した意味は小さくなかったはずだ。それはCNASが持つバイデン民主党政権への影響力の大きさがシンクタンクの中でも特別であるという事実を示したのかもしれず、それだけフロノイやCNASの「中国脅威論」の拡散が看過できるレベルではないのも確かだろう。だが言うまでもなく、それは必ずしも利害計算が絡まない現実を正確に反映した評価でも提言でもないという可能性を否定できない。

前出の「政府監視プロジェクト」の上級研究員で、海兵隊員としてアフガニスタンとイラクの血なまぐさい戦場を経験したダン・グレイジャーは、すでに「多くの人々が将来の中国との戦争という前提を喜んで受け入れている」と警告を発しながら、次のように主張している。

「現在、文民と軍の指導者が直面している課題は、古い考えによって戦うために新しい兵器を作ることではない。私たちはまず、他国と平和的に共存する方法を見つけるべきだ（注53）」

だがCNASは無論、「ウェストエグゼック・アドバイザーズ」や「パイン・アイランド・キャピタル・パートナーズ」、「ブーズ・アレン・ハミルトン」といったフロノイが関与する「業界」にとってそのような「共存」はおそらく一銭の価値も生むものではない以上、関心外となろう。まず「中国との戦争という前提」を疑うことなく「脅威」が強調されない限り、自身の「ビジネス」は成長しないのだ。そのためいくらフロノイが高名な外交誌に「論文」を発表したり、TTXを繰り返そうが、そこでの主張や提言が現状の客観的評価というよりも、常に利権の思惑が付きまとうという疑念を排除し難いように思える。

（注52） Michael T. Klare April 26, 2023「A US-China War Over Taiwan?」（URL https://www.thenation.com/article/world/china-taiwan-war-military/）

（注53） February 17, 2021「The China threat is being inflated to justify more spending」（URL https://www.defensenews.com/opinion/commentary/2021/02/12/the-china-threat-is-being-inflated-to-justify-more-spending/）

第七章　ウクライナ戦争の勃発と辞職の真相

国務長官のアントニー・ブリンケンは二〇二四年三月五日、ヴィクトリア・ヌーランドの次官退職を発表した。多くの政治アナリストや軍事ウォッチャーにとっては「青天の霹靂」（元CIA分析官で軍事評論家のラリー・ジョンソン）となったが、それを告げる文面は以下のように追悼文のような過度の讃辞に満ちていた。その反面、なぜか辞任の理由には一切触れていない。

「トリアが真に並外れた存在であるのは、彼女が最も信じているもの、つまり自由、民主主義、人権、そしてこれらの価値観を世界中に鼓舞し、促進する米国の永続的な能力のために戦うことに彼女が注ぐ激しい情熱だ」

「外交官や外交政策の学生が今後何年にもわたって研究するのは、ウクライナに関するトリアのリーダーシップだ。プーチン大統領のウクライナ全面侵攻に立ち向かい、プーチン大統領の戦略的失敗を確実にするよう世界的な連合を結成し、ウクライナが民主的、経済的、軍事的に力強く自立できる日に向けて取り組むために、彼女の努力は不可欠であった（注1）」

それほど「不可欠」な存在なら退職するのは逆に不自然に思えるが、ヌーランドが現在のウクライナ戦争で極めて重要な役割を果たしていたという認識は伝わってくる。そして辞任の理由についてはさまざまの憶測が飛び交ったが、その一つが人事への不満から自ら退いたのではないかというものだった。

二〇二四年二月六日の米上院本会議で、前NSCインド太平洋調整官のカート・キャンベルの国務副長官人事が承認。本来なら前年の七月二八日に国務副長官代行に任じられていたヌーランドがそのまま副長官に昇進するかと思われていたため、「取材に応じた二人の国務省高官筋によれば、ヌーランドは重要な昇進を見送られたことに激怒して辞めた（注2）」という情報が一部で流れた。だが、前述したようにキャンベルが承認前に国務副長官に指名されたのは二〇二三年一一月一日で、その時点でヌーランドの副長官昇任人事は消えていた。「激怒して辞め」るぐらいなら、同年中に国務省を去っていただろう。

またメリーランド州のボウイ州立大学のロシア専門家で、安全保障学教授のマシュー・クロストンは、「ヌーランドは、キエフ政権への六〇〇億ドル以上の追加軍事援助を内容とするホワイトハウスの要求を阻止している米国議会で、彼女のプロジェクトに対する支持が失われていることに苛立ちを覚えているようだ」と指摘。その上で「米国での（ウクライナ支援への）支持率が下がれば、ウクライナは負けるということを彼女は間違いなく理解していた。おそらく彼女は、そのような結果に責任を負うような政権にはいたくなかったのだろう（注3）」として、自ら政権を去ったと述べた。

最後まで旺盛だった「闘争心」

さらに国防総省の分析官出身で、在職中から高額な兵器を始めとする軍拡予算を批判し続けてきた軍事評論家のフランク・チャック・スピニーは、ヌーランド辞任を「バイデン大統領とブリンケン国務長官の寵愛から個人的に最も恩恵を受けていた人々の多くが、今や彼らを見捨て、多くの破滅的な政策に対する自らの責任から逃れようとしている」現状の一環として読み取っている。そしてヌーランドの辞任劇は、「ネズミが沈没しつつある国家という船から出て行く兆候[注4]」に等しいという。

だが、米国の国際問題評論家のマイク・ホイットニーが指摘するように「ヌーランドのような闘争心旺盛なストリートファイターが、明確な退去命令が出ない限り自らタオルを投げることはない[注5]」という見方は、ヌーランドのこれまでの猪突猛進ぶりが際立つ軌跡から容易に導かれる結論だろう。

（注1）「On the Retirement of Under Secretary of State for Political Affairs Victoria Nuland」（URL https://www.state.gov/on-the-retirement-of-under-secretary-of-state-for-political-affairs-victoria-nuland/）

（注2）March 13, 2024「Victoria's Secret: The Humiliating Inside Story Behind the Ouster of the Deep State's Favorite Color Revolution Architect」（URL https://revolver.news/2024/03/humiliating-inside-story-behind-the-ouster-of-the-deep-states-favorite-color-revolution-architect/）

（注3）March 6, 2024「Nuland's Resignation Means Hard Times Ahead for Ukraine」（URL https://sputnikglobe.com/20240306/nulands-resignation-means-hard-times-ahead-for-ukraine-1117171405.html）

（注4）March 6, 2024「Nuland's Exit May Reflect US Need to Cut Back on 'Unwinnable Ukraine War', Analysts Believe」（URL https://en.sputniknews.africa/20240306/nulands-exit-may-reflect-us-need-to-cut-back-on-unwinnable-ukraine-war-analysts-believe-1065407683.html）

（注5）March 8, 2024「Was Nuland Fired For Her Role In The Ukraine Debacle?」（URL https://www.eurasiareview.com/08032024-was-nuland-fired-for-her-role-in-the-ukraine-debacle-oped/#google_vignette）

事実、キャンベルが国務副長官に承認されるのがすでに分かっていた二月六日以前のヌーランドは、辞任に傾くような気配を何ら感じさせない「闘争心」に満ちていた。一月三一日には、突然ウクライナのキエフを訪問。目的は当時、確執が深刻とされた大統領のゼレンスキーと総司令官のワレリー・ザルジニー（二〇二四年二月八日辞任）の間の仲裁とされたが、実際のところは不明だ。

ヌーランドはキエフでの短時間の記者会見で、「団結とその結果、二〇二四年とウクライナにとっての絶対的な戦略的重要性について、私はさらに励まされて今夜キエフを離れます」と発言。さらに「ウクライナが防衛を強化するにつれて、プーチンに戦場で素晴らしいサプライズを与え、ウクライナは非常に大きな成功を収めることになるだろうと、私はさらに自信を持っています（注6）」と、今後について強気の姿勢を示した。

これから辞任しようという気持ちが心中にあったら、わざわざ渦中のキエフに赴く意欲が湧くとは考えにくい。しかもこの「サプライズ」についての具体的説明はないが、ここまで目前に迫っているかのような「成功」を口にするのは、引き続きウクライナに戦争を継続させるという自身の強い意欲があってのはずだった。

では、なぜヌーランドの展望が閉ざされたのか。これについては海兵隊出身の軍事アナリストのスコット・リッターが「彼女はカーペットのある部屋に呼び出され、止めるか、それができないなら辞任するように言われた（She was called to the carpet and told to stop or, if she couldn't do it, resign）。彼女は辞任した（注7）」と解説している。リッターは情報源を明らかにしていないが、問題は何を「stop」しろと言われたのかだ。

ハロウィンの時期に、ヌーランドの国務次官執務室を訪問した国務長官ブリンケン。ヌーランドはそれから半年もたたない後に執務室を追われる。(2023年10月31日。国務省提供)

バイデン政権のウクライナ戦争に関する政策では、ヌーランドは大枠で一致していたと見られる。それは、ロシアと停戦について交渉はしないという方針だ。ロイター通信の二〇二四年二月一四日の配信記事によれば、「プーチン大統領は二〇二三年に、ロシアは中東などのアラブ諸国のパートナーを含む仲介者を通じて公私にワシントンに対し、ウクライナでの停戦を検討する用意があるとのシグナルを送った」が、「米国が仲介者を通じてモスクワに対し、ウクライナの参加なしに停戦の可能性について話し合わないと伝えた(注8)」という。

(注6) AFP January 31, 2024「US Diplomat Says Russia Should Expect 'Surprises' On Battlefield」(URL https://www.barrons.com/news/us-diplomat-says-russia-should-expect-surprises-on-battlefield-39f5567e)

(注7) March 09, 2024「Ritter: Nuland resigns due to disagreements with the White House on Ukraine」(URL https://pravda-en.com/world/2024/03/09/361915.html)

ゼレンスキーは政府にロシアとの接触を禁じており、当然ウクライナの「参加」はないから最初からロシア側からの「シグナル」は期待薄であった。また同記事は、国家安全保障担当大統領補佐官のサリバンも二〇二四年一月に、プーチンの外交政策顧問ユーリ・ウシャコフからの電話に対し、「米国は関係の他の側面について話す用意があるが、ウクライナ抜きの停戦については話さないだろうと語った」と伝えている。ヌーランドも同年二月二二日、ロシアのウクライナ侵攻二周年を迎えてのCSISのイベントに出演した際、「辞任」が迫っているような気配を感じさせずに戦争継続以外の「プランBはあるのか」という質問に対し、「我々はプランAに進んでいます。我々はプランAにいる」(注9)と断言している。

クリミアへの攻撃を主張

では、上から何を「stop」しろと命じられたのだろうか。ここからは推測の域を出ないが、以前からブリンケンとの意見の相違が表面化していたクリミアへの攻撃について、ヌーランドが何らかの具体的な実行計画を有していたのではないかと推測できる余地がある。

ヌーランドは二〇二三年二月一六日、カーネギー国際平和基金が実施したオンラインによるインタビューで、「ロシアはクリミアを巨大な軍事基地に変えた。……これは正当な標的で、ウクライナは(クリミアで)彼らを攻撃しており、我々はそれを支持している」、「クリミアが最低でも非武装化されない限り、ウクライナは安全ではない」(注10)と発言し、少なからぬ反響を呼んだ。

なぜならその前日の二月一五日、ブリンケンが「専門家グループとのズーム会話で、ウクライナによるクリミア奪還の試みは、ロシアのより広範な対応につながる可能性のあるウラジーミル・プーチン大統領にとっての越えてはならない一線（red line）になると述べた（注11）」と伝えられていたからだ。

ブリンケンの発言は、バイデンの意向に沿っていただろう。ロシアとの直接的な衝突に導く策は極力回避しつつ、ウクライナへの軍事支援で対ロシア戦の優勢を獲得し、ウクライナに有利な条件で停戦を実現する――というのが方針とされているからだ。そのため、公式的には「クリミアはウクライナ領」と認めながらも、ロシアにとって黒海艦隊の拠点セバストポリがあるクリミアは最も重要な戦略的要衝である以上、その「奪還の試み」は米国とロシアとの直接の戦争に発展しかねない、という判断となる。ヌーランドがクリミアについて「最低でも非武装化」すると公言したのは、明らかに政権主流とは別の

（注8）February 14, 2024 Guy Faulconbridge and Darya Korsunskaya「Exclusive: Putin's suggestion of Ukraine ceasefire rejected by United States, sources say」（URL https://www.reuters.com/world/europe/putins-suggestion-ukraine-ceasefire-rejected-by-united-states-sources-say-2024-02-13/）

（注9）「Under Secretary of State Victoria Nuland: The Two-Year Anniversary of Russia's Full-Scale Invasion of Ukraine」（URL https://www.csis.org/analysis/under-secretary-state-victoria-nuland-two-year-anniversary-russias-full-scale-invasion）

（注10）「Carnegie Connects: Inside Biden's Ukraine Strategy With Ambassador Victoria Nuland」（URL https://carnegieendowment.org/2023/02/16/carnegie-connects-inside-biden-s-ukraine-strategy-with-ambassador-victoria-nuland-event-8033）

（注11）Alexander Ward　Paul Mcleary　February 15, 2023「Blinken: Crimea a 'red line' for Putin as Ukraine weighs plans to retake it」（URL https://www.politico.com/news/2023/02/15/blinken-crimea-ukraine-putin-00083149）

スタンスで臨んでいるという事実を自ら示したのも同然だった。

そして政権内で「クレムリンに対する厳しいアプローチで際立ち」、「より多く、より優れた米国製兵器をウクライナに送ることを最も支持した人物の一人」(注12)であったヌーランドが、今や「真の影響力という点でナンバーワンのブリンケン国務長官に匹敵する」(注13)とまで評価されるに至っていた。このままだと遅かれ早かれバイデン-サリバン-ブリンケンのラインと何らかの決定的な不調和、あるいは対立を引き起こしかねない温床がすでに形成されていたのではなかったか。そしてヌーランドの「解雇」を引き起こしたのは、ヌーランドが声高に攻撃を唱えていたクリミアに関連していた可能性が高い。

ウクライナ戦争の「源」なのか

折しも二〇二四年三月一日、ロシアのニュース専門チャンネルRTが、ドイツの複数の上級将校が政府の方針とは別に自国の空中発射型中距離巡航ミサイル「トーラス」をウクライナに供与し、ケルチ海峡のクリミア大橋を破壊するための協議を内密でしていた事実を示す二月一九日の録音内容を暴露した。

また二〇二三年一〇月にウクライナ軍は米軍から供与された陸軍の地対地ミサイル(ATACMS)を初めて使用し、ザポリージャ・ルハンスク両州のロシア軍を攻撃したが、同ミサイルの射程距離は約一七〇kmであったとされる。このため同年一一月に、下院外交委員会委員長のマイケル・マコールや下院軍事委員会委員長のマイク・ロジャースら共和党議員のグループがバイデンに対し、「ウクライナにとって、特にクリミア全域を射程とする深部攻撃能力の要求は依然として緊急である」として、射程が

約三〇〇㎞に延長されたＡＴＡＣＭＳを供与するよう求める書簡を提出している。(注14)

恐らくヌーランドは、こうした一連の動きと連動して、現政権内では許容されないような何らかのクリミア攻撃に向けた計画に関与していたのではないか。それがおそらくはプーチンに対する「サプライズ」の内容でもあり、同時に上から「stop」がかかったことの意味ではなかったかと思われる。

こうした見方に近いのが、ＣＩＡ分析官出身ながら、後に反戦運動家に転じたレイ・マクガバンだ。つまり「ヌーランドの好戦的なレトリックは、国務省の上司の承認なしに、核大国に対する極めてエスカレートした攻撃を企てようとしていたことを示唆していたのかもしれない」と指摘している。そうした「意図」を「ＣＩＡと国防総省、国家安全局（ＮＳＡ）」が察知し、「大統領はロシアの弾薬庫を攻撃したり、（クリミア）橋を倒したいとは思っていない。だからヌーランドを抑え込まなければならず、彼女が早期退職する時期が来たのではないかと思う(注15)」と結論付けている。いずれにせよ辞任劇は、改めてヌーランドがバイデン政権の対ロシア、対ウクライナ政策で具体的にどのような役割を果たしていたの

（注12）March 10, 2024「Victoria Nuland to exit Biden administration – a new era of US foreign policy?」（URL https://moderndiplomacy.eu/2024/03/10/victoria-nuland-to-exit-biden-administration-a-new-era-of-us-foreign-policy/）

（注13）Yves Smith March 7, 2024「Nothing in Nuland's Life Became Her Like the Leaving of It」（URL https://www.nakedcapitalism.com/2024/03/nothing-in-nulands-life-became-her-like-the-leaving-of-it.html）

（注14）Patricia Zengerle November 3, 2023「Senior US Republicans urge long-range missiles for Ukraine」（URL https://www.reuters.com/world/senior-us-republicans-urge-long-range-missiles-ukraine-2023-11-02/）

（注15）John Miles March 7, 2024「Was Neocon Anti-Russia Hawk Victoria Nuland Forced Out?」（URL https://sputnikglobe.com/20240307/was-neocon-slay-queen-victoria-nuland-forced-out-1117177481.html）

かという検証の必要性を促しているだろう。

トランプ政権の発足当初に大統領上級顧問兼首席戦略官に就任しながら、わずか七カ月でホワイトハウスを去ったスティーブ・バノンといえば、「右派ポピュリスト」という批判があるなど毀誉褒貶の激しい人物として知られている。現在もその発言は何かと注目されがちだが、二〇二四年三月六日に、X(旧ツイッター)でヌーランドの辞任に関し動画付きでツィートしている。

「ヴィクトリア・ヌーランドよ、書類を用意しておけ。弁護士を呼べ。我々が迎えに行くから。あなたはウクライナ情勢に関するすべての源だ(Victoria Nuland, Preserve your documents. Lawyer up because we are coming for you. You are the fountain head of everything about this Ukraine situation)(注16)」

米国の対外介入路線に懐疑的な右派、あるいは保守派のなかにはウクライナ戦争について政府に同調しない言説が見受けられ、当然ヌーランドに対しても従来から批判があるが、バノンのツィートはその一例だろう。前述したイーロン・マスクのツィートと似ているが、こちらは批判のあまり、ヌーランドが訴追の対象となる過失を犯したかのようなより刺激的な文面だ。だが二〇一四年二月のウクライナクーデターと同様に、ヌーランドが「ウクライナ情勢」、つまり戦争の「すべての源」という説は必ずしも実証に裏付けられた見解とは言い難い。

突出し過ぎて孤立したのか

確かに、ヌーランドがバイデン政権のウクライナ政策に強い影響力を発揮したという状況証拠はあるように思える。だが、そうした政策の前提となるだろう米国の冷戦終結以降の対ロシア戦略は、国家安全保障機構のより奥深い次元で形成されているのは疑いなく、しかも時間的に長期にまでさかのぼる。

前出の米ピッツバーグ大学の国際関係学名誉教授のブレナーは、米国の対ロシア戦略に関し、「世界の覇権国として、そしてヨーロッパの唯一の支配者としての米国の特権」を否定することにつながるロシアの大国化を、阻止することが目的であると規定する。そしてブリンケンやサリバンも「支持者」であるそうした戦略の推進者として、ヌーランドを筆頭に「権力機構や議会、主流派メディア内の彼女のお気に入りのネオコンの仲間たち(注17)」を列挙している。

それでもバイデン政権の内部でウクライナでの連続する事態に対し、いったい誰がどのようなイニシアチブを発揮したかについて知るのは困難だろう。ブリンケン－サリバン－ヌーランドを中心としていた外交チーム、あるいはNSC内の議論が公表されるはずもなく、政権内の証言も乏しい以上、正確な立証は不可能に近い。

ヌーランドが国務次官として「ウクライナ情勢」の背後でどのように動いたのかという検証自体が至難で、結局バイデン政権のそれと重複するしかない。

もともとバイデンは反戦団体らの抗議を無視し、政権発足直前の二〇二一年一月五日、国務次官に

(注16) (URL https://twitter.com/dancaseysblog/status/1765068648207843620)
(注17) February 1, 2022「UKRAINE: GUIDES TO REFLECTION」(URL https://peacefromharmony.org/?cat=en_c&key=1036)

ヌーランドを指名すると報じられた。指名は同年四月二一日に上院で全会一致により承認され、以降「バイデンがヌーランドと会談しながら、ウクライナに関する重要な決定を下すという（オバマ政権時代と）同様のパターン」が「二〇二三年も続いた」(注18)とされる。それほど緊密な関係が維持されてきたにもかかわらず突然国務省から追われたのは、やはりヌーランドが極端に先走りした構想を実行しようとしたのではないかという推測が排除され難い。

また、ヌーランドのバイデン政権内の「独走」ぶりを示した例を記した貴重な資料として、「POLITICO」の国家安全保障問題担当記者アレクサンダー・ワードが二〇二四年二月に刊行したバイデン政権内の仔細な記録である『インターナショナリストたち（The Internationalists: The Fight to Restore American Foreign Policy After Trump）』が挙げられる。そこでは二〇二二年二月二四日のロシアのウクライナ侵攻が迫っていた時期に、政権内でいつロシアに経済制裁を科すかについての論議が起こり、「筋金入りの対ロシア強硬派」のヌーランドが会議で「早期の懲罰がプーチンに米国やその同盟諸国が本気であることを示す」という理由から、「ロシアが侵攻する前に経済制裁を発動するよう主張した」という記述がある。

これにはさすがにブリンケンやサリバンが、逆にロシアに「侵攻を促す」結果になり、ヨーロッパの同盟国も同調しないだろうという理由で反対し、ヌーランドは「少数派」であったとされる。やはりヌーランドは、政権内で何事もロシアに対するアグレッシブな姿勢が突出していたのは事実であったようだ。

信じ難かったロシアとの正常化

だが、バイデンがフロノイの処遇と異なって躊躇した様子もなくヌーランドを国防次官に指名したのは、ロシア（そしてウクライナ）に対するスタンスが共通していたことが大きかったと思われる。「バイデンはロシアに対して一貫性を示してきた。上院外交委員会で二〇年間委員を務めたベテランであり、ロシアによるクリミア併合後のウクライナ問題に関してオバマ政権の要人として活躍したバイデンには、プーチン政権に対する長年の敵対歴がある（注19）」という経過があった。

バイデンは、二〇二〇年の大統領選挙期間中に「ロシアに関してドナルド・トランプ大統領との差別化を図り、共和党のライバルがプーチンに甘いと非難した（注20）」ほど、ヌーランドと共通する対ロシア強硬派の姿勢を露わにした。もっともこうした姿勢は、以前から「反ロシア」、「反プーチン」の気運が衰える兆しのないワシントンではありふれた光景になって久しいのも事実だ。

バイデンは就任後の二〇二一年四月一五日、①二〇二〇年の米国大統領選挙への介入　②クリミアの

（注18）　第5章（注12）と同。
（注19）　Jeremy Shapiro May 14, 2020「A contest of extremes: Biden's and Trump's opposing positions on Russia」（URL https://ecfr.eu/article/commentary_a_contest_of_extremes_bidens_and_trumps_opposing_positions_on_ru/）
（注20）　Jamie Detmer November 8, 2020「How Will a President Joe Biden Approach Russia?」（URL https://www.voanews.com/a/2020-usa-votes_how-will-president-joe-biden-approach-russia/6198096.htmlJamie Detmer）

支配と「人権抑圧」の継続　③米国ソフトウエア企業ソーラーウィンズへのサイバー攻撃——を理由に、早くもロシアへの制裁を発動した。

その一方で発動前の四月一三日にバイデンがプーチンと電話で会談したが、サリバンによるとその際、バイデンは「状況をエスカレートさせることはない」「互いの関係の安定を実現したいと示し、プーチン大統領もそうする用意があるなら対立の連鎖を招かない道筋を見出すことができる」(注21)と語ったという。

さらにバイデンは、二〇二一年六月一七日にジュネーブで開催されたプーチンとの首脳会談出席前に立ち寄った英国サフォークの空軍基地内で同月九日に演説した際、「ロシア政府が有害な活動に関与した場合、米国は強力かつ有意義な方法で対応する」としながらも、「我々はロシアとの紛争を求めているわけではない。我々は安定した予測可能な関係を望んでいる」(注22)と発言した。

英BBC放送はその後の首脳会談について、「核軍備管理に関する対話開始」等の他は、「二〇一八年以来この種の会談として初めて具体的進展がほとんどなかった」と報道。「サイバーセキュリティやウクライナ、現在流刑地で二年半の刑に服しているロシア野党指導者アレクセイ・ナワリヌイ（注＝二〇二四年二月一六日死亡）の運命など、他の問題については合意の兆しはほとんどなかった」と伝えた。それでもバイデンは会談後、「ロシアとの関係改善の真の見通しが立った」(注23)と述べていた。

このため、首脳会談以降の米ロ関係についてわずかながらも希望的観測がワシントンで生まれたことは否定できない。その好例が、軍事企業からの献金に頼らず「支配ではなく軍事的抑制に基づいた米国外交政策」を提言しているシンクタンクであるクインシー研究所の研究員の、アルディン・デルシモニアンによる論考だった。

デルシモニアンは、「ホワイトハウスにおいてロシアと中国の両方との二重対立は理想的ではなく、避けなければならないという認識があった」と指摘。さらに「ロシアとの『予測可能』で『安定した』関係を求めるというバイデンの発言は、ワシントンとモスクワの間に存在する危険なまでにほころびた関係に対するホワイトハウスの穏健な、しかし示唆的な判断を意味している[注24]」と判断した。だが、問題はそれからだった。

なぜなら同年一〇月一一日から一三日にかけて米国から「首脳会談のフォローアップと、最近の会談を通じ対話を続けるためにモスクワに派遣された[注25]」のは、二〇一四年二月のウクライナクーデターの経験等から、ロシアが最も忌み嫌うヌーランドであったからだ。

（注21）Kylie Atwood Nicole Gaouette Kate Sullivan April 15, 2021「Biden imposes new sanctions on Russia in response to election interference and cyber hacks」（URL https://edition.cnn.com/2021/04/14/politics/russia-sanctions-expel-officials-hacking-election/index.html）

（注22）Kevin Liptak June 9, 2021「Biden warns he'll tell Putin 'what I want him to know' as he defines goals of foreign tour」（URL https://edition.cnn.com/2021/06/09/politics/joe-biden-troops-europe-trip/index.html）

（注23）June 17, 2021「Biden and Putin praise Geneva summit talks but discord remains」（URL https://www.bbc.com/news/world-europe-57504755）

（注24）October 20, 2021「Ice breaking? Russia waives ban on Victoria Nuland」（URL https://responsiblestatecraft.org/2021/10/19/ice-breaking-russia-waives-ban-on-victoria-nuland/）

（注25）（注24）と同。

ロシアへの「侮辱」だったヌーランドの派遣

バイデンが「安定した予測可能な関係」を念願しているなら、国務副長官（当時）のシャーマンの方がまだ適任であったかもしれない。しかもヌーランドは国務次官就任以前の二〇一九年からロシアによる制裁で入国禁止処分者のリストに入っており、モスクワに到着するためには制裁解除という事務手続きがロシア側に強いられた。つまりバイデンは、ロシアが入国を禁止していたような人物をあえて国務次官という国務省ナンバー3の地位に就け、首脳会談後の交渉という重要な場にモスクワに送ったことになる。

このため、前出のＣＡＴＯ研究所の元研究員テッド・カーペンターは「ヴィクトリア・ヌーランドのような人物を、対ロシア政策を立案する権限を持つ高位の地位に任命することは十分にまずかった。二国間関係を修復するための交渉人として彼女を派遣することは、驚くほど無神経か、あるいは計算された侮辱（a calculated insult）だった(注26)」と批判した。

モスクワでヌーランドは、ユーリ・ウシャコフ大統領補佐官やセルゲイ・リャブコフ外務次官、ドミトリー・コザク大統領府副首席補佐官らと会談。そこでのやり取りは公表されていないが、具体的な成果は無きに等しく、「生産的」で「建設的」であったという外交用語を伴って終了した。だがそもそも、バイデンがロシアと「安定した予測可能な関係」を築くという意欲が本当にあったのかどうか疑わしい。

カーペンターも認識しているように、「米国政府は通常、有意義な外交交渉をまったく行わない」のであり、「代わって敵対者を降伏させ、結果として生じる屈辱を大人しく受け入れるよう強制する」(注27)だけである以上、誰が米国から出席しようが、会議での成果など最初から望み薄であったかもしれない。それでもロシア側にとってみれば、首脳会談後の重要な会談への米国側代表がヌーランドであったのは「侮辱」と感じてもおかしくはなかったろう。

のみならずバイデン政権は、派遣したヌーランドの交渉担当者としての適格性の有無を知っていたはずだ。とりわけ「ロシア側のコメンテーターや政治家たちから大きな驚きを呼び起こした」(注28)とされる前出の『フォーリン・アフェアーズ』誌二〇二〇年六月九日付に掲載されたヌーランドの論文「プーチンを抑え込む」(注29)は、すでに米ロ関係に無視できない否定的影響を及ぼしていたようだ。

明らかに同年の大統領選挙後の「民主党政権」誕生を意識した、タイトルからして挑発的なこの論文では、全編ロシアとプーチンに対する悪感情に満ち、フロノイの対中国政策と同様にひたすら「クレムリンによる危険な行為を抑止し、押し返す」ことを主張していた。こうした論者を相手に、果たしてロシアが建設的な外交上の交渉ができると思うかどうか、結果は見えていたろう。

(注26) October 21, 2021「A Display of Contempt　Biden sending Victoria Nuland to Moscow is a dangerous insult to the Russian Federation」(URL https://www.cato.org/commentary/display-contempt)
(注27) (注26) と同。
(注28) Mark Episkopos　October 16, 2021「Victoria Nuland's Mission to Moscow」(URL https://nationalinterest.org/feature/victoria-nuland%E2%80%99s-mission-moscow-195152)
(注29) 第3章 (注31) と同。

関係改善に必要だった「挑発の中止」

米国の軍事外交問題専門誌『ザ・ナショナル・インタレスト』の記者であったマーク・エピスコポスは、ヌーランドのこの論文を酷評している一人でもある。ヌーランドの主張は、すべて「ロシアの軍事的侵略を牽制・抑止するための世界的な統一戦線、ロシアの偽情報を取り締まるより強力なツールキット、さらなる制裁措置、そしてロシア国民に直接向けたパブリック・ディプロマシーを形成するための取り組み」の要求でしかない。しかもこの論文が次期大統領に提示された「一連の政策的処方箋」であり、「バイデンの外交政策チームのメンバーやバイデン自身からも幅広い支持を得ている」とされても、対ロシア関係改善に益するものではなかったはずだ。

さらにエピスコポスは、ヌーランドのような人物を国務次官に指名したこと自体、「ロシアとの関係が悪化する可能性」を生み、「バイデン政権下で有意義な対ロシア和解の見通しは極めて低いという、おそらくこれまでで最も明確なメッセージをモスクワに送った(注30)」に等しいと見なした。

しかもヌーランドがモスクワ入りする五日前の一〇月六日、ブリュッセルのNATO本部内に置かれていたロシア代表部の外交官八人が、根拠も示されないまま「隠れスパイ」だとされて追放。これに対し、ロシア側は同代表部の活動を翌一一月から中止し、モスクワに置かれたNATO軍事連絡部とベルギー大使館内のNATO情報事務所も閉鎖する措置を取った。その結果、二〇〇二年に設立された双方の協議機関の「NATO・ロシア理事会」が機能を停止するに至る。

冷戦終結後の対ロシア関係を一層悪化させたNATO本部での出来事の筋書きをおそらく描いていたと思われる米国の対応は、数日後に首脳会談に次ぐ高レベルの会議を控えた当事国としてありえなかったに違いない。最初から交渉での関係改善に向けた成果など、眼中になかったとしか考えようがなかった。

加えてヌーランドがロシアから去った後の一〇月一九日、国防長官のオースチンがウクライナを訪問したが、それに先立ってウクライナとジョージアに対して「NATOへの扉は開かれている」と強調するだろうと発言。ロシアにとって最も敏感になっている両国のNATO加盟問題を、オースチンはあえてこの時期に持ち出した。ヌーランドの対ロシア関係からみた適格性に加え、自ら和解に向けた外交環境を台無しにしたバイデンが何を語り、どのようなレベルの会談・会議を設定しようが、最初から歴代政権と同様に「モスクワと対峙し、封じ込め、抑止する」(エピスコポス)以外の意図があったとは想像し難かったのではないか。

カーペンターは、「バイデン政権が本気でワシントンとロシアの冷え切った関係を改善したいのであれば、大幅かつ実質的な譲歩をする必要がある(注31)」と指摘し、当面米国が踏み切るべき「譲歩」として、

(注30) January 15, 2021「Joe Biden's Pick of Victoria Nuland Means Relations with Russia Could Get Worse」(URL https://nationalinterest.org/feature/joe-biden%E2%80%99s-pick-victoria-nuland-means-relations-russia-could-get-worse-176516)
(注31) (注26)と同。

①ウクライナへの武器売却の停止　②ロシア国境付近での米軍機の危険で挑発的な飛行の停止　③ロシア近隣地域でのNATO軍事演習の数と規模の縮小　④東ヨーロッパ諸国での米軍の恒久的軍事駐留に近い頻繁なローテーション配備の中止——を提言していた。

だが、ブッシュ（子）政権の二期目あたりから強化され、さらにトランプ政権になって加速したロシア国境周辺のこうした米軍の動きは、米国歴代政権の長期的かつ一貫した「モスクワと対峙し、封じ込め、抑止する」政策の枢要な部分であったに違いない。しかもそうした政策においては、「譲歩」の可能性など最初から乏しかった。バイデンが口にした「安定した予測可能な関係」も、同じであったはずだ。

こうした背景から、ヌーランドという存在はその個性ゆえに人目を引き、かつ主導的な役割を果たしたという印象が強いが、基本的にこうしたロシアに対する米国のグランド・ストラテジーから生み出され、それを忠実に担った一要員と見なされるのではないか。

黒海を中心としたNATOの演習激化

ヌーランドは、例の論文「プーチンを抑え込む」で、前述したように「米国と同盟諸国が」、「懸命にNATOはロシアに脅威を及ぼさない純粋に防衛的な同盟であると説得を試みた」と主張した。だが米軍やNATOのロシア国境周辺の動きを「純粋に防衛的」であるとする「説得」を、ロシア側が受け入れるはずもなかった。

ヌーランドのNATOを「防衛的」とする主張は、バイデン政権のみならず米国歴代政府の公的見解でもある。だがカーペンターが「譲歩」すべきとした項目を知るだけでも、「防衛的」だとの根拠の乏しさは自明であったろう。特に重要なのは、②と③だ。以下、特に激しくなったトランプ政権以降の近年のNATO・米軍によるロシア国境周辺の主な演習だけを年代順に列挙する。これらには、毎年恒例となっていたものも含まれる。

二〇一七年一月　米国陸軍航空旅団や陸軍機甲部隊、戦闘機飛行隊等の米陸・空軍を主体にブルガリアやポーランド、リトアニア、エストニア、ラトビアでの演習「Atlantic Resolve」が実施。本国からの部隊も含めた米軍が東欧に展開するこの演習は、二〇一五年以降恒例となっていた。

二〇一八年六月　ポーランドとバルト三国で、一九カ国、一万八〇〇〇人が参加した軍事演習「Saber Strike」が実施。同年の六月まで実施されたNATOの軍事演習は前年同期比で二〇％増大の約百回に達した。

二〇一八年七月　米国とウクライナが共催した黒海での多目的海上演習「Sea Breeze」が、一八カ国から二九隻の艦船が参加して実施。第六艦隊旗艦の指揮統制艦「マウント・ホイットニー」も初参加。

二〇一八年一〇月～一一月　北極圏でロシアと国境を接するノルウェーで、三〇カ国から五万人の兵員と六五隻の軍艦が集結した冬季演習「Trident Juncture 2018」が実施。

二〇一八年一一月　ポーランドとバルト三国で、一〇カ国、三万一〇〇〇人が参加した軍事演習「Anaconda」が実施。恒例の軍事演習として、過去最大規模に。

二〇一九年七月　黒海のブルガリア沖で一二カ国、二七隻が参加したNATOの即応態勢強化を目的とした「Breeze 2019」が実施。それに先立って黒海で米軍とウクライナが主催する多国籍間演習「Sea Breeze」も実施された。

二〇一九年九月　ウクライナ西部で一四カ国、三七〇〇人が参加した「Rapid Trident」が実施。ウクライナ軍を近代化し、米軍とNATOの水準に合わせて実質的にNATOの一員にするのが目的とされた。

二〇二〇年三月　実戦さながらに北米から二万人の部隊が欧州に送り込まれ、計三万七〇〇〇人の兵士がドイツを補給拠点にして東欧を中心に様々な演習に参加する「Defender-Europe 20」が実施。

二〇二〇年五月　米空軍戦略爆撃機B－1B二機が、黒海上空でロシア艦隊への攻撃を想定した空対艦ミサイル・LRASMの模擬訓練を実施。

二〇二〇年八～九月　核搭載可能な米戦略爆撃機B52－H一機が、黒海上空に初めて飛来。同時に電子偵察機RC－135V／Wが、これに対応したロシアの防空・通信網の動きを把握。

二〇二〇年九月　ロシア国防相（当時）のセルゲイ・ショイグが、ロシア国境近辺における米・NATOの軍事演習が二〇一四年と比較して倍増し、黒海やバルト海、バレンツ海での「スパイ飛行」が前年比で三〇％以上増大したと発表。

二〇二〇年一〇月　ポーランドとバルト三国ら一二カ国が参加した装甲車両を中心とする「Iron Spear 2020」がラトビアで実施。二〇二〇年のNATOの演習は、計八八回を数えた。

二〇二一年一月　欧州・アフリカ米空軍や欧州特殊作戦司令部、欧州米海軍、米国第六艦隊、欧州・アフリカ陸軍等が黒海とその周辺で、ルーマニア空軍も加えて人工知能や5Gネットワークを駆使した「統合全領域指揮統制（JADC2）」の演習を実施。

二〇二一年三月　黒海で八カ国、二四〇〇人を動員し合同演習「Sea Shield」が実施。

二〇二一年四月〜六月　二一カ国から二万八〇〇〇人を動員したNATOの軍事演習「Defender-Europe 21」が東欧を中心に実施。その一環であるルーマニア等で実施された演習では米軍特殊部隊が参加し、クリミアに侵入してロシア軍のレーダー施設や通信システム、ミサイル基地を破壊する想定の訓練を展開。

二〇二一年六〜七月　黒海で三二カ国、五〇〇〇人を動員し、ウクライナのオデッサ等を拠点とした同海では過去最大規模の合同演習「Sea Breeze」が実施。

二〇二一年一一月　ロシア国防相（当時）のショイグは、「ロシア国境付近における（核搭載機を含む）米国戦略爆撃機の活動が顕著に増加している」と発表。「過去一カ月でロシア周辺の戦略爆撃の飛行は約三〇回に達し、前年比で二倍半増加している」と批判。

横行した「戦略的狂気」

特にこうした一連の動きを象徴していたのが、二〇二一年一一月九日から一〇日にかけて生じた事態であった。ロシア国防省の発表によると黒海では九日、RC－135偵察機がロシア国境に三〇㎞まで接近。またP－8Aポセイドン海上哨戒機が七〇㎞までロシアの国境に接近し、U－2戦略偵察機が六〇㎞まで接近した。加えて、E－8C空中地上監視・指揮管制機も飛来している。海上では一〇日にミサイル駆逐艦と、電子戦及び戦闘区域での指揮・統制を本領とする「マウント・ホイットニー」が展開した。

これに対しロシア国防省は「このような動きは地域の不安定要因となる(注32)」と抗議したが、いつものように米軍やNATOが考慮した形跡は皆無だった。カーペンターは特に黒海における米軍とNATOの演習を「ワシントンのいわれのない挑発」と呼び、「バイデン政権が早急に方向転換しなければ、モスクワとの関係は冷戦時代よりもさらに悪化する可能性がある」として、以下のように警告していた。

「ビル・クリントン政権がNATOを中・東欧に拡大することを決めて以来、米国と欧州の同盟諸国はロシアを敵対視するために次々と手を打ってきた。残念なことにバイデン政権は、ワシントンの傲慢で挑発的な政策を撤回するどころか、その危険な戦略を倍加させようとしている。その結果は、すべての関係者にとって極めて悲劇的なものとなりかねない(注33)」

不幸にもこの警告は的中し、ウクライナ戦争でどこまで「悲劇」が進行するのか予想し難い状況が到来した。また、米保守紙『ワシントン・タイムズ』紙やＵＰＩ通信の特派員を長らく勤め、七〇カ国以上での取材経験があるジャーナリストのマーチーン・シーフも、すでに二〇一九年に米軍の黒海での動きを「戦略的狂気」と呼び、次のように批判していた。

「ＮＡＴＯが黒海でロシアの目の前に軍事力を展開しようが、誰も守りはしない。むしろ、逆だ。緊張がエスカレートし、（一九六四年のトンキン湾事件のように）故意に作られた衝突で全面戦争が勃発しかねない危機が増大し、地域の同盟諸国を深刻なリスクにさらすことになるだけだ（注34）」

実際、ロシアは二〇二一年一二月一〇日に発表した外相ラブロフの声明で、ＮＡＴＯに対し「ウクライナを攻撃的な方向に推し進めている」と批判した際、その根拠として特に「黒海における米国とその同盟諸国による無計画の演習が増加している」点を挙げている（注35）。

（注32） November 2021「NATO aircraft intensify flights near Russian Black Sea borders over 24 hours — top brass」（URL https://tass.com/defense/1359737）

（注33） October 26, 2021「Antagonizing Russia: A Biden Administration Specialty」（URL https://www.cato.org/commentary/antagonizing-russia-biden-administration-specialty）

（注34） June 15, 2019「US, NATO Consumed by 'Black Sea Madness'」（URL https://www.strategic-culture.org/news/2019/06/15/us-nato-consumed-by-black-sea-madness/）

（注35）「Foreign Ministry statement on dialogue with the United States and other Western countries regarding security guarantees」（URL https://archive.mid.ru/en/foreign_policy/news/-/asset_publisher/cKNonkJE02Bw/content/id/4991520）

今日のウクライナ戦争に至る米ロ関係の破局的悪化を考える上で外せないのは、こうした米軍・NATOの目前の軍事行動を、ロシアが「自国への脅威」と懸念した事実にあるだろう。これまでの経過は、米国がロシアとの「安定した予測可能な関係」より、むしろ「不安定で予測困難な関係」を優先したのではないかという疑念すら生みかねない。少なくとも、ヌーランドが述べた「懸命にNATOはロシアに脅威を及ぼさない純粋に防衛的な同盟であると説得を試み」たなどという主張に、現実的裏付けがあるとは考えにくいはずだ。

バイデン政権が意図したのは、おそらく米国の国家安全保障機構のロシアに対する最終的狙い、すなわち国内争乱によるプーチン体制の打倒とエリツィンのような手駒となる御しやすい指導者へのすげ替え、そしてロシア連邦の解体・細分化——と不可分であったかもしれない。関係改善あるいはそのためとされる交渉は、最初から真剣なものなのかどうか疑わしかったというしかない。

無視された安全保障協定

以上を踏まえるならば、ヌーランド及びバイデン政権のウクライナ戦争への対応を検証する上で最も重要となるのは、ロシアが二〇二一年一二月一五日、米国に対して安全保障を求める条約草案と、NATOに対する協定草案を提出したことだ。このうち米国に対するそれは八項目の内容から構成されているが、そのうち最もコアとなる箇所は以下の第四項だった。

「米国はNATOのさらなる東方への拡大を阻止し、旧ソビエト社会主義共和国に加盟していた国家

（注＝ウクライナ）のＮＡＴＯへの接近を拒否することを約束する。

米国は、ＮＡＴＯのメンバーではない旧ソビエト社会主義共和国の加盟国に軍事基地を建設せず、その国のインフラを軍事目的で使用したり、共に二カ国間の軍事協力を発展させない」

さらに続く第五項の前半部分では、「締約国は、他の締約国にとって国家安全保障上の脅威と見なされるような国際組織や軍事同盟、軍事連合を含む軍事力・軍備を展開するのを控えるが、そうした展開が自国領土であればその限りではない（注36）」とある。言うまでもなく、これはほぼウクライナに限定したロシア側の要求に他ならない。つまり米国のＮＡＴＯ拡大の最終段階であるウクライナの加盟を断念し、米軍はウクライナでの軍事施設建設や兵器の配備を放棄する——という確約を、書面に明記せよと迫った内容だ。

そして付け加えるなら、第三項では「締結国は他の締結国に対する武装攻撃の実行や準備、あるいは他の締約国の根本的な国家安全保障上の利益に影響を及ぼす行為を目的に、他国の領土を使用しない」と規定されているのは、米軍によるロシア国境周辺の軍事演習中止を意味しよう。

これに対し、バイデン政権は二〇二二年一月二六日に回答文をロシア側に提出した。スペインの『エル・パイス』紙が翌二月二日付でスクープした一二項目三〇条に及ぶ回答文は、結果的に「米国とＮＡＴＯはロシアとの間で欧州の安全保障に関する二カ国間の合意を調印せず、ウクライナの将来のＮＡＴ

（注36）「Press release on Russian draft documents on legal security guarantees from the United States and NATO」（URL https://mid.ru/en/foreign_policy/news/1790809/）

O加盟もドアを閉めはしない」(注37)という、ロシアの要求の根幹に対するゼロ回答に他ならなかった。回答文の要点は、以下だ。

「NATOは防衛的な同盟であり、ロシアに脅威を与えない」(第一項)

「すべての国々は、安全保障協定を選択または変更し、外部の干渉なしに自国の未来と外交を決定する他の諸国の権利を尊重するものとする。この点に鑑み、ワシントン条約第一〇項もNATOの門戸開放政策(Open Door Policy)の約束を確認する」(第八項二)

残りは、「緊張と不一致は外交で解決されるべき」とか「ロシアとの建設的な関係を望む」といった「建前」を繰り返す一方で、ロシアの「ウクライナとジョージア、モルトバからの撤退」を要求。さらに「ウクライナ周辺とベラルーシにおけるロシア軍の増強」を非難し、「ロシアはNATOとの協調の根幹部分で信用を損ない、国際的あるいは大西洋の安全保障機構の根本的な原則に挑戦している」といった批判が目立った。

このため、ロシア大統領府の報道官のドミトリー・ペスコフは回答翌日の一月二七日、米国に対し「我々の安全保障に関する懸念を考慮に入れず、またそうするつもりもないようだ」(注38)と反発した。実際に米国は、ロシア側がウクライナのNATO非加盟と並び、交渉を求めた最大の動機であるだろう黒海やロシア国境周辺における米軍・NATOの軍事演習を最初からヌーランドと同様に「防衛的」と言い切ることで、実質的に正式な交渉の場に入るのを拒んだといえる。

バイデン政権の対応は回答書で示された線から一歩も出ることなく、スイスのジュネーブで二〇二二年一月一〇日に国務副長官(当時)のシャーマンとロシアの外務次官リャブコフ、同月二一日には国務長官のブリンケンとロシア外相のラブロフがそれぞれ会談したが何の実質的進展もなかった。

だが米国の回答に即するならば、果たして米国自身が従来から「安全保障協定を選択または変更し、外部の干渉なしに自国の未来と外交を決定する他の諸国の権利を尊重」しているのかという素朴な疑問が湧くかもしれない。ブリンケンもラブロフと会見した際、ウクライナを念頭に「すべての国が自国の外交政策と同盟関係を決定する権利があることを改めて強調した（注39）」というが、南米だけを見ても米国がそうした「権利」を認めているのか疑わしい。

「外交政策と同盟関係を決定する権利」？

米国はキューバやベネズエラ、ニカラグアを経済制裁や政権転覆工作、さらには軍事的威嚇の対象に

（注37） Hibai Arbide Azamiguel Gonzalezus「US offered disarmament measures to Russia in exchange for de-escalation of military threat in Ukraine」（URL https://english.elpais.com/usa/2022-02-02/us-offers-disarmament-measures-to-russia-in-exchange-for-a-deescalation-of-military-threat-in-ukraine.html）

（注38） January 27, 2022「Kremlin says US, NATO shrugged off Russia's view of security guarantees」（URL https://tass.com/politics/1393879）

（注39） February 1, 2022「Secretary Blinken's Call with Russian Foreign Minister Lavrov」（URL https://www.state.gov/secretary-blinkens-call-with-russian-foreign-minister-lavrov-6/https://original.antiwar.com/gilbert_doctorow/2021/12/19/a-surprise-russian-ultimatum-new-draft-treaties-to-roll-back-nato/）

し、小国ではあっても往々にして「国家安全保障上の脅威」やそれに類似した用語で規定している。これには議会の「超党派」の支持や、主流派メディアの賛同が常に伴う。その理由として「腐敗」や「独裁」等が挙げられているが、結局これらの国が米国ではなくロシアや中国、さらにはイランとの「外交政策と同盟関係」を重視しているからだろう。

米国は自国に忠実であれば、いくら「腐敗」や「独裁」にまみれた国々であっても支援してきたし、現在も同様だ。「反米」とされているからこそこうした国々の「権利」は「国家安全保障上の脅威」として「尊重」されず、各国が「自国の未来と外交を決定」できるのは、結局米国の許容範囲にある場合に限られるとしか考えようがない。

特にキューバについては一九六二年五月に「自国の外交政策」に基づき、旧ソ連と「友好協力相互防衛条約」を調印した。その後、「同盟関係」から旧ソ連の核弾道ミサイルを配備したが、それによって全面核戦争の一歩手前の戦後最大の危機が生じたのは周知の歴史的事実だ。米国の現在の主張にならえば、ミサイル撤去を求められた旧ソ連側が「配備はキューバの自国の外交政策と同盟関係を決定する権利だ」と反論するのも可能であったかもしれない。

見方を変えれば「すべての国が自国の外交政策と同盟関係を決定する権利」こそ、米国が最も認めたくない「権利」であると思えなくもない。そのような「権利」を各国が米国の意向を無視して行使でもしたら、世界的な覇権の確立の上で障害となるしかない。DPG1992が雄弁に示すように、米国が自明とする世界像は自国による一極支配であって、「ライバル」同士が共存するような多極的性格は想定されない。である以上、「ライバル」のみならずそれと「同盟関係」を自らの意思で選択するような諸国家も許容されず、「国家安全保障上の脅威」と見なされる。

　こうした米国特有の思考様式に正面から再考を求めた稀な例として、『ニューヨーク・タイムズ』二〇二三年五月一六日付に掲載された全面意見広告を挙げることができる。そこには「米国は世界の平和のための力となるべきだ（The U.S. Should Be a Force for Peace in the World）」という大きな活字が踊り、中央に二つの地図が掲げられている。一つはヨーロッパの地図で、ロシアを取り巻く諸国に多数のミサイルのようなマークで米軍基地の位置が示されている。もう一つは北米で、米国を挟みカナダとメキシコに同じマークが散りばめられている。前者と異なり後者は架空のものだが、もし他国軍隊に包囲された現在のロシアと同じ状態に米国が置かれたと仮定したら、南と北から軍事基地網に挟まれる構図が容易に想像される、という趣旨だろう。

　この全面意見広告を掲載したのは、退役米陸軍大佐で、コーリン・パウエルの国務長官時代の首席補佐官だったローレンス・ウィルカーソンら軍事・諜報機関出身者で構成する安全保障問題の専門家集団「アイゼンハワー・メディア・プロジェクト」。その目的として「国防総省や防衛産業とのつながりに汚染されていない代替の分析を提供する」ことを掲げている。

　七人の軍出身者を含む計一四人の署名が添えられている広告で同プロジェクトは、「この悲惨なウクライナ戦争の直接の原因は、ロシアの侵略だ。ところがＮＡＴＯをロシア国境まで拡大する計画と行動は、ロシアの恐怖を煽るのに役立った。そしてロシアの指導者たちは三〇年間、この点を指摘してきた。そうした外交の失敗が戦争につながった」と指摘している。以下は、「意見広告」からの抜粋だ。

「二〇〇七年以来ロシアは、メキシコやカナダのロシア軍が米国にとって耐え難いものとなるのと同じように、あるいは一九六二年のキューバにおけるソ連のミサイルがそうであったように、ロシア国境におけるNATO軍は耐え難いものだと繰り返し警告してきた。ロシアはさらに、NATOのウクライナへの拡大を特に挑発的だと名指しした」

「ロシアの戦争観を理解しようとする我々の試みは、侵略と占領を支持するものではなく、また、ロシアがこの戦争以外に選択肢がなかったことを意味するものでもない。しかし、ロシアに他の選択肢があったように、米国とNATOもこの瞬間に至るまで他の選択肢があった。……なぜこれが米国とNATOの指導部に理解されなかったのかは不明である」

「冷戦後、米国のアメリカの外交官、将軍、政治家たちは、NATOをロシア国境にまで拡大し、ロシアの勢力圏に悪意を持って干渉することの危険性を警告していた(注40)」

すべてロシアが悪かったのか？

この全面意見広告が、米国の世論にいかほどの影響を及ぼしたのか定かではない。しかし少なくとも、米国に安全保障の確約を文書で求めたロシアの意図を理解する上で無益ではなかったかもしれない。特に北米の架空地図は、仮にロシアが「自国の外交政策」に基づいて参加を決定したカナダ、メキシコと共に米国との国境付近や近海で軍事演習を実施したら、米国がどのように反応するかを容易に想像させる材料ともなっただろう。

だがヌーランドのみならず米国が、これまでロシアの「警告」を受け止めた形跡はまったくない。逆にヌーランドは、二〇二二年二月二四日のロシア侵攻まで、徹底した反ロシアの言動に専念した。その典型だったのが、二〇二二年一月一一日の国務省における記者会見だったろう。そこでヌーランドは、「外交の話に入る前に、ここに至るまでの経緯を振り返っておきたい」としながら、「この危機をでっち上げて作り出したのはロシアだ。ウクライナ国境に一〇万人の軍隊を集結させたのはロシアだ。ウクライナに対する国内の破壊工作、不安定化、偽装作戦の選択肢を用意したのはロシアだ（注41）」と強調した。

このロシア軍のウクライナ国境における一〇万人の「集結」は当時、米国とロシア間の交渉よりもむしろ関心が持たれた感があった。最初から成果を困難視したロシア側が恐らく交渉で妥協するよう米国に圧力をかけようとしたか、あるいはそれがうまく行かなかった場合に何らかの計算で侵攻に踏み切る準備とする二つの意味があったのかもしれない。実際、ロシア外務次官のアレクサンドル・グルシコが二〇二一年一二月一八日に、「ロシアの安全保障提案を拒否すれば、ロシアは反撃の脅威を生み出すことになるだろう」「ヨーロッパは、大陸を軍事的対立の場に変える可能性について考えなければならない（注42）」などと発言していた。

おそらくロシアは自国の安全保障の確約に関し、米国に法的拘束力を持たせる以外、いかなる譲歩も

（注40）全文は、（URL https://eisenhowermedianetwork.org/russia-ukraine-war-peace/）でも読める。
（注41）「Department Press Briefing – January 11, 2022」（URL https://www.state.gov/briefings/department-press-briefing-january-11-2022/）
（注42）December 11, 2021「Russia to create counter threats if NATO turns down security proposals – diplomat」（URL https://tass.com/politics/1377621）

しない姿勢であったと思われる。そしてこのロシア軍の侵攻前の「集結」について早くから注目すべき情報を発信した例の一つは、欧州最大の発行部数を誇る独『ビルト』紙二〇二一年一二月四日付の記事であったろう。

「本紙の調査では、ロシアのウクライナに対する戦争の『最大計画』は、一〇月半ば以降から知られるようになった。米国の諜報機関であるＣＩＡは、その情報をロシアの軍事交信から傍受し、当初は自国政府に、そして一一月になって北大西洋条約機構（ＮＡＴＯ）にも伝えた（注43）」

この記事では、開戦は「一月末か二月初め」とし、「プーチンの要求にウクライナとＮＡＴＯが応じない場合に『最大計画』は実行されるが、この時点でプーチンは最終決断に達していない」と報じている。また、今回の開戦時のロシア軍の動きも図解で示しながらほぼ正確に予測していることから、情報の精度は低くはなかっただろう。

また『ワシントン・ポスト』も同年一二月三日付で「米国政府高官と入手した諜報関連資料」から、「ロシアが一七万五〇〇〇人の兵力で来年は複数の戦線からウクライナに侵攻する計画を立てている（注44）」と報じた。この時点までに、米国の諜報機関はロシア軍の動きと今後の作戦計画の全容を把握していたと思われる。

戦争は回避できた

以後米国側は、ロシアとの交渉で「侵攻」への懸念や非難を前面に押し出し、ロシア側の要求よりもこちらを徹底して強調する姿勢を固めていた。しかしながら、「もしウクライナとＮＡＴＯがプーチンの要求を拒否したら侵攻は起こる」[注45]という展開を十分に予測していた以上、戦争によるおびただしい物的人的損失を回避するという外交上の優先順位が設定されてもおかしくはなかったはずだ。だが現在振り返っても、ヌーランドのみならずバイデン政権内にこうした方針が検討された形跡は極めて乏しい。

そのため、前出の経済学者ジェフリー・サックスは、「戦争は容易に回避できたはずだった」と見なしている。「ウクライナの安全保障に対する回答は、外交と中立というひとつの答えが残っている」のであり、その「中立」こそは「二〇一四年のクーデター以前はウクライナの選択であった」[注46]と強調した。戦争を回避するためなら米国はロシアの要求の根幹を無視するのではなく、ヤヌコビッチ政権時代は何の安全保障上の問題も生じなかったウクライナのＮＡＴＯとロシア間の中立政策という「選択」も考慮される余地があった、という主張だ。

（注43）Julian Ropcke「So könnte Putin die Ukraine vernichten」（URL https://www.bild.de/politik/ausland/politik-ausland/bild-exklusiv-russlands-kriegsplaene-so-koennte-putin-die-ukraine-vernichten-78425518.bild.html）

（注44）Shane Harris　Paul Sonne「Russia planning massive military offensive against Ukraine involving 175,000 troops, U.S. intelligence warns」（URL https://www.washingtonpost.com/national-security/russia-ukraine-invasion/2021/12/03/98a3760e-546b-11ec-8769-2f4ecdf7a2ad_story.html）

（注45）（注43）と同。

（注46）February 8, 2024「The Biden-Schumer Plan to Kill More Ukrainians」（URL https://www.commondreams.org/opinion/the-biden-schumer-plan-to-kill-more-ukrainians）

一方でヌーランドは、前出の国務省での記者会見で「ロシアは現在、外交と対話の道を歩むか、それとも対立とそれがもたらす甚大な結果を求めるか、という厳しい選択を迫られている」と述べた。だがこれこそ、バイデン政権自身に突きつけられた「選択」であったのではないか。

ところがバイデン政権は、最初からNATOが「純粋に防衛的」だとする明らかに説得力に欠く建前に固執した。同時にウクライナがNATOに加盟すれば、戦争前夜のようなこれまでの演習がロシアと接するウクライナとの国境付近でも始まり、そこで何かの衝突でも生じたらNATOの「集団防衛」が発動されて全面戦争に巻き込まれかねない――という、ロシアの「安全保障上の懸念」もはねのけた。さらにロシア側との会談では、ロシアの核心的要求に根ざした「ウクライナのNATO加盟」を議題とすることに合意せず、実質的に門前払いにしたといえる。では、そうした姿勢はなぜ生じたのか。

考えられる第一の理由は、米国の著名なロシア研究者でコロンビア大学ハリマン研究所の客員研究員等を歴任したギルバート・ドクトロウが解説するように、「(ロシアの条約案が)受け入れられれば、ロシアを封じ込め、ヨーロッパの辺境の小さな檻に閉じ込めるために歴代の政権が達成しようとしてきたあらゆることに対する、米国の完全な降伏を意味することになる(注47)」というものだ。

確かにロシアの側から提出された条約案をベースに実務者を交えた交渉の場を設定し、妥結を図る――という交渉プロセスは、自国のみが覇権国として世界に君臨できると信じる米国の「例外主義」からすれば、受け入れ難いかもしれない。しかも仮に交渉当事国として本題に入りでもすれば、米国が黒海やロシア国境でNATO加盟諸国らと共に続けてきた軍事演習が、国連憲章第一章第二条で禁止された「武力による威嚇」に相当するという事実を実質的に認める結果につながりかねない。当然、NAT

Oが「純粋に防衛的」という建前も崩れよう。

バイデンは侵攻を望んでいたのか

そして、第二の理由として考えられるのは、そもそもバイデン政権の狙いが、自身が警告していたはずの「ロシアの侵攻」を実際に引き出すことにあったのではないかという点だ。

前出のマイケル・ブレナーは、米国が交渉の実質拒否によってロシアに戦争に踏み出させた上で、「プーチンが想定していたヨーロッパにおける野望を打ち砕く壊滅的な経済制裁を課すための理由を作り出すこと」を目的としていたと考察する。そして「米国がそれまで過去一年間、ウクライナに対して行ったことのすべては、この包括的な目標のために決定された」とし、実際に戦争になろうが、バイデン政権はウクライナ国民にとってそれがいかなる事態をもたらすかについては「関心を持っていなかった」(注48)と分析している。

英国の外交官出身で、在職中は諜報機関MI6の要員でもありながら、現在はベイルートに拠点を置く「紛争フォーラム」の創設者兼理事として米国やNATOの外交政策を批判し続けているアラステア・クルックも、ブレナーの見解を共有している。クルックによると、米国にとって「ロシアをウクラ

(注47) December 20, 2021「A Surprise Russian Ultimatum: New Draft Treaties To Roll Back NATO」(URL https://original.antiwar.com/gilbert_doctorow/2021/12/19/a-surprise-russian-ultimatum-new-draft-treaties-to-roll-back-nato/)
(注48) (注37)と同。

イナ東部への限定的な軍事介入を誘発しただけで政治的成果」となる。なぜならそれによって反ロシアのスローガンのもと「ヨーロッパはワシントンの完全な支配下に置かれ、NATOはその存在意義を再び見出す」ことになるからで、結果として生じる「被害や死者は気にしない(注49)」。

クルックの見通しは、少なくともヨーロッパに関しては外れていないように思えるが、問題はどうやってロシアを「誘発」するかであったろう。ブレナーは「バイデン政権はその目的（注＝「誘発」）を達成するためのシナリオの作成に着手した」とし、具体的には「ウクライナの挑発に対するロシアの何らかの反撃(注50)」を引き出すことであり、場所はウクライナからの分離を望む親ロシア派が一部を実効支配していたウクライナ東部のドンバスであったとしている。

クルックが予測したように、「ロシアはドンバスの（ロシア系の）親族が虐殺されたら、よそよそしく振舞う選択肢はほとんどない(注51)」からだ。そして実際にロシアの侵攻前に、ウクライナ軍は二月一六日からドンバスの当時の「ドネツク人民共和国（DPR）」と「ルガンスク人民共和国（LPR）」への攻撃を開始していた。

ウクライナ東部の停戦の順守状況や重火器の撤収等をモニターしている「欧州安全保障協力機構」（OSCE）の「ウクライナ特別監視団」（SMM）が発表した日報(注52)でも、二月一六日以降の状況悪化が記録されている。この日報は、当事者を特定しない停戦違反をほぼ毎日公表しているが、二〇二二年一月一三日から一月三一日までに生じた件数はDPRで二五六五件、LPRが一七七三件。爆発（あるいは着弾。一部演習も含む）はDPRで三二八件、LPRが七〇五件となっている。二月一日から一五日にかけては、停戦違反ではDPRが二三三七件でLPRが一四五八件。爆発はDPRが四一五件でLPRが二九九件と一月を少し上回る程度だ。
ところが二月一六日から、ロシア軍の侵攻前々日の二月二二日（それ以降は開戦の恐れから記載なし）までのわずか一週間で一挙に激増。停戦違反はDPRが四三九一件、LPRでは五五〇四件となり、爆発はDPRが二六〇二件、LPRに至っては四七一七件に達した。問題はどちらが攻撃したかだが、OSCEの日報に添付されている「SMMによって観測された停戦違反」というカラーの図には爆発（着弾）地点が示されており、二月一六日から二一日までのそれを見る限り、圧倒的多くがDPRとLPRの領域内で生じている。

開始されたウクライナのドンバス攻撃

実際、ドンバス側は二月一七日の状況について次のように発表していた。

（注49）November 8, 2021「Losing Militarily & Strategically, in Order to 'Win' Politically (but Ephemerally)」（URL https://strategic-culture.su/news/2021/11/08/losing-militarily-strategically-order-win-politically-but-ephemerally/）
（注50）（注37）と同。
（注51）（注43）と同。
（注52）「News and press releases」（URL https://www.osce.org/）

「ウクライナ軍は二つの人民共和国に対し、猛烈な量で砲撃を加えた。使用されたのは重砲と迫撃砲、ロケット弾、対戦車ミサイルと擲弾筒で、数時間にわたり五〇〇回以上の砲撃があった。これによって住民一人が重傷を負い、いくつかの家屋や生活インフラの一部が破壊された(注53)」

さらに、二月一八日の状況は「前日に続いて、ウクライナ軍がDPRとLPRに激しい砲撃を加えた。三軒の家屋と二カ所の発電施設に損害を与え、両共和国は直ちに子供たちと女性、高齢者のロシアへの避難を開始した。……一八日朝以降、ウクライナ軍はDPRだけで四三回の停戦違反を犯し、一二二ミリ砲三二発や一二〇ミリと八二ミリの迫撃砲三六〇発、四発の戦車からの砲撃を含む五五〇回以上の砲撃があった(注54)」という。

これに関連してロシアのイタルタス通信は、二月二四日の開戦前日の段階で「ドネツクとルガンスクの九万六〇〇〇人以上の避難民がロシアに到着し」ており、「ロシア国内一二地域、二三〇カ所の一時滞在所が開設した(注55)」と報じた。

そしてこの攻勢をDPRとLPRはすでに一月半ば過ぎから予測し、ウクライナ軍による全面侵攻を警戒していた。以下は、DPRの「民兵部隊」(People's Militia)の広報官が一月二四日の時点で発表した内容だ。

「『民兵部隊』は、ウクライナ軍がドンバス内で攻撃準備しているのを把握した。ウクライナ軍司令部はUR－77地雷除去車を停戦ラインに運び、戦闘車両が攻撃準備をしている。すべての兵員の休暇は取り消され、現在の一時的な持ち場で待機するよう命令が下された(注56)」

さらに一月二八日になると、発表内容はより詳しくなる。

「ウクライナ参謀本部は米国の顧問団の指示により、ドンバスへの攻撃計画を完成間近にしている。両共和国への侵攻開始時期は攻撃部隊の編制が完了し、ウクライナ国家安全保障・国防会議が作戦計画を承認して以降になるだろう」

「ウクライナ軍の東部における増強が進行中だ。ウクライナ軍の司令部は、三つの追加された旅団を紛争地帯に輸送する計画を立てている。それらは第七二機械化旅団と第一〇山岳強襲旅団、第八〇空挺強襲旅団であり、いずれも陸軍内では最も戦闘準備が整い、攻撃が可能であると見なされている」

「これらの旅団の集結は、ウクライナの国有鉄道がウクライナ国防省から三つの旅団の武器や軍事装備、人員を（東部に）輸送するため、二月三日から一〇日までにプラットホームと貨車を備えた列車を

（注53）February 18, 2022「DONBASS – UKRAINE HEAVILY SHELLING DPR AND LPR, INJURING ONE CIVILIAN AND DAMAGING SEVERAL HOMES」（URL https://www.donbass-insider.com/2022/02/18/donbass-ukraine-heavily-shelling-dpr-and-lpr-injuring-one-civilian-and-damaging-several-homes/）

（注54）February 19, 2022「DONBASS – DPR AND LPR LAUNCH EVACUATION OF CHILDREN, WOMEN AND ELDERLY AMID UKRAINIAN SHELLING」（URL https://www.donbass-insider.com/2022/02/19/donbass-dpr-and-lpr-launch-evacuation-of-children-women-and-elderly-amid-ukrainian-shelling/）

（注55）February 23, 2022「Over 96,000 Donbass residents crossed Russian border, says Acting Emergencies Minister」（URL https://tass.com/society/1408769）

（注56）January 24, 2022「Kiev actively gearing up to resolve Donbass conflict through use of force, DPR says」（URL https://tass.com/world/1392283?utm_source=google.com&utm_medium=organic&utm_campaign=google.com&utm_referrer=google.com）

国内三つの貨物駅に送るよう指示を受けたことからも確認できる」(注57)

二月三日になってDPRは、「ウクライナ軍の三分の二がドンバスの停戦ラインに沿って集結している」と発表。「総数は、ネオナチ民兵を除いて一五万人に達するだろう」と予測していた(注58)。

こうしたウクライナ軍の大規模集結は、二月一六日以降激化したDPRとLPRへの攻撃と連動していたのはほぼ疑いない。そしてその攻撃が、三つの旅団を中心とした分離派からの領土奪回を目指した本格的な侵攻作戦の発動前に、非戦闘員の退去を促すための前哨戦であったのではないかと推測できる余地がある。

プーチンが迫られた選択

のみならず、ウクライナのDPRとLPRへの軍事行動が、果たしてウクライナ単独の判断で実行されたのかどうかも見逃せない問題だろう。なぜなら、ウクライナはそれ以前に米国と軍事的一体性を強めていたからだ。

ウクライナ大統領のゼレンスキーは二〇二一年九月一日、訪米してバイデンと会談し、「米・ウクライナ戦略的パートナーシップに関する共同声明」(注59)を発表した。その前文では、「両国は、継続するロシアの侵略に直面したウクライナの主権と領土的一体性に関するコミットメントで団結している」と強調。続いて「安全保障と防衛」という項目の中では、「米国は、ロシアによるクリミアの併合なるものを認めないし、これからも認めないだろう」と宣言されている。

さらに、改めてウクライナのＮＡＴＯ加盟支持が表明され、「ロシアの侵略」に対抗して「追加のジャベリン対戦車ミサイルを含む新たな六〇〇〇万ドルの安全保障支援パッケージ」も用意していると明記された。

続いて同年一一月一〇日に、国務長官のブリンケンとウクライナ外相のドミトロ・クレバがワシントンで、「共同声明」を基にした「米・ウクライナ戦略的パートナーシップ憲章」[注60]に調印。そこでは、ウクライナの「領土的一体性」がさらに強調され、「クリミアの奪取と併合の試みや、ウクライナのドネツク及びルハンスク地域の一部におけるロシア主導の武力紛争、さらに継続する悪意ある行動を含めて、侵略と国際法違反の責任をロシアに取らせるため、さまざまな実質的措置を継続していく」と、一層対

（注57）January 28, 2022「UKRAINE – AMERICAN MERCENARIES TRAIN UKRAINIAN NEO-NAZIS TO PREPARE THEM TO FIGHT IN THE DONBASS」（URL https://www.donbass-insider.com/2022/01/28/ukraine-american-mercenaries-train-ukrainian-neo-nazis-to-prepare-them-to-fight-in-donbass/）

（注58）Rick Rozoff February 3, 2022「Donetsk: Ukraine moves 150,000 troops, rocket launchers, NATO arms to Donbass front line」（URL https://antibellum679354512.wordpress.com/2022/02/03/donetsk-ukraine-moves-150000-troops-rocket-launchers-nato-arms-to-donbass-front-line/）

（注59）「Joint Statement on the U.S.-Ukraine Strategic Partnership」（URL https://www.whitehouse.gov/briefing-room/statements-releases/2021/09/01/joint-statement-on-the-u-s-ukraine-strategic-partnership/）

（注60）「U.S.-Ukraine Charter on Strategic Partnership」（URL https://www.state.gov/u-s-ukraine-charter-on-strategic-partnership/）

決姿勢を前面に押し出していた。

おそらくロシアが二〇二一年末に米国に提出した安全保障提案の動機の一つとして、こうした「責任をロシアに取らせる」式の米国とウクライナの軍事一体化もあったと見なすのは可能ではないか。そして米国とここまで軍事的に歩調をそろえたウクライナが、単独の判断で二〇二二年二月一六日からのドンバスに対する攻撃に踏み切ったとは考えにくい。だが、ドンバス側が主張するように攻撃が「米国の顧問団の指示により」実行され、かつそれがブレナーの主張のようにロシアにダメージを与える理由を生み出すための「ウクライナの挑発」であったと証明する材料も欠いている。それでも当時の状況から見て、少なくとも米国がウクライナのドンバス攻撃を中止させるのは十分に可能であったはずだ。

プーチンは二月二一日、戦火に見舞われたDPLとLRPが長年ロシアに求めていた独立の承認を受け入れ、法令に署名した。続いて二日後にロシアは、DPLとLRPの両首相から「国民のロシアへの避難が続いて」おり、「民間人の犠牲を避け、ウクライナでの人道的災害を防ぐため、ウクライナ軍の侵略を撃退するための支援を提供するよう要請」された(注61)として、二四日からのウクライナ侵攻を開始した。

こうした一連の経過について、陸軍大佐としてスイス軍参謀本部の対外諜報部（旧ワルシャワ条約機構担当）に勤務し、国連難民高等弁務官事務所（UNHCR）の旧ザイール（現コンゴ）の現地難民キャンプ責任者等を経験した軍事アナリストのジャック・ボーは、時系列を追いながら次のように論評している。

「二月一六日以降、ドンバスの住民地区への砲撃は、欧州安全保障協力機構（OSCE）の日報が示したように、劇的に増大した。だが当然ながらこの事実を、マスメディアやEU、NATOを始め、あらゆる西側諸国の政府が無反応で、介入の動きもなかった。後に言及されることがあっても、『ロシアの情報操作』としてであった。ＥＵやその加盟国は、故意にドンバスの住民の殺戮に沈黙した。それが、ロシアの介入を招くかもしれないと知りながらだ」

「二月一六日にジョー・バイデンは、ウクライナがドンバスの住居地帯に砲撃を始め、そのことがウラジミール・プーチンを苦しい選択に立たせることになるのを知っていた。それはプーチンにとって軍事的にドンバスを助けて国際的問題を引き起こすか、それとも何もせずにドンバスのロシア系住民が押しつぶされるのを傍観するか、という選択に他ならなかった」

「ドンバスの住民に対するウクライナの砲撃は続いており、二月二三日には二つの人民共和国がロシアに対し、救援を要請した。そして二四日の開戦時に、プーチンは防衛的同盟の枠内で、軍事的相互扶助を想定した国連憲章第五一条を引き合いに出している[注62]」

合意寸前だった停戦

プーチンが侵攻を説明するために使った国連憲章第五一条、すなわち「国際連合加盟国に対して武

（注61）Feb 24, 2022「RECOGNITION OF SOVEREIGNTY OF DPR AND LPR— Kremlin」（URL https://tass.com/politics/1409091）

（注62）Mars 2022「BULLETIN DE DOCUMENTATION MILITAIRE EN UKRAINE No27　LA SITUATION MILITAIRE EN UKRAINE PREMIÈRE PARTIE : EN ROUTE VERS LA GUERRE」（URL https://cf2r.org/documentation/la-situation-militaire-en-ukraine/）

力攻撃が発生した場合には、安全保障理事会が国際の平和及び安全の維持に必要な措置をとるまでの間、個別的又は集団的自衛の固有の権利を害するものではない」という規定が、ウクライナ戦争に適用されるかどうかについては議論があるかもしれない。だが、少なくとも「戦争が実際には二月一六日に始まった」というボーの主張は正確だろう。ロシアの侵攻が、米国に求めた安全保障の確約が拒否されたことと、ドンバスからの救援要請のどちらに重きが置かれた結果であったかについては、検証の余地があるだろうが。

前出のテッド・カーペンターは、「ウラジーミル・プーチンがウクライナへの全面侵攻に踏み切ったことは、世界を危険な状況に陥れたとんでもない侵略行為だ」としながら、「(ロシアへの)挑発はなかったというのとは違う」と断じている。つまり「ロシアの指導者たちや何人かの西側政策専門家は、二〇年以上前からNATOの拡大は悪い結果になるだろうと警告していた」と述べ、以下のようにロシアへの「挑発」について触れている。

「二〇二一年後半、クレムリンの自制心が枯渇したことが明らかになった。モスクワは、NATOの東側加盟国に既に配備されている軍隊の撤退を含む、安全保障を要求した。ウクライナに関しては、要求は非常に明確で妥協を許さなかった。キエフが加盟の招待状を決して受け取らないだけでなく、NATOの武器と軍隊がウクライナの領土に配備されることは決してない、ということ。欧米がこうした保障を提供できなかったため、プーチンは壊滅的な全面戦争を開始した(注63)」

ボーやカーペンターの主張は、集団的西側の「ロシアのいわれのない侵略」という非難や、戦争の原因をプーチンの「ロシア帝国の復活の野望」あるいは「ウクライナの領土の奪取」に求める解釈とは食い違う。だが米国が、戦争を経済制裁等のロシアに壊滅的な打撃を与える口実として利用しようとする狙いはあれ、食い止めようとする意図が本当にあったのかどうか疑問が残る。それを証明しているのが、戦争勃発翌月の三月から四月にかけてのロシアとウクライナの交渉で、合意が目前であった停戦協定への妨害であった。

ロシアとウクライナは同期間中、ベラルーシとトルコで交渉を継続。その結果、ゼレンスキーは開戦翌月の三月二八日に、「遅滞なく」平和を確保するために「安全保障と中立性、我が国の非核状態を実現する準備ができている」(注64)と発言したと報じられた。またウクライナ側の交渉参加者であったゼレンスキー与党の「国民のしもべ」の指導者であるダビド・アラカミアも、「ウクライナ・テレビ」の記者とのインタビューで、当時のロシア側の要求が領土などは一切含まず「ウクライナをＮＡＴＯに加盟しない中立国にすること」(注65)だけだったと回想している。ゼレンスキーが、これを一時受け入れたのは事実のようだ。のみならずプーチンとの「直接会談」も希望しており、そうなっていたら戦争がごく短期間で

（注63）March 7, 2022「The U.S. and NATO Helped Trigger the Ukraine War. It's Not 'Siding With Putin' to Admit It」（URL https://www.cato.org/commentary/us-nato-helped-trigger-ukraine-war-its-not-siding-putin-admit-it）

（注64）Yuras Karmanau（Associated Press）Mar 28, 2022「Ukraine's Zelensky to offer neutrality declaration to Russia for peace 'without delay'」（URL https://www.pbs.org/newshour/world/ukraines-zelensky-to-offer-neutrality-declaration-to-russia-for-peace-without-delay）

（注65）Arnaud Bertrand　November 25, 2023「This is an incredibly damning piece of historical evidence:」（URL https://twitter.com/RnaudBertrand/status/1728288101725089908）

終結し、双方の膨大な人的・物的損失も回避できた可能性が極めて高い。

米英は戦争の継続を望んだ

だが停戦に向かう動きを止めたのは、周知のように四月九日に突然キエフを訪問した、当時の英国首相ボリス・ジョンソンだった。四月三日には欧米主要メディアが「ロシアの犯行」と断じた「ブチャの虐殺」がウクライナで起きているが、BBCによるとゼレンスキーはその直後、「ロシアとの和平交渉は継続する」(注66)と言明している。ところがゼレンスキーは、ジョンソンとの会談で「プーチンは戦争犯罪人だ。プーチンとは交渉ではなく、圧力をかけるべきだ」「我々はウクライナと協定に署名できるが、プーチンと署名できない」と迫られたとされる。(注67)以降ゼレンスキーは、いったんはウクライナの「中立」を認めた和平交渉でのロシアとの合意を完全に破棄してしまう。

当然ながらジョンソンの動きは、米国との意思疎通の上であったのは疑いない。イランのメフル通信の二〇二二年四月二一日付配信記事によると、交渉の場を提供したトルコの外相(当時)のメヴリュット・チャヴシュオールは、CNNトルコとのテレビインタビューで「NATO加盟国の中には戦争の継続を望み、戦争を続けてロシアが弱体化することを望んでいる人々がいる」という「印象」(注68)を語ったとされる。

この「NATO加盟国」が米英を指しているのは疑いないが、米国が戦争の阻止のみならず、勃発後も停戦にいかなる関心を示さなかったのも、それを好機にロシアを「壊滅的」な状況に追い込むことを何よりも優先していたからではないのか。

実際、ゼレンスキーの戦争継続路線に念を押すかのようにブリンケンと国防長官のオースチンは四月二四日、キエフを訪問。ゼレンスキーとの会談で、ウクライナに対する新たな軍事支援を確約した。そして二人が翌日、ポーランドに移動して記者会見に臨んだ際、オースチンは「ロシアがウクライナ侵攻で行ったようなことができなくなる程度に弱体化することを望んでいる」、「（ロシアは）すでに多くの軍事力を失っている。そして率直に言ってその軍隊の多く、そしてその能力をすぐに再現する能力を持たないことを望んでいる（注69）」と発言した。これはバイデン政権の、そして軍の「狙い」の「率直」な表明であったように思われる。

（注66）April 5, 2022「Ukraine war: Peace talks still on despite 'genocide', Zelensky says」（URL https://www.bbc.com/news/world-europe-60987350）

（注67）Roman Romaniuk May 5, 2022,「From Zelenskyy's "surrender" to Putin's surrender: how the negotiations with Russia are going」（URL https://www.pravda.com.ua/eng/articles/2022/05/5/7344096/）

（注68）「Some NATO states want war in Ukraine to continue, Turkey says」（URL https://en.mehrnews.com/news/185947/Some-NATO-states-want-war-in-Ukraine-to-continue-Turkey-says）

（注69）Kylie Atwood Jennifer Hansler April 25, 2022「Austin says US wants to see Russia's military capabilities weakened」（URL https://edition.cnn.com/2022/04/25/politics/blinken-austin-kyiv-ukraine-zelensky-meeting/index.html）

「野心」がすべてに優先？

ヌーランドは二〇二二年三月八日、上院外交委員会の公聴会に出席した際、議員から「何がプーチンを侵略に駆り立てているのか」と問われ、「長年にわたり、プーチンの帝国主義的野心は大さくなり、プーチンは過去三〇年間のロシアの歴史に不満を抱いており、しばらくの間、ソビエト連邦の再建を助ける男になることを切望してきた。……ここ数年、彼は特にこの野心に夢中になった(注70)」と証言した。

だが戦争勃発直後のウクライナとの交渉を検証する限り、ロシアの最大の要求はウクライナの中立＝NATOへの非加盟に限られ、領土等の「帝国主義的野心」を示した事実はない。それでもヌーランドは「プーチンがこの冒険は彼自身の軍隊と彼自身の国民と共に彼自身の指導部を危険にさらし、ロシア国民、ロシア軍と彼等の未来を彼自身の空虚な野心のために血を流していることに気付いたとき、戦争は終わる(注71)」とも証言している。

しかしながら、そうしたプーチンの「気付き」を待つより、ウクライナとロシアの停戦交渉を妨害しなかっただけで、「戦争は終わる」運命にあったのは間違いない。あるいはロシアとの交渉で二〇一四年以前の経験から、ヨーロッパの安全保障に悪影響を与えるとは考えにくいウクライナの中立政策＝NATO非加盟と、黒海やロシア国境での軍事演習の中止あるいは抑制を何らかの形でロシアに確約するだけでも、戦争に至らなかった可能性は高かったのではないか。

ヌーランドはこうした二〇二一年末からのロシアとの交渉の実質ボイコット、そして二〇二二年二月の戦争勃発、さらには二〇二三年六月からの失敗に終わったウクライナ軍の南部における「反転攻勢」、それに続く同年末から二〇二四年にかけて配色が濃くなったウクライナ軍の戦況等々の全局面において、ブリンケンと同じかそれ以上の指導力を発揮してきたと考えられる。

また、ヌーランドがロシアとウクライナの「和平交渉を妨害した」[注72]、あるいは「ヌーランドらはボリス・ジョンソンをキエフに送り、（ロシアと和平協定締結寸前だった）ゼレンスキーに『協定を破れ』と命じた」[注73]という指摘もある。ありそうな話ではあるが、裏付ける資料に欠く。それでも個々の場面で具体的にどの程度までヌーランドがイニシアチブを取ったかは検証困難なものの、対ロシア・ウクライナ政策を担う外交チームの内部で極めて重要な位置を占めていたことだけは疑いない。

しかしながら辞任した時点で、前出のジェフェリー・サックスが語るようにヌーランドの「野心」はすでに実現困難になっていた。

（注70）Jennifer Hansler Kyle Atwood March 8, 2022「War will end when Putin realizes it puts his own leadership at risk, top State Department official says」（URL https://edition.cnn.com/europe/live-news/ukraine-russia-putin-news-03-08-22/h_ff6a15bb568d1044268\8eacbe11d9cbfb）

（注71）（注68）と同。

（注72）Jordan Schachtel March 5, 2024「The Real Victoria Nuland: US foreign policy official retires after decades of fomenting conflict and destruction」（URL https://www.dossier.today/p/the-real-victoria-nuland-us-foreign）

（注73）Michael Basta August 26, 2023「Walter Lippmann and Victoria Nuland」（URL https://mbasta1.substack.com/p/walter-lippmann-and-victoria-nuland）

「（バイデンの外交チームは）ロシアの資産を凍結し、SWIFT銀行システムから切り離すという米国の金融制裁がロシア経済を麻痺させ、プーチンを弱体化させることになると固く信じていた。実際、彼らはその後の経済危機でプーチンが倒れると予想していた。もちろん、そのようなことは何も起こらなかった」

「そして彼らは、NATO兵器が戦場でロシアを打ち負かすだろうと予想した。それも起きなかった。さらに二〇二三年夏に、国防総省とCIAの計画立案者の支援を受けたウクライナの『反撃』がロシアを倒すだろうと予想した。だがその代わり、ウクライナは数十万人の兵士を死傷させ、自身の軍事装備を破壊した[注74]」

フランスきっての戦略家で、以前は海軍将校として首相直属の省庁間機関「国防総事務局（Secrétariat général de la défense nationale, SGDN）」で戦略評価部門の分析官だったエリック・デネセも、「米国はロシアが屈服して決定的に弱体化すると信じ、ウクライナをロシアとの緊張地帯に変え、対決を仕掛けたのであり、「そのすべてをモスクワのせいにしようとした」と断じる。そしてその主要目的は、「将来の中国との対決を念頭にプーチンを打倒し、ロシアとその資源を西側陣営に組み込むことにあった[注75]」と見なす。

ヌーランドの辞任は、こうした狙いが達成困難に陥ったのみならず、バイデン政権が八方ふさがりの状態に追い込まれた結果でもあったろう。ロシアと直接衝突するつもりはないが、かといってこのままではロシアに勝利を許すことになりかねず、総力を挙げて支援した米国やNATOの威信も丸つぶれとなる。だが、形勢を挽回する妙策は尽きたに等しい。

よほどこれまでの発想にとらわれないような手段を講じない限り戦況の挽回は期待できないが、ヌーランドが試みようとした何らかの「打開策」が、本人の政治生命を奪う結果になったほどの先走りした内容であったという可能性がある。真相は見極め難く、「ヌーランド以上にこの戦争を推進した者はいない」という見解も、仮説に留まっている、だが、少なくともヌーランドが陥るに至った境遇は、元をたどればウクライナでの自身が関与したクーデターに端を発している。その意味で集団的西側の言論空間では無視されている二〇一四年と二〇二二年の連続性こそ、ヌーランドが顕著に体現しているのかもしれない。

（注74）（注44）と同。
（注75）May 8, 2024「ERIC DENÉCÉ：“WAR IN UKRAINE, NATO AND THE USA WANTED TO OVERTHROW PUTIN. MISSION FAILED”」（URL https://southfront.press/eric-denece-war-in-ukraine-nato-and-the-usa-wanted-to-overthrow-putin-mission-failed/）

現時点でウクライナ戦争がどのように収束に向かうのか、未知でしかない。混沌とした状況がどこまで続くのか、今後の展開は予測し難い。

だがはっきりしているのは、この戦争と関わりの深いヌーランド自身の将来は安泰だろうということだろう。ブリンケンがヌーランドの辞任を発表した三月五日の翌六日には、早々とコロンビア大学が国際公共政策大学院（School of International and Public Affairs）へのヌーランドの就任を告知した。(注1) 同大学院ではヒラリー・クリントンが二〇二三年から教鞭を執っており、その引きかもしれない。ヌーランドが再び公職、あるいは「戦略コンサルタント」業務に就く可能性があるかどうかわからないが、これからの人生で保障された「億万長者」としての悠々たる地位を脅かす要因が生じる可能性は微々たる程度であるに違いない。

（注1） March 6, 2024「Ambassador Victoria Nuland Will Join SIPA Faculty」（URL https://www.sipa.columbia.edu/news/ambassador-victoria-nuland-will-join-sipa-faculty）

しかしながら本来回避するのが可能で、回避すべきだったはずの戦争で戦火に巻き込まれたウクライナ国民は、仮に停戦が実現したとしても絶望的な環境に取り残される。国土の総面積の約三割が地雷除去を必要とする世界最大の地雷原となっており、不発弾の処理も大きな課題になる。「世界銀行の試算によれば、ウクライナの地雷除去活動の総費用は約三八〇億ドルに上る」(注2)とされ、累積する債務と同様に到底ウクライナだけでまかなえる額ではない。

さらに国連の発表によれば、「二〇二四年にウクライナ人口の約四〇%にあたる一四六〇万人以上が人道支援を必要としている」とされ、停戦後に急速に経済が回復する保証はない。より深刻なのは、今後の人口問題だ。「戦争により何百万人もの人々が避難を余儀なくされ、四〇〇万人近くがいまだにウクライナ全土で国内避難民となり、六〇〇万人以上が国外で難民として暮らしている」(注3)状態で、戦死者数が止まらない状況もあり労働力の枯渇は国家の再建を決定的に困難にさせるだろう。以前からヨーロッパ最貧国に陥っていたウクライナ国民の受難がいつになったら終わるのか、こちらもまったく未知だ。

一方で、ワシントンの政策エリートたちの常として自身が関与し、責任の一端を免れないはずの他国における戦争や紛争でもたらされた破壊と人道危機、悲惨と混乱がいかに尋常ではなくとも、公職を退くといささかの後ろめたさもなさそうに人生設計上の不利益とは無縁の日々を享受する。イラク戦争に手を染めたブッシュ(子)本人や政権の高官だったディック・チェイニー、コンドリサ・ライス、ポール・ウォルフォイッツらの面々が典型だが、ヌーランド、あるいはフロノイもその例に漏れることはないはずだ。

かつて「ウクライナにおけるワシントンの対外政策を体現する存在」(注4)とまで見なされたヌーランド

も、ウクライナ国民の悲惨な日常とは無縁に、これからニューヨークの名門大学の快適な研究室に納まることになるのだろう。

フロノイも同様だ。国防次官として手掛けたアフガニスタン戦争時の増派作戦は失敗に終わり、米兵の死者を増大させ、米国にとってどれほどの意味があったか疑わしいこの戦争を長引かせるだけの結果に終わった。しかもフロノイは国防総省を退いた後も、事実上のアフガニスタンでの米軍無期駐留、つまり出口がない戦争の引き延ばしを主張していた。

ウクライナ戦争でも推進派

アフガニスタンの米軍の駐留は、二〇二一年八月一五日のカブール陥落で終了した。だが、アフガニスタン国民の現在の苦難が軽減する兆しはない。キリスト教精神に基づいて世界各地で人道援助を実施

（注2） Krzysztof Nieczypor November 22, 2023「Ukraine: the world's biggest minefield」（URL https://www.osw.waw.pl/en/publikacje/osw-commentary/2023-11-22/ukraine-worlds-biggest-minefield）

（注3） December 21, 2023「2024: UN Humanitarian Forecasts for Ukraine」（URL https://unric.org/en/2024-un-humanitarian-forecasts-for-ukraine/）

（注4） Fyodora Lukyanov October 13, 2021「Biden's bid to woo Moscow shows US is tired of conflict with Russia over Ukraine, and is more worried about war with China instead」（URL https://eng.globalaffairs.ru/articles/biden-us-russia-ukraine/）

している団体「ワールド・ビジョン（World Vision）」が二〇二三年一〇月九日に発表した次のようなアフガニスタンの現状は、戦争がいかにこの国に癒し難い爪痕を残しているかを教えている。

「アフガニスタンは現在、世界で最悪の人道危機の一つに直面しており、二〇二三年一〇月七日の地震によってさらに悪化した」

「致命的な地震が発生する前から、二〇二三年にはアフガニスタン人口の三分の二にあたる二九〇〇万人以上が人道支援と保護を必要としていた。世界食糧計画によると、一五〇〇万人以上が深刻な食料不安に直面しており、そのうち二八〇万人が緊急レベル（飢餓一歩手前）にあるという。二〇二二年末時点で、五歳未満の子どもたち八七万五〇〇〇人が、最も目に見えて生命を脅かす可能性のある栄養失調のため、救命治療を必要としていた[注5]」

だが現在のフロノイの言動から、こうした現状に心を留めている兆候はいかほども見られない。それよりもビジネスと兼業で今度は素早く対中国軍事優勢の確立を求めるオピニオンリーダーに転じ、「もし必要であれば（if necessary）」という常套句を乱発しながら中国との戦争も辞さないような勢いで言論空間での露出度を高めている。過去に引きずられることなく、現在の、そしてこれからの戦争について語るのに専念しているかのようだが、ここでも例の利益相反の疑惑がつきまとっている。

フロノイは、ウクライナ戦争でもマスメディアのニュース番組に溢れる「ウクライナ支援」の有力コメンテーターの一人でもある。これに関して民主党のリベラル派系とされるインターネットサイト「JACOBIN」はウクライナ戦争が始まった二〇二二年の四月、「（こうした番組の）コメンテーターと軍事関連企業とのつながりや、米軍のウクライナ戦争への介入を推し進めるようなコメンテーターたちの金銭的利害について言及しない」(注6)として、テレビ局を批判する記事を掲載した。そこでは、フロノイについても触れている。

「オバマ政権下で国防次官を務めたミシェル・フロノイは、ここ数週間で少なくとも二回CNNに出演し、ウクライナへの直接的な軍事支援の拡大を提唱している。フロノイは現在、ボーイングなどの航空宇宙・防衛企業を顧客に持つウェストエグゼック・アドバイザーズの共同設立者兼マネージングパートナーだ。また、防衛請負業者であるブーズ・アレン・ハミルトンの取締役も務めている」

「フロノイは、三月上旬にCNNのニュース番組に出演し、ウクライナへの軍事支援の増額を訴えた際、そのことを番組は一切明らかにしなかった。彼女は対戦車ミサイルのジャベリンや対空ミサイルのスティンガーなどの武器をウクライナ人に可能な限り供給する必要があると述べた」

戦争利得者の群れ

同記事は、「ウクライナ危機と紛争拡大が国防総省の契約軍事企業にとって宝の山となっており、株

(注5)「Afghanistan crisis: Facts, FAQs, and how to help」(URL https://www.worldvision.org/disaster-relief-news-stories/afghanistan-crisis-facts#fast-facts)

(注6) Aditi Ramaswami Andrew Perez April 12, 2022「Ukraine War and Imperialism Media Don't Trust the Defense Industry's Ukraine Pundits」(URL https://jacobin.com/2022/04/defense-industry-ex-military-officials-pundits-corporate-news-ukraine)

価を急騰させ、国防費の急速な増加を促している」と主張。だからこそ軍事企業は、フロノイを始め「そうした企業のために働く」元国防総省や軍関係者が多いニュース番組のコメンテーターに、「タカ派的レトリックを唱え」てもらうのを期待していると見なす。ところがそうしたコメンテーターと「ウクライナ戦争から利益を得ている」軍事企業との関係は、視聴者に何ら告知されない。

米国の軍事企業は、ウクライナ戦争によって巨大な利益を得ている。BBCが二〇二四年一月三〇日に報じたところでは、「米国の海外での武器販売は二〇二三年に急激に増加し、ロシアのウクライナ侵攻が需要を喚起したため、過去最高の総額二三八〇億ドルに達した(注7)」という。ポーランドやドイツ等で「大口」の注文があったのが理由だが、それだけではない。米国国議会が承認したウクライナへの資金援助は二〇二四年三月段階で総額約一一三〇億ドルに達するが、それは即、巨大軍事企業の利益増に直結する。無論、フロノイ個人についても同じことが言える。

いみじくも米国上院共和党リーダーのミッチ・マコーネル(共和党)が二〇二三年九月七日に上院議場でウクライナ支援について取り上げた際、それが政府資金による直接間接の軍事企業からの兵器購入につながる限り「米国の産業基盤を成長させ、何千もの高収入の米国の雇用を支援することになる。私たちが充てた資金の圧倒的大部分は、ここ米国で使われる(注8)」と主張したが、事実の一面を示しているはずだ。

ヌーランドも、前出のCSISが二〇二四年二月二二日に開催したイラク戦争開戦二年目のイベントで、次のように強調している。

「私たちが提供している支援のほとんどは、実際には米国経済と防衛産業基盤に還元され、米国の雇用と経済成長を創出しながら、米国自身の重要な防衛インフラの近代化と拡大を支援しています。実際、最初の支援の七五〇億ドルは、全米の少なくとも四〇州で高給の雇用を創出し、この次の（ウクライナ向け予算）要求の九〇％も同じことをするのです[(注9)]」

だが、膨大な破壊や死傷者を伴う戦争でのウクライナへの軍事支援を、自国の「防衛産業」のためになるという理由で正当化できるのだろうか。自身の、あるいは自国の懐具合が潤いさえすれば、他国の国民の悲劇など問題視するに値しないかのような姿勢に問題はないのだろうか。

米国の武器輸出問題の第一人者として知られ、シンクタンクのクインシー研究所の上級研究員であるウィリアム・ハルトゥングは、「ロシアの侵略からウクライナを自衛するためにウクライナに援助を提供することは理にかなっている」としながらも、次のように警告する。

「戦争を終わらせるための外交戦略なしに武器を供給するのは、ウクライナの人道的苦痛を大幅に増大させ、米国とロシアの直接的な対立にエスカレートするリスクを冒し、長期にわたる激しい紛争を可能にするリスクがある[(注10)]」

（注7） Max Matza　January 30, 2024「US weapons sales abroad hit record high in 2023, boosted by Ukraine war」（URL https://www.bbc.com/news/world-us-canada-68136840）
（注8） June 12, 2023「Aid to Ukraine is an Investment in America's Security」（URL https://www.republicanleader.senate.gov/newsroom/remarks/aid-to-ukraine-is-an-investment-in-americas-security）
（注9） 第7章（注9）と同。

利益が外交よりも優先される

だが現実的に、米国に「戦争を終わらせるための外交戦略」があるのかどうか疑わしい。それ以上に、ウクライナの軍事援助が「米国経済と防衛産業基盤」という利権に絡むと、「戦争を終わらせる」というモチベーションが極度に生まれにくくなるはずだ。まず、空前の武器輸出で潤う軍事企業が喜ばない。ならば、その意思を体現しているCNASやCSISといった有力シンクタンク、あるいはその周辺のコメンテーターが「戦争を終わらせるための外交戦略」を唱える可能性は乏しいだろう。しかも、「平均的な上院議員は、二〇一九年から二〇二〇年にかけて、国防総省と契約している軍事企業から六万三五二九ドルの選挙資金を受け取っている」(注11)というデータがある。そのような議会が、「戦争を終わらせるための外交戦略」の議論に関心を向けるだろうか。

繰り返すようにウクライナ戦争の最大の遠因であるはずのNATOの拡大自体が、果たして「外交戦略」から生じたのかどうかも疑問だ。前出の「アイゼンハワー・プロジェクト」による『ニューヨーク・タイムズ』の全面意見広告にも、次のようにNATO拡大の本質が説明されている。

「(識者らの) NATO拡大への反対に直面して、ネオコンと米国兵器メーカーの最高幹部のグループが、NATOに関する米国委員会を結成した。一九九六年から一九九八年の間に、最大手の武器製造業者はロビー活動に五一〇〇万ドル (現在の価値で九四〇〇万ドル) を費やし、さらに数百万ドルを選挙献金に費やした。この大盤振る舞いでNATOの拡大はあっという間に決着し、その後、米国の兵器製造業者は、新しいNATO加盟国に何十億ドルもの兵器を販売した[注12]」

確かに「リアリスト」と見なされたヘンリー・キッシンジャーや、戦後の国務省が生んだ最高の知性の一人であったろうジョージ・ケナンなど外交の第一線に立った経験者たちが、冷戦終結以降のNATO拡大に猛反対したのは知られている。だがワシントンの「外交戦略」とは、軍事企業による政権や議会への影響力の従属変数なのかもしれない。

あるいは「外交戦略」そのものが、通常イメージされる交渉に依った「直接的な対立にエスカレートするリスク」や「長期にわたる激しい紛争」を回避する策とは異なり、世界の揺るぎない覇権の確立を優先する志向そのものであるようにも思える。そうであれば、「ライバル国家」に対しては共存よりも「軍事的優越」の確立が至上の課題とならざるを得ない。

おそらくフロノイが体現しているのは、そこから生じる利権の構造であるに違いない。ヌーランドのそれは、世界の一極支配を求めるがゆえに「ライバル国家」との共存を決して許容しない固有の思考体質ではないか。両者は完全に一体化しているが、共通している特徴は、米国の直接間接の軍事行動の対

（注10） October 20, 2022「Promoting Stability or Fueling Conflict? The Impact of U.S. Arms Sales on National and Global Security」（URL https://quincyinst.org/research/promoting-stability-or-fueling-conflict-the-impact-of-u-s-arms-sales-on-national-and-global-security/#executive-summary）

（注11）「Failing up: the Michele Flournoy experience」November 27, 2020（URL https://stephensemler.substack.com/p/failing-up-the-michele-flournoy-experience）

（注12） 第七章（注40）と同。

象にされた国あるいは地域で実際に暮らしている人々の息づかい、生活の実態に対する想像力の欠如だろう。

フロノイもヌーランドも、「脅威」や「緊張」、「抑止」、「安定」、「均衡」といった軍事外交用語を駆使しながら米国の対外行動を説明する。しかしながら実際にはウクライナ戦争を典型に、肝心の「そこに住む人々」への共感性があるのかどうか疑念が残る。アフガニスタン戦争にフロノイは国防次官として、ヌーランドはNATO大使として関わったが、現在においても住民の惨状が続くこの国に対する関心が両者から見出し難いのは、それが理由かもしれない。

「戦争斡旋業者」と「ストレンジラブ」

かつて『ニューヨーク・タイムズ』の戦場記者として中東や中南米で取材を重ねたジャーナリストのクリス・ヘッジといえば、現在は同紙を始めとした主流派メディアに対する最も辛辣な批判者の一人として知られている。ヘッジによれば、ベトナムやアフガニスタン、イラク、リビア、シリア、そしてウクライナは、「戦争の斡旋業者」（the pimps of war）」たちが米国民を「次から次へと軍事的大失敗に誘った」例なのだという。そしてそこでは「自由と民主主義が脅かされています。悪は打ち負かさねばなりません。人権は守らねばなりません」という「ウソ」が、方便としてマスメディアの協力を得ながら拡散されてきたと指弾する。

のみならず、こうした「戦争の斡旋業者」は政権から政権へと渡り歩き、「ポストの合間に、企業と軍需産業から資金提供を受けているシンクタンク――CNAS、アメリカン・エンタープライズ研究所、外交政策イニシアチブ、戦争研究所、大西洋評議会、ブルッキングス研究所等――に所属する。そしてウクライナ戦争が必然的に終結すると、これらのドクター・ストレンジラブ（Dr. Strangelove）たちは中国との戦争を引き起こそうとするだろう。米海軍と軍はすでに中国を威嚇し、包囲している」（注13）と語る。

この「ドクター・ストレンジラブ」とは、スタンリー・キューブリックが核戦争の狂気を描いたブラックコメディの映画「博士の異常な愛　または私は如何にして心配するのを止めて水爆を愛するようになったか（Dr. Strangelove or: How I Learned to Stop Worrying and Love the Bomb）」に登場する、ピーター・セラーズ扮する主人公に他ならない。ナチス・ドイツの科学者出身ながら米国に移り、やがて大統領科学顧問・兵器開発局長官として人類を核戦争に導く。そのため「ドクター・ストレンジラブ」は評論の世界で時おり、極度のタカ派や戦争推進者、好戦論者の悪しき代名詞として使われている。

フロノイやヌーランドが、今日の「ドクター・ストレンジラブ」なのかどうか、議論は分かれるかもしれない。だが少なくともフロノイの対中国、ヌーランドの対ロシアへの姿勢を見る限り、核戦争に発展しかねない大国間の全面戦争への抑制を感じ取るのは難しい。のみならず現在の米国の国家安全保障機構に「ドクター・ストレンジラブ」を思わせるような集団がいたとしてもおかしくないほど、その

（注13） July 8, 2023「They Lied About Afghanistan. They Lied About Iraq. And They Are Lying About Ukraine.」（URL https://scheerpost.com/2023/07/08/chris-hedges-they-lied-about-afghanistan-they-lied-about-iraq-and-they-are-lying-about-ukraine/）

「外交戦略」は軍事による覇権と一極支配に固執し、他の「ライバル国家」を「威嚇し、包囲」する姿勢を鮮明にしている。

実際、ホワイトハウスが二〇二二年一〇月一二日に刊行した「国家安全保障戦略（National Security Strategy）」は、前回の四年前に発表されたものと同じく「戦略的競争相手によってもたらされる国際秩序への挑戦に対処する」方針を前面に押し出し、「異なるビジョンを提示するライバルに打ち勝つ」ことを宣言した。それは中国とロシアを名指ししながら、自国の覇権に挑戦する「新たなライバルの再出現を阻止する」というDPG1992の規定をそのまま適用している。

これからもフロノイやヌーランドは、エリートの元政府高官としてこうした戦略を各自担っていくのだろう。ただ両名の軌跡をたどる限り、その姿は「ドクター・ストレンジラブ」とまで言わずとも、ヘッジの用語を借りれば「戦争の斡旋業者」に似ていなくもない。

あとがき

著者が初めてミシェル・フロノイの存在を知ったのは、日頃フォローしている米国のいくつかのインターネットサイトで二〇二〇年一一月の米国大統領選挙後、ジョー・バイデンに対しフロノイの国防長官指名中止を求める声が広まっているという情報に接したことがきっかけだった。

当時フロノイについては予備知識がなく、本人の経歴を調べてみると、様々の興味深い事実に触れた。冷戦後の国家戦略の形成過程のみならず、軍産複合体の最新の実態を把握する「素材」をフロノイが提供している印象を強くした。

その後、二〇二〇年一月から翌年五月まで続けていた個人ブログの「世界情勢分析」や他の媒体でフロノイの記事をいくつか執筆し、伝記にまとめてみたいという意欲が湧いてきた。時間的制約が重なって作業は遅延したが、本に仕上げるのに必要な情報も不足気味で、揃える作業がいつ完了するかという展望がなかなか見えてこなかった。

そこで苦肉の策としてフロノイと同様、当時国務省の高官に選任してはならないという要求があったヴィクトリア・ヌーランドと対に論じたら、情報量の問題は目星が付くように思えてきた。すでにそれまで、ヌーランドについても個人ブログで記事を書いていたからだ。

ヌーランドに関心を抱いた時期は、フロノイよりも古い。雑誌『選択』の二〇一〇年一〇月号に黒海におけるNATOの軍事強化に関する記事を執筆したのを契機にウクライナに関心を抱き、二〇一四年のクーデターでヌーランドを知った。

こうして情報量の問題から両者を共に論じることにしたが、実際に作業にかかると、むしろその方が興味深い事実をより多様に提示できる利点に気付かされた。また両者の軌跡は、冷戦終結からロシアとの全面戦争に発展しかねない危機を孕んだウクライナ戦争が勃発し、台湾を利用した中国との武力衝突の準備が進む現在までの時代の歩みと重なっており、ラフではあるがポスト冷戦の歴史的ターニングポイントをより広範に言及できる結果になった。

無論、ラフであるがゆえに個別の出来事の解析の浅さという点で誹りを免れないだろう。ただウクライナクーデター一つとっても、例えば二〇一四年二月一八日から二一日にかけ、七七人とされる警官と抗議行動参加者が同時に射殺された謎の銃撃事件は概略だけに留めるにはあまりに闇が深く、すべて割愛せざるを得なかった。ここでは、当時の駐ウクライナ米国大使ジェフリー・パイアットの関与を疑わせる事実が報じられているという点だけを触れておきたい。

それでもフロノイやヌーランドの軌跡から優先的に読み取れるのは、米国の対外行動の深刻な正当性の欠如だ。そもそも軍事政策がそれを決定する一握りのエリートらの物質的利益と直接結びついているのなら、政策自体を外交的理性、軍事合理性で御するのは至難に違いない。さらに自国の対外行動を外部の規範で抑制されるのを忌避する米国の「例外主義」は、法の支配という国際社会の原則と対立する。

英国の非主流派政治学者のリチャード・サクワが指摘しているように、今日の危機の根源は、戦後形成された国連憲章を基盤とする国際関係システムが、米国の「拡張的で非自由主義的な」覇権追求により「構造レベルでの存在論的対立」を引き起こしている点に求められる。(注)事実、「ルールに基づく国際秩序」という米国の常套句の「ルール」とは、「大小各国の同権」や「平和的手段による紛争の解決」を定めた国連憲章をはじめ国際法、国際諸規約と同義ではない。それは、自国の都合だけを優先する恣意的な言い分の羅列に過ぎない。

しかも冷戦期の「リアリスト」の「バランス・オブ・パワー(勢力均衡)」というコンセンサスは消滅し、DPG1992やQDR1997が示しているように自国以外の「パワー」の存在すら許容しない。そのような超大国が集団的西側における主要言説のように、ガザの大虐殺が示す如くあるべき世界の正義と平和を阻害していないかのように見なすのは無謀だろう。このことは、フロノイとヌーランドを追ってきた著者の結論でもある。

(注) June 11, 2024「The Great Unravelling: The Political West and the Erosion of the Charter International System」(URL https://libya360.wordpress.com/2024/06/11/the-great-unravelling-the-political-west-and-the-erosion-of-the-charter-international-system/)

[著者紹介]

成澤宗男（なるさわ・むねお）

1953年新潟県生まれ。中央大学大学院法学研究科政治学専攻課修士課程修了。元『週刊金曜日』企画委員。主な著書に『ミッテランとロカール』（社会新報ブックレット）、『統一協会の犯罪』（八月書館）、『統一協会の策謀』（同）、『「9.11」の謎』（金曜日）、『オバマの危険』（同）等。共著に『日本会議と神社本庁』（同）、『見えざる日本の支配者フリーメーソン』（徳間書店）、『中国・北朝鮮脅威論を超えて』（耕文社）等多数。

米国《べいこく》を戦争《せんそう》に導《みちび》く二人《ふたり》の魔女《まじょ》
——フロノイとヌーランド

2024年8月31日　初版第1刷発行　　定価2,800円＋税

著　者　成澤宗男
発行者　高須次郎
発行所　緑風出版 ©
〒113-0033　東京都文京区本郷2-17-5　ツイン壱岐坂
［電話］03-3812-9420　［FAX］03-3812-7262
［E-mail］info@ryokufu.com
［郵便振替］00100-9-30776
［URL］http://www.ryokufu.com/

装　幀　斎藤あかね
制　作　i-Media　　印　刷　中央精版印刷
製　本　中央精版印刷　　用　紙　中央精版印刷

ISBN978-4-8461-2409-0　C0031